# 城市中心区低效工业用地退出机制研究

饶映雪 著

中国社会科学出版社

# 图书在版编目(CIP)数据

城市中心区低效工业用地退出机制研究／饶映雪著．—北京：中国社会科学出版社，2021.9
ISBN 978-7-5203-8221-2

Ⅰ．①城⋯　Ⅱ．①饶⋯　Ⅲ．①工业用地—市场退出—土地政策—研究—中国　Ⅳ．①F429.9

中国版本图书馆CIP数据核字(2021)第063297号

| | |
|---|---|
| 出 版 人 | 赵剑英 |
| 责任编辑 | 宫京蕾 |
| 责任校对 | 刘　娟 |
| 责任印制 | 郝美娜 |

| | |
|---|---|
| 出　　版 | 中国社会科学出版社 |
| 社　　址 | 北京鼓楼西大街甲158号 |
| 邮　　编 | 100720 |
| 网　　址 | http://www.csspw.cn |
| 发 行 部 | 010-84083685 |
| 门 市 部 | 010-84029450 |
| 经　　销 | 新华书店及其他书店 |
| 印　　刷 | 北京君升印刷有限公司 |
| 装　　订 | 廊坊市广阳区广增装订厂 |
| 版　　次 | 2021年9月第1版 |
| 印　　次 | 2021年9月第1次印刷 |
| 开　　本 | 710×1000　1/16 |
| 印　　张 | 15.5 |
| 插　　页 | 2 |
| 字　　数 | 269千字 |
| 定　　价 | 98.00元 |

凡购买中国社会科学出版社图书，如有质量问题请与本社营销中心联系调换
电话：010-84083683
版权所有　侵权必究

# 目　录

第一章　绪论 …………………………………………………………（1）
　第一节　研究背景和研究意义 ……………………………………（1）
　　一　研究背景 ………………………………………………………（1）
　　二　研究意义 ………………………………………………………（4）
　第二节　国内外研究现状与进展 …………………………………（4）
　　一　国外相关研究 …………………………………………………（4）
　　二　国内相关研究 …………………………………………………（14）
　　三　国内外研究小结 ………………………………………………（24）
　第三节　研究内容和研究方法 ……………………………………（25）
　　一　研究内容 ………………………………………………………（25）
　　二　研究方法 ………………………………………………………（26）
第二章　概念界定与理论基础 ………………………………………（29）
　第一节　相关概念界定 ……………………………………………（29）
　　一　城市中心区 ……………………………………………………（29）
　　二　工业用地 ………………………………………………………（29）
　　三　低效工业用地 …………………………………………………（30）
　　四　低效工业用地退出 ……………………………………………（31）
　第二节　理论基础 …………………………………………………（31）
　　一　区位理论 ………………………………………………………（31）
　　二　博弈理论 ………………………………………………………（32）
　　三　行为经济学理论 ………………………………………………（34）
　　四　可持续发展理论 ………………………………………………（35）
　第三节　本章小结 …………………………………………………（36）

## 第三章 城市中心区工业用地利用的效率评价 (37)
### 第一节 宏观层面城市工业用地效率的区域差异 (37)
  一 研究思路 (37)
  二 研究方法与数据来源 (38)
  三 结果分析 (40)
  四 结论与启示 (44)
### 第二节 微观层面城市工业用地效率的宗地评价 (45)
  一 评价指标体系的建立 (46)
  二 评价过程与方法 (47)
  三 实证分析 (48)
### 第三节 本章小结 (51)

## 第四章 城市中心区低效工业用地退出的模式对比 (53)
### 第一节 城市中心区低效工业用地退出的模式 (53)
  一 城市中心区低效工业用地退出模式的演化类型 (53)
  二 城市中心区低效工业用地退出模式的治理结构 (59)
### 第二节 中外城市低效工业用地退出模式的比较 (63)
  一 国外城市低效工业用地退出的实践模式 (63)
  二 国内城市低效工业用地退出的实践模式 (69)
### 第三节 我国城市中心区低效工业用地退出的特征 (76)
  一 工业用地退出驱动因素多元化,但动力不足 (76)
  二 政府主导,市场力量逐渐增强 (76)
  三 退出后用于公益性项目建设占比小 (77)
  四 模式选取趋于多元,与经济发展状况、产业结构、城市功能密切相关 (78)
### 第四节 我国城市中心区低效工业用地退出的障碍 (78)
  一 经济障碍 (79)
  二 法律障碍 (81)
  三 技术障碍 (83)
  四 制度障碍 (84)
### 第五节 本章小结 (86)

## 第五章 城市中心区低效工业用地退出的政策演进 (87)

### 第一节 政策文本选择与工具分类 (87)
一 政策文本选择 (87)
二 政策工具分类 (88)

### 第二节 低效工业用地退出政策的演变过程 (89)
一 政策颁布部门分析 (90)
二 政策性质统计分析 (91)
三 政策发布年度分析 (91)

### 第三节 低效工业用地退出政策工具量化分析 (93)
一 分析单元定义 (93)
二 政策文本编码 (98)
三 频数统计分析 (101)

### 第四节 本章小结 (105)

## 第六章 城市中心区低效工业用地退出的主体博弈 (109)

### 第一节 利益主体的类别 (109)
一 中央政府 (109)
二 地方政府 (110)
三 原用地企业 (111)
四 新用地企业 (111)
五 民众 (112)

### 第二节 利益主体的成本—收益分析 (112)
一 成本分析 (113)
二 收益分析 (114)

### 第三节 中央政府与地方政府的博弈 (115)
一 利益背景分析 (115)
二 博弈模型构建 (116)
三 博弈模型分析 (116)

### 第四节 地方政府与原用地企业的博弈 (118)
一 博弈关系分析 (118)
二 博弈模型构建 (119)
三 武汉硚口古田工业区用地退出案例分析 (127)

四　南京电炉厂的低效工业用地退出案例分析 …………… (130)
　第五节　地方政府、原用地企业及新用地企业的三方博弈 …… (133)
　　　一　利益背景分析 ………………………………………… (133)
　　　二　博弈关系分析 ………………………………………… (134)
　　　三　博弈模型构建 ………………………………………… (135)
　第六节　本章小结 ……………………………………………… (139)

# 第七章　城市中心区低效工业用地退出的效果测度 ………… (142)
　第一节　城市中心区工业用地的时空格局 …………………… (142)
　　　一　数据获取与研究方法 ………………………………… (143)
　　　二　城市中心区工业用地总体格局分析 ………………… (146)
　　　三　城市中心区工业用地时空演变的整体特征 ………… (149)
　　　四　城市中心区工业用地时空演变的行业特征 ………… (151)
　第二节　城市中心区低效工业用地退出的路径 ……………… (154)
　　　一　研究方法 ……………………………………………… (154)
　　　二　城市中心区低效工业用地退出的影响要素 ………… (155)
　　　三　城市中心区低效工业用地退出的路径分析 ………… (158)
　第三节　城市中心区低效工业用地退出的成效 ……………… (163)
　　　一　指标体系构建 ………………………………………… (163)
　　　二　数据来源和研究方法 ………………………………… (166)
　　　三　结果分析 ……………………………………………… (168)
　第四节　本章小结 ……………………………………………… (172)

# 第八章　城市中心区低效工业用地退出的机制构建 ………… (174)
　第一节　重塑城市低效工业用地退出的价值目标 …………… (174)
　　　一　城市低效工业用地退出的价值重构决定更新实践成败 … (174)
　　　二　城市低效工业用地退出价值重构兼顾全局效益与动态
　　　　　效益 ……………………………………………………… (175)
　　　三　城市低效工业用地退出价值重构中经济效益是基础 …… (175)
　　　四　城市低效工业用地退出价值重构中社会福利是本体 …… (176)
　　　五　城市低效工业用地退出价值重构中景观和环境效益是
　　　　　延伸 ……………………………………………………… (176)
　第二节　构建城市低效工业用地退出的决策管理机制 ……… (177)

一　管理原理 …………………………………………… (178)
　　二　总体思路 …………………………………………… (178)
　　三　驱动子系统 ………………………………………… (179)
　　四　关键节点 …………………………………………… (180)
第三节　完善城市低效工业用地退出的保障措施 ………… (181)
　　一　"道""术"结合的更新管理体系设计 …………… (181)
　　二　差异化的退出模式设计 …………………………… (181)
　　三　完善的政策工具储备 ……………………………… (182)
　　四　"以人为本"的全过程保障政策建设 …………… (183)
第四节　优化城市低效工业用地退出机制的政策设计 …… (184)
　　一　系统构建政策支撑框架体系 ……………………… (184)
　　二　统筹产业调整和用地规划 ………………………… (185)
　　三　规范实施土地监管 ………………………………… (186)
　　四　形成多方联动机制 ………………………………… (187)
第五节　保障城市低效工业用地退出的执行政策建议 …… (188)
　　一　成立为工业用地退出服务的部门，形成统筹实施体制 …… (188)
　　二　鼓励与规范相结合 ………………………………… (188)
　　三　建立政策评估机制 ………………………………… (189)
　　四　合理运用利益还原模式 …………………………… (189)
　　五　公众参与规划细则编制 …………………………… (189)
　　六　保护工业遗产与创意产业 ………………………… (190)
　　七　尊重生态文明 ……………………………………… (190)

**参考文献** ……………………………………………………… (191)

**附录1　政策文本汇总表** …………………………………… (210)

**附录2　政策编码汇总表** …………………………………… (220)

# 第一章 绪论

## 第一节 研究背景和研究意义

### 一 研究背景

随着我国经济发展和社会转型的加快,城市职能逐渐脱离工业化生产的单一定位,城市中心职能转向以人居环境建设、生产和生活综合服务为重点,原有的工业用地格局与城市发展之间的矛盾愈发激烈,城市中心区工业用地使用效率低下,工业用地面积占比过高,严重挤占建设用地指标,地均产出率远低于发达国家水平,造成产业结构低水平重复、资源严重浪费、城市布局失衡、人居环境恶化等一系列问题(陈昱等,2013;陈伟等,2014;杨其静等,2014;黄金升等,2015;谢花林等,2015;曹飞,2017;严思齐等,2018)。

党的十九大报告提出,建设现代化经济体系,必须把提高供给体系质量作为主攻方向。《中共中央关于制定国民经济和社会发展第十三个五年规划的建议》明确要求,降低工业用地比例,调整建设用地结构,因应之道是抢抓供给侧改革,切实解决城市低效工业用地问题,提高工业用地效率,优化城市布局,促进城市结构升级。

城市中心区低效工业用地退出源于新时代形势。经历长期的摸索和积淀,我国已跨入实现中华民族伟大复兴的社会主义新时代。城市中心区低效工业用地退出是新时代形势下城市建设的必由之路:一是城市用地空间发展新进程的需要。城市化进程中,城市扩张带动工业用地不断由城市中心向外围迁移,或由单一中心向多中心疏散,老工业用地面临更新发展的新局面。二是土地利用周期变化的新形势需要。科学技术和信息化推动经济循环速率提升，工业生命周期与用地使用权年限不相匹配，短周期工业类型的存在易造成土地利用低效，土地使用权年限冗余，更新需求迫切。三是经济发展新阶段的需要。工业化到后工业化的经济转型中，大量城市中心区低效工业用地面临再开发的机遇（卢为民，2015）。根据城市各类功能用地配比的一般发展规律，工业用地比重呈"倒U形"变化，城市化初期呈上涨趋势，随着城市工业的不断完善，工业用地比重逐步达到最大临界值后出现逆转下降。我国东、中部地区部分城市发展已由工业化迈入后工业化阶段，但低效工业用地退出机制滞后，造成城市工业用地占比过高，城市工业用地占建设用地面积比重普遍在25%以上，远远超过发达国家10%左右的比重。四是新时代"功能和设施型城市"向"美丽城市"过渡发展的需求。新时代"美丽城市"建设既要有完善的城市功能和设施支撑，更对城市景观和环境质量提出高标准，城市中心区低效工业用地退出面临新机遇。

城市中心区低效工业用地退出缘起于政府对城市的公共治理，根源于市场对土地资源的优化配置。第一、第二次工业革命加快了人口城市化进程，工业和人口的高密度聚集促成经济飞跃的同时也带来了居住和通勤拥堵、环境污染等城市问题。20世纪20年代，随着汽车的使用和交通体系的变革，逆城市化进程开始出现，人口和资本向城市外围转移，城市部分区域衰弱并出现空心化。20世纪40年代，受第二次世界大战影响，英、法、德等国家主要城市的中心城区进一步走向衰落，原有的用地格局迫切需要改变以提高土地利用效率。在此背景下，以伦敦、巴黎为代表的欧洲城市开启了大规模的城市再造运动，将旧工业区改造、用地功能转换列为改造实践的关键内容。20世纪70年代至90年代，信息技术变革和生产自动化推动欧美城市的产业升级，城市制造业急剧衰退，城区衰退和失业剧增迫使欧美国家城市借助市场力量启动新一轮的城市更新，出现了独立于政府的城市开发公司，专门负责城市特定区域的更新开发事务。Saarinen（1942）的城市有机疏散理论、Corbusier（1943）以功能结构主义构建的理想城市理论，成为欧美城市再造运动的理论依据，Mumford（1961）展开了企业区位变迁及工业用地调整研究，Kain（1968）、Krume（1968）等人分析了工业郊区化的形成机制，旧工业区改造成为关注的焦点（Edel，1972；Norton，1986；Turok，1992）。21世纪以后，欧美等发达国家开始强调多目标的更新战略，对老工业地区的衰退、闲置和废弃工业用地开展了一系列研究（Barrie，2013；Jesus，2013；Tomasz，2011；Paola，2011）。近年的研究表明，低效工业用地会给经济社会和生态环境带来极大的负面影响（Lambin，2010；Shrestha，2012；Pascuzzi，2013），存在污染和环境问题的棕地（brownfields）再开发问题受到重视（Whitney，2003；Catney，2006；Wernstedt，2006；Pippin，2009；Solitare，2005；Adams，2010）。

与西方国家相比，我国城市低效工业用地退出在模式、路径、特征上均有不同表现（张京祥等，2012）。我国工业用地郊区化起始于20世纪90年代中后期的北京、上海、广州等中心城市，特色土地制度环境决定了我国工业用地更新自身的特殊演变机制。随着我国城市中心区社会经济发展、产业结构更替和城市功能调整，一些企业尤其是生产过程中会产生污染的工业企业和原土地利用率不高占地又广的低端制造业，开始从城市中心区向城郊、乡镇地区转移，遗留大量低效工业用地和"棕地"（何书金、苏光全，2001；李冬生、陈秉钊，2005）。各级政府纷纷探索城市中心区低效工业用地的退出方式，但在实际操作中却遇到阻力大、困难多、收效甚微的尴尬局面（杨遴杰、饶富杰，2012；龙开胜等，2014）。因各城市所处经济发展阶段的差异和产业结构层面分化，工业用地利用效率存在较大差异，城市中心区低效工业用地退出面临的形势、退出模式、政策选择也趋向于分化。

因土地产权制度、经济发展阶段皆不同，国外学者更关注旧工业区工业用地更新和棕地再开发等问题，注重环境安全和多主体参与，相关研究成果可为我国创新低效工业用地退出路径提供借鉴。国内对城市低效工业用地退出的研究从现状和障碍分析入手，寻求提升城市低效工业用地退出效益的政策措施，但一定程度上仍存在"一城一议"的视野局限性，对模式、政策、主体、效果等系统梳理研究仍有较大拓展空间。

因此，综合考虑经济、社会、环境效益，构建城市中心区低效工业用地退出机制，提高工业用地使用效率，缓解用地供需矛盾，为其他配套用地供应腾移发展空间，实现土地优化配置，促进产业结构调整升级，改善人居生活环境，助力城市供给侧结构性改革，推动新型城镇化和工业化发展，成为一项非常紧迫的任务。

## 二 研究意义

本课题的学术价值在于：①形成城市中心区低效工业用地退出的理论支撑范式，为低效工业用地退出机制优化提供理论依据。②评价城市工业用地利用效率，厘清城市中心区低效工业用地退出模式的现状及障碍，梳理城市中心区低效工业用地退出政策的演进过程，甄别城市中心区低效工业用地退出的利益主体，测度城市中心区低效工业用地退出的效果，有利于工业用地管理理论的发展。

本课题的应用价值在于：①提出具有可操作性、常态化的城市中心区低效工业用地退出模式和相应保障政策，为推进城市中心区低效工业用地差别化退出提供实践指导。②通过管理制度创新确保工业用地合理退出的顺利完成，有利于提高城市中心区工业用地利用效率。

# 第二节 国内外研究现状与进展

## 一 国外相关研究

### （一）工业用地利用效率研究

国外关于工业用地利用效率的研究主要体现在工业用地效率的影响机制、工业用地利用效率评价、工业用地集约利用产生的效应等方面。

针对工业用地效率的影响机制，国外研究主要从规划、产权、产业集聚、行业特征、土地市场等方面展开实证。对于不同国家工业用地利用效率影响因素的比较分析，Louw 等（2012）通过对荷兰工业园区规划和开发方式研究发现，工业用地的大量供应降低了工业园区的空间生产力，适当减少工业用地供应能够提高工业用地利用效率。Mavrakis 等（2015）对希腊地中海城市的研究指出，城市气候变化与工业用地利用强度之间具有相互关系。Vandermeer 和 Halleux（2017）在对 7 个国家进行统计分析中发现，土地政策在工业增长和就业方面发挥着关键作用。Zhang 等（2019）指出上海工业用地在减量化政策下能有效降低公共管理成本，改善生态环境。

与此同时，针对中国工业用地效率的影响机制，Li 等（2010）以常熟市为例分析了工业发展不同阶段的工业发展、土地利用、覆被变化与环境影响之间的相互作用，指出应加强土地供给政策调控，优化产业布局和土地利用格局。Wu 等（2014）研究表明，加强区域规划、建立地区间合作关系、避免地价竞争、实施供地绩效评估等措施多管齐下，能实现工业用地由粗放型向集约型转变。Zheng 等（2014）研究了我国工业用地政策的执行情况，认为工业用地制度和调控制度对经济发展具有很强的正向影响。中国东部地区的政策影响大于西部地区，重复的短期土地调控对经济产生了负面影响。因此，在工业中心向中西部转移的过程中，保持稳定、持久的工业用地政策对中国经济的发展具有十分重要的意义。Huang（2016）运用空间面板数据模型，指出地方政府在工业用地供给上存在战略互动关系，工业用地出让和租赁价格受周边城市行为的影响较大。Zhang 等（2017）采用博弈论模型分析政府工业用地利用策略，指出地区间应转化思维模式，从竞争转为合作，从而更合理地使用工业用地。Huang 等（2017）指出，地方政府干预政策和政企关系对工业用地利用效率具有显著影响。Hui 等（2019）采用城市工业用地再配置规划模型，分析了长三角城市群工业用地利用及其对产业结构优化和减排的影响，指出工业用地规模较大的城市应充分重视园区规划，通过产业集聚优化城市产业结构，工业用地规模较小的城市在规划过程中应注意企业决策的异质性。

对于中国工业用地利用效率问题，国际学术界进行了不同尺度（全国、城市群、省域、市域等）、不同角度（区域、行业、企业等）、不同方法的测度，如表 1-1 所示。Tu 等（2014）以杭州市为例分析了中央政府推行工业用地出让政策对闲置土地的影响，认为产业类型、土地租赁年限和土地规模对工业用地的影响大于政策干预。同时提出政府在土地开发过程中，应更多地注重促进一个更加市场化的环境，并进行严格的监管，而不是针对每个行业子类型和工厂的具体情况进行管制。Xie 和 Wang（2015）采用 SBM 模型分析了中国六个主要经济区城市工业用地效率的空间差异和工业用地全要素生产率的动态变化，发现大多数城市的工业用地效率低下，具有很大的改善空间，适当提高工业用地价格会对工业用地的利用产生积极影响。Kuang 等（2016）认为，中国城市工业用地扩张显著，且区域差异较大，国家发展战略、经济社会因素和区域土地利用政策对土地扩张和区域差异影响显著。Song 等（2016）通过构建两部门理论模型，发现发展清洁能源技术能够有效提高工业用地效率。Ye 等（2018）对无锡市工业企业进行问卷调查，采用多元线性回归模型分析中国土地制度和租赁条件对城镇工业用地效率的影响，认为产权不完全的集体土地导致工业企业土地利用效率低下，不同的土地租赁条件对工业用地利用效率也存在影响。Zhao 等（2018）从地级市层面利用空间自相关方法分析了中国工业用地利用效率的时空格局，指出中国城市工业用地效率与产业集聚、劳动力集聚、资本集聚和技术集聚呈正相关，其中技术对其他要素具有根本性的影响。Xie 等（2018）以长江中游城市群为研究对象分析工业用地效率的动态变化、节约潜力、效率分解及影响因素，认为工业用地利用效率存在显著提高的潜力，工业用地节约潜力呈上升趋势，但技术创新的缺乏阻碍了工业用地技术的推广。Chen 等（2018）研究考察了区域产业用地效率的时间特征和省级产业转移的空间特征，同时利用空间德宾模型估计了产业转移对六个产业用地效率的空间效应，发现产业转移对餐饮、轻纺、高科技制造业等产业用地效率的影响不显著。Li 等（2019）以京津冀城市群为例分析了城市工业用地效率与公路交通网络可达性之间的耦合协调关系，指出工业城市的工业用地利用应优先考虑生态和环境问题。Han 等（2019）利用地理加权回归模型分析了不同行业的产业集聚对土地利用效率的空间影响，认为产业集聚对土地利用效率的空间影响因地区而异，不同行业对土地利用效率的影响存在差异，产业集聚效应对各细分产业间的利用效率的影响不同。Xie 等（2019）评价了中国工业用地全要素绿色利用效率，认为鼓励企业进行研发、增加有效发明创造数量、增加工业企业研发人员数量、推动清洁能源在工业生产中的应用、加大节能减排力度、引导东部地区产业劳动力有序转移等措施能有效提高工业用地全要素绿色利用效率。

表1-1　　2014—2019年城市工业用地效率评价方法的发展历程

| 时间 | 作者 | 评价方法 | 研究区域 | 主要结论 |
| --- | --- | --- | --- | --- |
| 2014 | Fan Tu 等 | 二元逻辑分析方法 | 杭州市 | 产业类型、土地租赁年限和土地规模对工业用地的影响大于政策干预 |
| 2015 | Yan Gao 等 | — | 上海郊区 | 明确集体所有制将有助于提高我国城郊农村土地利用效率 |

续表

| 时间 | 作者 | 评价方法 | 研究区域 | 主要结论 |
|---|---|---|---|---|
| 2015 | HualinXie 等 | SBM 模型、马尔奎斯特生产率指数法 | 长江三角洲、珠江三角洲、京津冀、成渝、中原、关中天水六大经济区 | 大多数城市的工业用地效率低下；适当提高工业用地价格会对工业用地的利用产生积极影响；各开发区要着力提高工业经济质量和土地利用强度 |
| 2016 | Wenhui Kuang 等 | 中国土地利用/覆盖数据集（CLUD） | 全国 | 我国工业用地面积、扩张速度显著增大；国家发展战略和区域土地利用政策对土地扩张影响显著 |
| 2016 | Malin Song 等 | 以新常态为外生变量的两部门理论模型 | 全国 | 中国新常态经济可以刺激清洁技术进步，从而提高工业用地效率；外商直接投资制约了工业用地效率的提高 |
| 2018 | Lifang Ye 等 | 多元线性回归模型 | 华东无锡市沪台、钱桥、西北区 294 家工业企业 | 产权不完全的集体土地导致工业企业土地利用效率低下；采用短期租赁方式的工业企业工业用地效率更高 |
| 2018 | Xiaofeng Zhao 等 | 空间自相关和回归方法 | 全国 | 我国城市工业用地效率总体上有显著提高；城市工业用地效率与产业集聚、劳动力集聚、资本集聚和技术集聚呈正相关，其中技术对其他要素具有根本性影响 |
| 2018 | Linlin Zhang 等 | 逻辑回归模式 | 杭州市 | 制造业空间结构调整的特征是中心城市工业用地大幅下降，郊区新兴产业集群形成，政府政策和市场化对制造业格局的调整产生了重大影响 |
| 2018 | Libin Guo 等 | — | 重庆长寿市经济技术开发区化工药品制造业 | 目前效率低下的工业用地缺乏搬迁、改造、关闭或升级的动力。效率低下的工业用地退出机制不完善，资金紧张，激励政策不足，退出监管缺失 |
| 2018 | Hualin Xie 等 | 广义方向距离函数（SGDDF）；元前沿非径向马尔奎斯特指数（MNMI） | 长江中游城市群 | 工业用地利用效率存在显著提高的潜力；人均 GDP 与工业用地效率呈"N"形关系 |
| 2018 | Wei Chen 等 | 空间德宾模型（SDM） | 全国 | 工业用地效率在 30 个省份之间存在显著的空间相关性；化工橡胶产业、矿产制造业、机械制造业的产业转移对提高工业用地效率具有显著的积极作用 |

续表

| 时间 | 作者 | 评价方法 | 研究区域 | 主要结论 |
|------|------|----------|----------|----------|
| 2019 | Chenxi Li 等 | — | 京津冀城市群 | 京津冀地区城市—工业用地效率存在显著差异；京津冀大部分城市的城市—工业土地综合利用水平已经落后于公路网发展水平 |
| 2019 | Wei Han 等 | 地理加权回归模型；柯布—道格拉斯生产函数 | 全国 | 产业集聚对土地利用效率的空间影响因地区而异 |
| 2019 | Hualin Xie 等 | 全局非径向方向距离函数（GNDDF）；工业用地绿色利用的非径向马尔奎斯特性能（NMPILGU） | 全国 | 我国工业用地全要素绿色利用效率在大部分年份呈上升趋势，各区域之间的差距正在缩小 |

国外研究对工业用地利用产生的效应关注较多。工业用地利用会对经济、社会、环境产生一系列影响，Jun 等（2012）将 2SLS 回归模型、基于随机效用的位置选择模型和交通模型三种模型相结合，实证结果表明，在没有行业管制的情况下，首尔的公民将更富裕，获得更多的就业机会，支付相对较少的运输费用。Soundranayagam 等（2011）认为，印度港口城市的大量劳动力转移影响工业用地利用变化，导致严重的环境问题。Machowski 等（2016）研究了波兰南部西里西亚高地采矿与地面沉降、水文环境的关系。Ouoba（2018）采用计量方法分析了工矿用地利用对布基纳法索 13 个地区贫困的影响，指出矿区土地利用强度对贫困无直接影响，但对粮食产量有负面影响，从而危及粮食供应，加剧采矿地区的贫穷。

（二）工业用地更新研究

发达国家较早实现工业化，在工业用地更新方面的研究更为全面。对工业用地更新问题的研究最早从旧工业区改造开始，Grabher（1993）、Patrick（1999）、Latham（1999）从规划视角实证分析了伯明翰布林德利、苏格兰格拉斯哥、德国鲁尔区的工业用地再开发路径。21 世纪以后，欧美等发达国家主要强调多目标的更新战略，基于实证视角对老工业地区的衰退、闲置和废弃工业用地开展了一系列研究（Barrie，2013；Jesus，2013；Tomasz，2011；Paola，2011）。Todtling（2004）、Schienstock

(2006)分析了奥地利斯太尔、芬兰老工业区工业用地的调整与转型，并从历史发展和经济结构的战略层面揭示了内城老工业区的更新机制及应对策略。Chris（2006）指出，低效工业用地二次开发带来了英格兰利物浦城市经济发展活力。一些学者认为，低效工业用地改造需依靠技术层面的更新，研究主要集中在工业废弃地大地景观（Audra，1998；Elena & Carmen，2014）、环境保护（Hilary，2010；Michael et al.，2012）、废弃工业建筑保护性改造（Pasquale，2010）等。

工业用地更新可以理解为原土地使用者与地方政府之间的多重博弈或地方政府与新开发商之间的合作博弈，原土地使用者与土地所有者之间关于再开发成本分担和潜在收益分配的争议能有效解释中国城市工业用地再开发的隐藏逻辑（Gao，2017；2018）。Powter等（2011）对加拿大48年工业用地复垦的实践经验进行分析，并指出亚伯达工业用地复垦项目从最初注重地表垃圾清除和安全发展到越来越重视恢复生态功能和减少累积效应。管理部门重叠使潜在的冲突和相互矛盾的复垦目标为发展一项全面和一致的省级方案造成了一些困难，但是管理部门、工业企业、土地所有者和其他利益相关方之间的合作努力能有效减少潜在冲突和矛盾，从而顺利完成工业用地复垦。Li等（2018）以广州市新益会所为例，探讨了工业用地适应性再利用的过程及其对城市更新策略的影响，认为工业用地更新需要地方政府和市场主体建立务实的伙伴关系，并需要其进行灵活的决策，以克服监管机构的限制。中国的城市更新战略需要对治理机构和制度进行一些根本性的变革，消除自下而上的障碍，加快再开发的步伐。Pan和Song（2017）以龙井工业园区为例，分析了老工业区改造中利益相关者（区政府、VSCs、产业园运营商和租户企业）的动机和行为，认为对老工业区改造产生负面影响的因素是形式主义的产业规划、改造企业的宽松选择、监管及验收标准的不完善。

对于中国工业用地更新问题而言，Lai等（2014）通过对深圳两个典型案例的比较，指出模糊产权导致的使用期限不确定、信贷机会不平等和交易困难等制度的约束，是削弱投资者和居民对城中村工业用地的投资热情，导致城中村基础设施落后、建设环境差的重要原因。Gao和Ma（2015）通过对上海郊区闲置工业用地利用的研究发现，模糊产权阻碍了对闲置土地的有效管理。Jiang和Ma（2017）采用"景观指数"与"地理空间分析"相结合的方法分析了北京平谷工业用地格局及其对农村的影响，提出农村工业用地调整不仅要追求经济效益和集聚效益，还要兼顾劳动力吸收率和环境效益。Zhang等（2018）研究发现，制造业空间结构调整的特征是中心城市工业用地面积大幅下降和郊区新兴产业集群形成，政府规划政策、土地出让价格和市场化都会对制造业格局的调整产生重大影响。Guo等（2018）的研究发现，目前效率低下的工业用地缺乏搬迁、改造、关闭或升级的动力。效率低下的工业用地普遍存在退出机制不完善、资金紧张、激励政策不足、退出监管缺失等方面的问题。建立和完善低效工业用地退出机制，促进闲置土地的振兴，优化土地资源配置，同时运用行政、经济、法律、技术等手段，建立工业用地生命周期管理机制，是解决工业用地效率低下的根本举措。

（三）棕地再开发研究

国外与低效工业用地相似的概念主要有棕地（brownfield）、空地（Vacant land）、TOADS（Temporarily Obsolete，Abandoned，Derelict Sites 首字母的缩写）、再开发土地（Redevelopment land）等。

棕地（brownfield）一词最早出现在英国的规划文献中，是绿地（greenfield）对应的规划术语。最早的正式界定是在美国1980年颁布的《环境反应、赔偿与责任综合法》（Comprehensive Environmental Response，Compensation and Liability Act，也称超级基金法，Superfund Act）中。该法案定义棕地为"废弃及未充分利用的工业用地，或是已知或疑为受到污染的用地"。一些学者关注棕地更新的空间模式。Frantál等（2014）以捷克布尔诺为例分析了城市棕地更新的空间模式：在人口密集的建成区（市区和住宅区），棕地更新率较高；而在人口密度低和绿地供应较多的地区（花园群落、休憩用地、工业区和别墅区），棕地更新率较低。中心性和交通联系因素与零售和商业发展项目呈正相关，与住宅开发和市政设施建设项目呈负相关，其中人口密度和当地人口的社会经济结构是显著的正相关因素。

棕地会给经济社会和生态环境带来极大的负面影响（Lambin，2010；Nagengas，2011；Shrestha，2012；Pascuzzi，2013），它与经济发展（Lee，2016）、卫生健康（Bambra，2015）、环境保护（Qian，2017）、社会福利（Wu，2018）等均具有重要关系，棕地再开发问题越来越受到重视

（Adams 等，2010）。Bambra 等（2015）基于对英格兰的研究指出，棕地污染与区域死亡率、发病率有关，棕地应被视为环境剥夺的一部分，棕地再开发应被视为一个公共卫生问题。Lee（2016）分析了美国俄亥俄州棕地改造对周边房价的影响，发现棕地对周边房价有负面影响，在棕地被重新开发之后，受污染的土地对周边房价的负面影响被消除。Capobianco 等（2017）通过实验研究，指出固化和造粒处理相结合的方法可大大减少棕地污染毒性。Kim（2017）对美国 8 个城市的棕地再开发项目进行评估，发现政府监管下的污染风险评估程序是基于通常使用的污染风险进行的，存在一定的不确定性。Qian 等（2017）对纽约市区棕地重金属污染土壤进行风险评估，发现棕地中金属浓度呈非均匀分布，需根据潜在的生态风险和金属污染源制定差别化的棕地再开发管理措施，不能一概而论。Green（2018）调查了 2000—2015 年美国环境保护局列出的 200 处棕地属性，发现收入水平、绿色发展和税收优惠与棕地改造之间存在显著关系。社会经济因素越高，棕地改造的价值越高。

多数文献以特定地区为例分析棕地再开发的制约因素和保障措施。Wu 等（2018）以江苏省常州市为例，指出棕地改造所涉及的环境和健康风险已经成为中国以及亚洲和拉丁美洲其他新兴工业化国家发展中最严重的问题之一，地方政府需开发大量棕地用于重建。Ahmad 等（2018）以巴基斯坦为例，采用因子分析方法研究发展中国家棕地改造的关键障碍，提取了 26 个关键障碍的 5 个主要类别，包括政治和法律障碍、金融和经济障碍、修复技术和操作障碍、管理制度障碍和环境障碍，其中最主要的障碍类别是修复技术和操作障碍。Song 等（2019）认为应基于自然将棕地改造成公共绿地，最大限度地实现可持续的城市复兴。

部分学者认为法律政策的制定与执行是棕地再开发方面取得成功的关键所在（Catney，2006），政府为棕地再开发提供规划、财政、法律、税收等宏观政策的支持（Wernstedt，2006；Whitney，2003）。Cheng 等（2011）以深圳福田区为例，设计了潜在棕地和棕地再开发优先级的识别方法，指出基于科学识别方法的前瞻性规划在城市棕地改造中具有核心地位。Arzu 等（2015）通过调查土耳其五个老工业基地的棕地再开发过程，认为地方政府在棕地治理和开发工作中具有立法、监管等重要领导作用。Burke 等（2015）以英格兰西约克郡为例，提出棕地再开发应注重规划方案的制定，确定有潜在问题的地面条件，让规划人员和开发商了解相关资讯，从而推动棕地再开发工作顺利开展。

一些学者更为关注棕地再开发过程中的利益相关者（Dair，2006）。宏观政策引导下，开发商参与棕地再开发的积极性得以调动（Dixon，2006），公众也扮演了重要角色（Pippin，2009；Solitare，2005），规划设计者、社区居民、部分民间环保组织和非营利组织对棕地再开发有积极的促进作用（Page，2006）。Zielke 和 Waibel（2016）分析了广州棕地改造实践，认为中国棕地再开发转向为更加企业化的治理形式，新的政策和制度一直在推动重组，并为公私互动的正规化做出了贡献。Liu 等（2017）通过总结常州棕地改造的经验教训，提出棕地再开发过程中中央政府、地方政府、企业与公众应积极互动。

（四）城市更新研究

城市更新会给社会经济和生态环境带来重大影响，对城市发展的方方面面也有着重大影响（Hao 等，2012），大学（Medici 等，2018）、公众（Liu 等，2018）等在城市更新中起着重大作用。目前，在城市更新过程中，对一些区域更新的评价仍然集中在经济因素上，对该区域遭受自然灾害的严重脆弱性并没有正确认识（Peng 等，2017），通过城市规划来应对城市规模的缩小和城市更新是必要的（Wang、Fukuda，2019）。对包括文化、运输和排污系统在内的大型城市基础设施计划的大规模城市改造能改善破旧的工业区，有助于城市一体化和提高公民的生活质量，有助于推动经济复苏（Bilbao，2013）。Lee 等（2016）采用双重差分法探讨城市更新对台北市居民住宅价格的影响，发现市区更新项目公布后，市区更新区内平均每坪房价较未受市区更新影响的地区平均每坪房价增加 14880 元。Kefford（2016）探讨战后城市更新对曼彻斯特和利兹工业和经济活动的影响，认为城市更新对已建立的工业活动产生了不稳定和破坏性的影响，并加剧了 20 世纪 70 年代政策制定者所关注的城市内部失业和投资减少问题。

实施城市更新是促进城市可持续发展、提高城市竞争力的重要举措（Juan，2010）。Bryson（2012）以华盛顿州 Spokane 为例，展示了环境策略——特别是城市环境主义的兴起和城市绿地的产生——对城市更新过程的影响，正如 Spokane 市中心的精英们为以环境为主题的世界博览会所做的规划,他们不仅利用环境策略来促进博览会和城市的发展,而且还利用环境策略来取代低收入居民,改造市中心的滨河景观。Meerkerk 等(2012)使用复杂性理论中的自组织概念来研究当地利益相关者的主动性和重要的城市更新过程之间的关系,发现利益相关者的自生和耗散自组织之间的平衡相互作用对城市更新过程非常重要。Wachs(2013)分析了交通技术和政策在美国早期城市衰落和城市更新中所起的作用,并探讨了城市可持续更新所面临的挑战。Rosa 和 Palma(2013)认为城市更新应考虑历史城市景观和文化遗产保护,以实现那不勒斯的可持续发展。Joaquim(2014)以巴塞罗那为例分析了文化对促进城市发展或城市更新的作用。政治和经济精英可以利用文化,在城市更新过程中建立合法性和共识,从而实现城市住宅的高档化、商业用途的改变和对公共空间使用的控制。

  由于各地经济、社会、环境、文化因素之间存在差异,城市更新策略在不同地区的应用也具有差别性。一些研究关注特定环境的城市更新,主要有日本前贱民地区城市更新新模式(Mizuuchi、Jeon,2010)、新加坡和马来西亚传统聚落的城市更新(Alhabshi,2010)、我国香港特区老年人公共休憩用地规划(Yung 等,2016),以及台北都市更新中绅士化的地域分布不均与衍生的社区冲突(Yang、Chang,2017)。Holm 和 Kuhn(2011)通过对柏林寮屋运动的历史、政治背景及其自 20 世纪 70 年代以来对城市政策的影响进行的分析,发现寮屋运动的动态与城市更新的策略直接相关。Tyler 等(2012)以目前许多国家进行的城市评价所提供的数据为基础,使用现成的技术和统计数据源,设计出一种方法以评估城市更新政策的好处,并利用英国最近的评估证据和数据进行验证。Križnik(2012)通过比较全球城市竞争条件下巴塞罗那和首尔的城市更新与城市管理,认为在全球城市之间的竞争条件下,即使是非常不同的城市管理和城市更新的方法也可能会导致类似的后果。

  部分学者关注城市更新的可持续性。Ho 等(2012)基于香港的案例分析提出了可持续的城市重建战略的必要性。Hale 和 Sadler(2012)提出城市更新的弹性生态解决方案,确定了可持续性解决方案,并阐明了可以改进的方面。应用结果表明,这些解决方案的恢复力是值得怀疑的,特别是未来对规划条件的遵守和执行是值得怀疑的。Caputo 等(2012)分析了英国兰卡斯特市议会为城市更新项目制定的规划指导中推荐的节能策略，这些策略包括建筑围护结构的节能、被动式太阳能设计原则的应用，以及可再生能源的生产。Laprise 等（2015）引入了 SIPRIUS 指标体系，旨在将可持续性评估纳入废弃城市区域更新的项目动态中，并通过在瑞士纳沙泰尔进行的项目为例分析了 SIPRIUS 的潜力及其在具体情况下的适用性。研究显示，一种经过调整和结构化的评估方法确实有助于将可持续发展融入废弃城市地区的重建中。Peng 等（2015）提出基于城市更新可持续性的动态变化（Vk）和城市更新的紧迫性（Uk），通过 Vk-Uk 坐标系统来识别和比较可持续的城市更新，确定城市更新中衡量城市更新可持续性的备选模型。

一些学者关注城市更新中的潜在应用，例如土地调整方法（Turk、Altes，2011）。目前，国内外学者对城市更新中的开发商类型（RUMING，2010）、城市重建项目的返工（Forcada 等，2016）、城市更新的自然元素步行空间（Shafray、Kim，2017）的研究也取得了一定的进展。

## 二 国内相关研究

### （一）工业用地利用研究

国内关于低效工业用地利用研究主要围绕"城市低效工业用地的内涵是什么？城市工业用地效率如何评价？城市低效工业用地如何处置？"三大问题展开。针对这三大问题，学者主要从利用效率、影响因素、实际案例等方面展开分析。随着我国城市中心区社会经济发展、产业结构更替和城市功能调整，一些企业尤其是生产过程中会产生污染的工业企业和原土地利用率不高但占地又广的低端制造业，开始从城中心移向郊区，遗留大量低效工业用地和"棕地"（何书金、苏光全，2001；李冬生、陈秉钊，2005）。

关于工业用地利用效率的问题，相关研究着重于效率评价和影响工业用地利用效率的原因，陈伟等（2015）研究了江苏省主要行业工业用地投入损失和利用效率的行业与区域差异特征，指出容积率和投资强度不达标是造成江苏省当前工业用地投入损失的主要原因。谢花林等（2015）分析了主要经济区城市工业用地利用效率的空间差异，发现珠三角和长三角经济区城市工业用地利用效率较高，但各经济区都存在工业用地资源粗放式利用和劳动力过剩的情况。冯长春等（2014）利用数据包络分析法对我国地级及以上城市的工业用地效率进行了分析与评估，认为目前我国城市工业用地效率普遍偏低并解释了原因。梁皓等（2017）从环境响应的视角测算了差别环境响应下长三角部分城市的工业用地效率值，发现企业对不同环境约束做出的响应会对工业用地效率产生影响。周咏馨等（2017）基于社会网络分析法研究我国工业用地绩效评价网络，指出要想提升工业用地绩效评价网络的运行效率，必须构建绩效评价平台，并完善该平台的运行规制。朱孟珏等（2018）分析了多个矿业城市工业用地效率，认为针对不同类型矿业城市，应采取差异化路径来提升工业用地效率。段德罡等（2013）通过对旧国标和新国标中工业用地分类的评析和思考，认为当前的分类对于工业用地来说不利于对其进行规划布局和管理，因此应该根据工业用地产生的污染干扰程度和污染类型划分工业用地，以解决工业用地分类不利于规划和管理的问题。陈昱等（2013）构建了工业企业土地的集约利用评价指标体系，并在此基础上对湖北省部分具有代表性工业企业的土地集约度进行判别分析，指出要以国家产业政策和用地政策为导向，严格审核项目用地，采用经济政策、技术规范和行政法律政策作保证。吴振华等（2018）改善了以往通常采用的静态思路评价方法，在定性与定量相结合的基础上系统地重建了更适用于工业用地的评价指标体系及评价方法，发现近几年来工业用地对生态效益和土地利用率更加重视，综合利用水平大有提升。张琳和王亚辉（2014）在工业企业土地数据调研的基础上，结合有效样本对工业企业土地产出效率及其影响因素进行了数理分析，认为提高单位土地上的投入强度、引导工业企业合理布局及积极促进国有企业改制均有助于工业用地利用效率的提高。

此外，影响工业用地利用的因素，例如社会、经济、生态等客观条件的存在，同样引起研究人员的重视，郭贯成和熊强（2014）采用数据包络分析测算城市工业用地效率，发现影响城市工业用地效率的主要因素是工业行业规模、土地市场化水平、工业行业对外开放程度、工业行业集聚程度。杨兴典等（2018）引入工业用地绿色效益概念，利用污染治理成本法等方法，构建了工业用地绿色效益核算计量模型，并对江苏省各工业行业用地的绿色效益进行核算，指出要制定分行业用地管理政策、严格供地准入门槛、实现生态型工业生产。高辉娜等（2014）分析一定时间段国内地级市以上的工业用地面板数据，认为从经济可持续发展的角度来考察，土地要素的投入对于全国层面的工业经济发展影响仍十分巨大，尤其是在珠三角、长三角、中西部等地区。张琳（2018）研究发现工业开发区是区域经济发展的重要引擎，对于工业用地政策改革创新及促进工业开发区健康发展来说，工业开发区用地政策演变规律的梳理和总结工作具有重要意义。严若谷（2016）分析了旧工业用地再开发增值收益与分配机制，认为对再开发土地增值收益的分配将成为用地改造顺利推进的关键因素。曾现锋（2017）指出要从提高改革共识、健全"增量撬动存量"机制、促进跨区域要素交易机制、建立政社协同的立体化监管网络等四个层面优化完善嘉兴市土地要素资源配置机制，加强制度创新。田克明和王爱莲（2014）采用统计分析法和定量评价法分析了江西省的工业用地集约利用的行业和区域特征，指出投资强度、行业、区位等因素导致工业用地集约利用水平存在差异。卢建新等（2017）运用252个地级市的土地出让数据、经济数据、环境数据来分析工业用地出让对中国经济和环境的影响，结果显示当期及前期的工业用地协议出让面积与固定资产投资、工业总产值、GDP、地方财政收入、税收等均呈负相关关系，与当地污染物的排放量呈正相关关系。林荣茂和刘学敏（2008）利用面板数据进行实证检验，通过构建新古典土地利用模型，分析最优工业用地出让数量、影响工业用地过度扩张的因素及工业用地过度扩张的工资效应，认为解决工业用地低成本扩张的根源在于调整土地收益分配格局并明确土地收益用途。朱小曼等（2014）认为在进行土地二次开发利用前，应对拟出让地块的土壤环境影响进行预先评价。同时一些学者认识到，当前低效工业用地退出虽然对混合功能开发已十分重视，但还存在以牺牲社会和生态效益为代价过度追求经济效益的倾向（张盼盼等，2014）。

一些学者结合某一特定区域展开实际调研，在案例分析的基础上提出优化工业用地利用的建议，丁琳琳和吴群（2017）利用我国省际面板数据检验工业用地投入和环境污染对经济增长的影响与约束，提出应摒弃传统的"低成本"工业化模式，积极探索建立绿色国民经济核算体系，同时加快用地企业科技创新。刘向南等（2016）以浙江绍兴市部分工业用地为研究对象，发现工业研发投入、工业企业规模、工业土地持有成本和工业行业集聚度是影响经济发达地区城市工业用地效率的主要因素。王彦博等（2018）基于工业用地出让数据，研究工业用地出让的空间格局及其演变并进行了定量刻画，认为我国工业用地出让空间格局不均衡，在全国尺度具备"东南重、西北轻"的格局。祖健和李诚固（2017）深入分析长春市中心城区工业用地转入、转出与置换的数量变化特征和空间演变特征，发现其工业用地的转出明显较工业用地的转入更为活跃，长春市中心城区正处于"去工业化"的发展阶段。刘新平等（2015）对广东、浙江和辽宁进行调研，指出中国城镇低效用地再开发面临资金短缺、产权复杂等现实困难，主要原因是已有规则的制约和应有规则的缺失。对于广州市工业用地调整的时序问题，谭迎辉（2010）以优化城市空间结构为导向，提出了一套完整的"调整潜力评价、发展政策约束和调整时序安排"三步走决策思路。黄炀等（2010）以重庆市沙坪坝区为例，研究发现沙坪坝区工业经济总量和土地开发潜力具有较大的上升空间，同时也需要开发更多的工业用地进行支撑。曾堃等（2017）以城市产业发展为视角，对创新性产业对城市空间的影响进行了研究，并梳理了零散工业用地调整所遇到的困境，指出零散工业用地的优化调整方向是发展创新型产业，并结合城市规划用地管理进行管理。钮心毅等（2011）以广州市为样本，采用 GIS 空间分析，总结了一种空间决策支持方法来指导在中心城区内进行的工业用地调整。卢晓玲等（2006）从大城市的聚集与扩散、农村发展、小城镇内部环境、政策制度 4 个方面剖析了小城镇工业用地扩张的机理，以湖北省通城县和仙桃市为例，发现小城镇内部环境是小城镇工业用地扩张最重要的因素。吕萍等（2008）探讨了北京市工业用地的空间集聚和分散变化特征，并针对现状和存在问题，指出工业用地供应需坚持市场化方向，工业用地管理应顺应工业用地的集散分布规律。谭丹等（2009）在问卷调查的基础上，于企业层次建立集约利用评价指标体系，对江苏省苏南、苏中、苏北三个地区典型城市的电气机械及器材制造业用地集约利用水平进行评价，发现经济发展、产业特征、人口密度和技术进步等因素对工业行业用地集约利用水平有着重要影响。王贺封和石忆邵（2014）采用 GIS 技术、边际效益建模和统计分析等方法，研究政策调控如何影响上海市工业用地扩张和工业用地效益，认为上海市郊区工业用地明显扩张，在空间上有分散趋向，工业用地效益有一定的增加。

（二）工业用地更新研究

就工业用地更新的利益相关者而言，国内学术界讨论广泛，普遍认为工业用地更新过程中存在着政府、企业、居民等多重博弈方。学者们通过研究工业用地的更新过程发现，地方政府对于工业用地的供给和管控起着决定性作用，并在低效工业用地更新中扮演着十分重要的角色。

罗能生和彭郁（2016）研究中国主要城市工业用地利用效率年度变化以及不同层面的地方政府竞争对其影响，指出中国各大中城市工业用地利用效率普遍不高，政府应在提高城市工业用地利用效率中发挥重要作用。刘力豪等（2015）在探讨土地市场化改革对工业用地规模变化影响机理的基础上，通过构建计量经济模型，利用中国内地大中城市的面板数据，指出工业用地规模变化主要受市场机制和政府管理的双向驱动。吴群和曹春艳（2015）通过建立理论模型，利用面板数据证明增值税偏好驱动地方政府发展工业和增加工业用地供给量的机制是存在的。张兰等（2017）根据广东省的地级市层面的面板数据，从财政分权和地方官员晋升考核机制两个制度因素视角对工业用地利用效率进行考察，发现以分税制为代表的财政分权和以晋升为特征的地方政府竞争均对工业用地利用效率产生负向影响。严思齐和彭建超（2019）通过分析不同经济发展阶段地方政府财政激励响应，指出财政分权对工业用地利用效率的影响在不同经济发展阶段有所差异，体现出显著的非线性特征。瞿忠琼等（2018）探寻微观尺度的低效工业用地宗地评价方法，为地方政府分阶段管理低效工业用地提供依据，指出应尽快建立工业用地宗地层面的基础数据库，形成宏观、中观、微观层次齐备的评价体系。谢红彬和林明水（2012）在阐述工业用地置换的宏观背景基础上，从利益相关者的视角出发来探究驱动城市工业用地置换的因素，认为在工业用地置换过程中政府起了很大的推动作用。洪亚敏和王文（2007）分析认为，现行的处置方式为直接办理协议出让，这种过于简单的"一刀切"可能会阻碍土地市场的公平竞争和健康有序发展，政府主管部门有必要细化处置方式。杨其静等（2014）研究发现增加当地工业用地的出让面积，对非房地产城镇固定资产投资、工业增加值、GDP 和财政收入都有显著的拉动作用；但是当地政府如果采用协议出让工业用地的方式吸引投资，则会极大地抑制上述拉动作用。

近年来，一些学者开始关注企业和居民在工业用地更新中扮演的角色，对工业用地更新的实践经验进行分析，指出完善的土地市场对于产业发展的必要作用，并强调公众参与的重要性，廖艳和包俊（2013）通过分析政府与开发商博弈层面及政府与城中村居民博弈层面，指出目前深圳城市更新的问题所在，指出要构建阳光网络系统，搭建城市更新中政府、开发商和城中村居民的三方运作平台，进一步寻求三方利益的平衡点。徐瑛（2015）通过研究发现，处于工业发展初级阶段的地区，倾向于多供给土地，形成小规模企业。吴亮等（2018）对长江三角洲地区工业用地和住宅用地的价格关系进行了分析，并进一步从长期综合收益方面对工业用地和住宅用地进行了对比，认为政府对工业用地价格进行调整时不宜盲目提高，应将土地出让收入、税收及就业等社会经济因素纳入考虑范围。冯立和唐子来（2013）以上海虹口区为例，运用新制度经济学的交易成本和产权理论进行分析，认为城市中心区工业用地中的相当部分是划拨用地，具有"模糊产权"，在难以收归政府的情况下，如不将一部分权利让渡给既得利益者，将长期处于低效利用状态。胡映洁和吕斌（2016）通过分析各地政策，识别工业用地更新过程中利益还原的具体机制，发现利益捕获与利益限制两类主要机制，并指出找寻政府控制与市场参与的平衡点，是工业用地更新政策设计的关键。杨忍等（2018）聚焦于乡村工业用地混杂及分散化特征较为显著的佛山市顺德区，系统分析乡村工业用地演化过程和用地特征，认为必须将政府力与社会力的相互作用的形式、空间等纳入讨论范围，才能有效推动其工业用地的空间整合。赵爱栋等（2016）认为，在深化土地要素市场化改革过程中，要把规范地方政府土地出让行为和建立良好的土地市场生态作为重要方向，把促进工业用地价格向合理资源价值回归作为改革落脚点。范婉莹（2018）结合上海中心城区工业用地更新规划实践，从利益还原效率及社会共享两个层面解读当下工业用地更新的规划博弈，指出政策层面的相关指标、规划层面的民众参与度、操作层面的监管机制都有待监管完善。高宁和华晨（2009）通过分析京杭大运河（杭州段）工业用地特点，从认知角度审视现有的工业用地复兴模式，强调延续当地居民对于地块认知、保持居民与地块有机联系的重要性，探索适合运河沿岸工业用地的复兴模式。杨凡等（2016）通过构建上海市创新型工业企业数据库，分别从地理分布、规模等级和空间关联三方面对创新型工业的空间格局特征展开研究，发现开发区、科研机构、老工业区、交通通达性、郊区化和路径依赖对企业区位决策有显著的正向影响。

在分析工业用地更新利益主体的基础上,一些学者对于工业用地更新的机制、特征和整合建议等方面有着较多关注,罗超(2015)通过研究指出,在当前快速城市化背景下,老工业用地更新可归结为产业驱动、市场驱动、技术驱动和触媒驱动四种动力机制。林强和游彬(2018)通过对深圳土地整备政策中用地分配、资金安排制、规划编等政策要点的分析,指出土地整备本质上是降低存量用地改造交易成本的制度设计,并且要得到各方的认可及形成共识。张磊和苗华楠(2017)研究以存量开发控制为核心的工业用地更新体系,以宁波市的城市更新为例,认为工业控制线的确定及认同、管控措施的执行力度是工业用地整合与管控能否有效施行的关键。鲁良栋和赵嵩正(2009)结合不同产业生命周期,对工业用地资源进行有效的分配,其中完善的土地市场、正确的产业发展方向、相应的产业周期发挥着重要影响。杨红和张正峰(2014)根据统计资料与实地调查资料,运用 GIS 分析方法,对河北省邢台市工业用地整治潜力进行评价,反映了城市工业用地不同地块整治潜力之间的差异。孙浩和刘念(2015)通过对合肥市工业用地圈层和扇区分布的分析,揭示工业用地时空变化规律,指出要坚持正确的规划理念,对工业用地进行科学引导、健全相关体制,明确工业园区空间分布,优化工业用地布局,促进城市健康有序发展。叶昌东和赵晓铭(2015)利用广州市行业用地调查数据,对其空间结构及形成机制进行研究,发现广州市工业行业用地空间结构主要受历史依赖性、企业用地需求、区位选择及地价机制的影响。张洪等(2017)分析云南省坝区工业用地集约利用控制指标,认为这是对工业用地进行精细化管理的主要措施,也是保护云南省坝区耕地、缓解用地矛盾、实现社会经济健康发展的关键手段。文雯等(2017)分析北京市工业用地供给及工业转型特征,探讨土地供给与工业转型的相互影响,指出未来需推进工业用地供给侧结构性改革并进一步落实土地节约集约利用政策,保障新产业、新业态用地,促进土地的合理配置以及工业经济的持续健康发展。谷晓坤等(2018)以上海市浦东新区大团镇为例,客观评价其减量化的适宜等级,结果发现大都市郊区工业用地减量化适宜性评价方法可作为工业用地退出的评估工具,有助于提高工业用地减量化的统筹协调性。

## （三）低效工业用地退出研究

虽然各级政府纷纷探索城市中心区低效工业用地的退出方式，实际操作却遭遇阻力大、困难多、收效甚微的尴尬（杨遴杰、饶富杰，2012；龙开胜等，2014）。为此，针对国内低效工业用地退出的问题，已有相关文献主要遵循两种思路：一是基于问题演绎对低效工业用地如何退出给出应然层面的对策建议；二是基于案例研究针对特定地区低效工业用地退出的实践给出实然层面的政策评价和优化建议。

在退出策略方面，已有研究提出的低效工业用地退出措施，主要集中在选择合适的退出模式、加强土地退出监管机制、完善土地再利用政策规定等方面。汪勋杰和郭贯成（2013）指出系统的产业用地低效退出机制的建立应该以"激励与倒逼并行，市场与行政互补"为主线，核心是构建低效产业用地概念性退出激励与倒逼机制、建立实体性有偿退出机制，配套实行定期绩效评价机制、实体退出再配置机制和组织协调机制。徐青（2014）分析了现有工业用地退出的四种模式：政府收购模式、自主改造模式、公私合营模式，以及其他模式，通过不同模式的比较和分析确定了工业用地退出模式需要多样化的优化方向。洪惠坤（2015）等以重庆市为例，尝试在综合分析工业用地和劣势产业两个概念内涵的基础上，提出符合我国国情的低效工业用地概念，指出要从行政、经济、法律和技术四个维度，构建一个从项目前期审核准入、中期动态监管到后期土地退出管理的综合全面的低效工业用地退出机制。代兵等（2017）在全面分析低效工业用地退出类型与路径基础上，基于园区低效用地的退出实践，指出要积极推进分类别差别化退出措施，建立低效用地退出预申请备案和退出计划编制制度等建议。刘天乔和饶映雪（2017）分析了四种典型的低效工业用地退出模式，认为不同退出模式在治理目标、治理主体、运行制度环境及治理成效等方面的表现各具特征，城市低效工业用地退出要选择符合自身实际需要的退出模式。贾宏俊等（2010）研究发现当前中国工业用地集约利用存在着科学规划不完善、供地过程不规范、批后监管不足等问题，工业用地市场制度建设亟须强化；建立健全工业用地动态监测体系和法规体系、强化批后监督手段，为实现经济持续快速健康发展提供基础。许明强（2016）研究城市工业用地产出率影响因素及其影响程度和区域差异，指出应遏制各地尤其是中西部工业新区建设中粗放用地行为、促进工业投资并加强工业区生活配套以提升投资强度和就业密度。

部分学者通过对比并借鉴国内外发展经验，从整体层面对工业用地的退出、管理、再利用进行探索。赵欣（2008）针对目前国内工业用地管理存在的若干问题，以国外工业用地管理模式为借鉴，为合理规范我国工业用地管理提供参考。王苹和吴群（2009）对工业用地集约利用的潜力内涵进行了研究，并在此基础上总结了工业用地集约利用潜力的测算思路和方法，认为对于不同的工业行业应设立工业项目用地门槛，严格按照标准供应土地。高魏等（2013）对中国工业用地节约集约利用的政策演化过程进行了梳理，并总结出各个阶段主要特点，认为要鼓励工业用地节约集约利用政策创新，对工业用地的节约集约利用进行精细化、差别化管理。王宏新等（2017）采用计量分析方法，对中央层面闲置土地治理政策文本进行了梳理，指出应通过引入政府问责和加强信息公开等手段，继续完善闲置土地治理政策工具，以从根本上达到治理目标。王铁成等（2013）针对工业用地在国有建设用地中占较大比重，特别是工业用地中低效利用的现象，指出应建立完善的三维工业用地信息管理系统作为辅助工具供决策者使用以提高地区土地节约集约水平。汪勋杰和郭贯成（2013）从经济学视角分析了工业用地低效退出的障碍，认为工业用地低效退出中存在经济类和制度类障碍。周亮华（2015）在厘清低效工业用地含义与分类的基础上，研究了关于构建我国城镇低效工业用地再开发长效机制的建议和政策，认为促进土地高效集约利用的关键在于建立有效调节居住地和工业用地合理比价机制。沈洋等（2015）通过构建存量工业用地分类、识别评价、有序调控的技术体系，基于政策条件和管理技术层面，认为对低效利用工业用地采取产业升级、提高产出、降低能耗污染等相关措施，最终可以达到存量工业用地再利用的目的。徐小峰和卢为民（2015）在考察了各地工业用地调整实践经验后，认为工业项目后期监管应加强，用地的主动和强制退出机制有待建立。

考虑到不同城市工业用地发展存在的差异性，多数学者结合特定区域的实际情况，针对性地提出对低效工业用地的改进和管理对策。赵伟伟和李广志（2009）运用地理信息系统的缓冲区分析和计量统计分析方法，对西安市工业用地的时空演变特征进行分析，指出要结合城市规划和工业布局调整，完善工业用地布局，优化城市空间结构。张建荣和李孝娟（2011）结合深圳城市更新相关政策制度进行分析，指出应对土地产权进行改造，实现其合法性质转换，分类落实土地权属信息，对城市二次开发进行探索。谭峻和韦晶磊（2008）以北京中关村科技园区为研究对象，分析该区工业用地的现状问题，指出调控工业用地应从改革园区工业用地供地机制、调整工业用地出让价格和规范出让合同三个方面入手。王楠等（2016）对兰州市中心城区工业用地分布现状进行深入分析，针对工业企业调整效果不佳和用地发展单一的问题，指出要考虑城市发展战略和城市核心功能的完善，落实城市总体规划必需的用地。黄金升等（2015）采用了熵权法的权重赋值方法，测算了义乌市的工业用地集约度，并与 AHP 方法测算结果进行对比，发现义乌市的工业用地集约利用水平处于中等偏下，有进一步提高的可能性及现实需要。潘洪义等（2007）以遥感影像为主要数据，借助唐山市城市土地利用现状图及统计资料，揭示了唐山市工业用地数量变化、时空变化特征、扩展模式和景观指数变化。何智锋等（2015）以杭州工业用地自主更新为例，指出自主更新作为一种小范围和小规模的更新方式，可以作为一种对政府主导模式的有力补充和可行路径，并就当前工业用地自主更新规划管理中存在的问题提出了配套管理对策。蒋贵国（2007）采用综合评价法和极限评价法，对工业功能区的土地集约利用程度和潜力挖掘程度进行评估，并结合成都市实际情况，指出要引入市场竞争机制，盘活城市存量土地，提高土地集约利用水平。李伟芳等（2008）采用层次分析法和综合指数评价方法探究了宁波市不同行业的工业用地节约和集约利用程度，发现宁波市工业用地节约和集约利用水平与工业行业有关，工业用地所在地经济发展水平是影响工业用地集约利用最重要的外部因素。袁开国等（2009）对湖南省工业用地现状与增长趋势进行研究，指出城镇低效工业用地使用权流转置换亟待建立。针对工业用地发展空间紧缩的问题，应鼓励工业用地向丘陵岗地拓展，不断提高其土地利用的集约化水平和效益。贾树海等（2011）以辽宁省朝阳经济技术开发区的全部工业企业用地为评价样本，运用熵权法计算指标权重，发现各企业用地集约利用程度有很大差异，大部分工业企业用地状态仍较为粗放，土地利用的发展潜力很大。丁庆等（2011）建立了武汉市工业用地生态适宜性评价数据库，发现从空间分布来看，武汉市工业用地的生态适宜程度存在一种自中心向四周递减的分布态势，其中各个开发区周围适宜程度最佳。宋成舜等（2011）运用综合评价法分析了西宁市市区工业用地数据，对工业功能区的土地集约利用程度、工业用地的规模潜力和经济潜力进行评估测算，指出西宁市工业用地集约利用处于适度利用水平，且利用潜力较大。潘洪义等（2012）通过对唐山市主城区工业布局进行地理联系率和集中指数的计算，发现唐山市工业布局具有集中与分散相结合、出现明显郊区化和点轴模式初步形成的特点。

## 三 国内外研究小结

综上，学术界在低效工业用地退出相关方面的研究成果日益增多，为本课题奠定了良好的研究基础。由于土地制度与经济发展阶段不同，国外学者更关注旧工业区工业用地更新和棕地再开发等问题，注重环境安全和多主体参与，相关研究成果可以为我们提供思路和方法论的借鉴。国内对低效工业用地退出问题的研究存在"三重三轻"：重在考虑低效工业用地退出中的经济效益，轻于考虑社会效益和环境效益；重在从宏观层面探讨低效工业用地退出中的政府作用，轻于从微观视角探讨企业、公众等利益主体等的作用；重在对实践经验的总结和个案探索，轻于对常态化、差别化退出机制的构建设计。鉴此，本研究拟以既有成果为起点，从以下三方面展开研究：一是综合考虑经济、社会、环境方面的影响，从宏观层面分析不同类型低效工业用地退出的模式，归纳低效工业用地退出的总体特征和障碍，分析低效工业用地退出的路径，测度低效工业用地退出的效果；二是发挥不同主体的作用，从政府角度分析低效工业用地退出的政策演进，从多主体参与角度分析低效工业用地退出过程中的利益博弈；三是在国内外经验的比较和案例研究基础上，对低效工业用地退出机制进行优化，确保城市中心区低效工业用地常态化、差别化退出。

## 第三节 研究内容和研究方法

### 一 研究内容

本项目着重研究了六个方面的问题：

（一）城市中心区工业用地利用的效率评价

一方面，基于统计数据，从宏观层面评价中国城市工业用地利用效率的总体状况，结合城市工业用地与经济发展之间的互动关系，从极化视角考察城市工业用地利用效率的时空变化特征和空间极化格局。另一方面，以宗地为评价单元，对工业企业用地情况进行遥感影像分析，提取各类用地数据，结合企业调研数据，构建包括土地投入、土地产出、土地利用强度、土地利用结构的评价指标体系，从微观层面评价城市工业用地利用效率。

（二）城市中心区低效工业用地退出的模式对比

一方面，通过案例分析，找出不同类型低效工业用地的退出模式，总结城市中心区低效工业用地退出的总体特征，分析各类退出模式的治理结构、治理目标、治理主体、运行制度环境及面临的现实障碍。另一方面，比较美国、日本、英国、德国等国家和中国北京、上海、广州、南京等地区低效工业用地退出实践情况，辨析低效工业用地退出与经济发展阶段、产业结构的关系，总结典型地区的实施成效及经验。

（三）城市中心区低效工业用地退出的政策演进

对低效工业用地退出政策文本进行梳理，分析低效工业用地退出政策的颁布部门、发布年度和政策性质，厘清我国城市低效工业用地退出政策的发展历程。从政策工具视角出发，采用内容分析法和统计分析法，对国家和省级层面政策文本进行分类、编码和频数分析，找出相关政策制定和执行中存在的问题，提出城市中心区低效工业用地退出政策的改进方向。

（四）城市中心区低效工业用地退出的主体博弈

首先，甄别城市中心区低效工业用地退出的利益主体，结合典型案例和实地调研，分析中央政府、地方政府、原用地企业、新用地企业、社会组织、民众等参与主体在低效工业用地退出过程中的利益取向、参与形式和参与程度。然后，基于博弈理论，构建三方博弈、多重博弈和动态博弈等模型，分析不同主体的行为策略、协作关系及其低效工业用地退出的影响。

（五）城市中心区低效工业用地退出的效果测度

首先，基于统计数据，采用空间自相关分析、核密度分析和区位熵等方法，找出研究区工业用地的时空分布特征和行业特征。然后，运用系统动力学原理，构建包括经济子系统、社会子系统、环境子系统等的城市中心区低效工业用地退出系统动力学模型，分析低效工业用地退出的系统结构、因果关系和具体路径。在此基础上，构建包括工业用地发展度、工业用地转型度、工业用地就业度、发展条件支撑度、环境污染控制度等 5 个维度的评价指标体系，对城市中心区低效工业用地退出效果进行测度。

（六）城市中心区低效工业用地退出的机制构建

在重构城市中心区低效工业用地退出价值体系的基础上，结合我国实际情况，构建一套"1+3+$N$"（一条总体思路+三大驱动系统+若干关键环节）城市中心区低效工业用地退出决策管理机制，以政府引导、市场促进、公众助推、利益共享为总体思路，建立约束、激励、监管相结合的驱动系统，从规划、监管、收益分配等关键节点提出保障措施和政策建议。

## 二 研究方法

本课题采用文献研究法分析国内外有关低效工业用地退出相关领域的研究现状，采用实地调研和案例分析等方法分析城市中心区低效工业用地的退出模式，采用归纳总结法分析退出机制的优化策略。除此之外，运用具体方法如下：

（一）城市中心区工业用地利用效率评价的研究方法

一方面，基于统计数据，采用 DEA 模型评价中国城市工业用地利用效率；借助 Max DEA 6.0 和 ArcGIS 软件进行城市工业用地利用效率值计算与可视化表达；采用核密度估计方法，借助 Stata 14.0 软件分析城市工业用地利用效率差异的时变特征；选取 Esteban-Ray 指数测度城市工业用地利用效率的空间极化格局。另一方面，基于遥感影像识别的用地数据和工业企业调研数据，以宗地为评价单元，构建包括土地投入、土地产出、土地利用强度、土地利用结构的评价指标体系，采用层次分析法（AHP）和熵值法相结合的综合集成赋权法，从微观层面评价城市工业宗地利用效率。

（二）城市中心区低效工业用地退出政策演进的研究方法

从政策工具视角出发，以 1995—2019 年为时间区间，在北大法宝数据库搜索和筛选 180 篇中央和省级层面有关城市低效工业用地退出的法律、法规、规章和规范性文件，运用内容分析法，按照样本选择、分类定义、编码、频数统计等步骤对政策样本进行文本量化分析。

（三）城市中心区低效工业用地退出主体博弈的研究方法

首先，通过典型案例分析和实地调研访谈，甄别出中央政府、地方政府、原用地企业、新用地企业、社会组织、民众等利益主体。然后，构建 Stakeholder 平台，建立中央政府与地方政府的静态博弈模型、地方政府与原用地企业的演化博弈模型，以及地方政府、原用地企业及新用地企业的三方博弈模型，运用逆向归纳法和反应函数求解纳什均衡（Nash Equilibrium），分析不同主体的行为策略、协作关系、支付函数及其对低效工业用地退出的影响。

（四）城市中心区低效工业用地退出效果测度的研究方法

首先，基于统计数据，借助 GIS 技术，综合运用空间自相关分析、核密度分析和区位熵等方法，分析 2010—2018 年武汉市工业用地转换的时空特征和行业分布特征。其次，根据工业用地行业分布规律，将城市中心区低效工业用地退出系统划分为 5 个子系统，借助 Vensim PLE 软件分析各变量之间的因果关系和反馈回路，揭示城市中心区低效工业用地退出的具体路径。最后，构建包括 5 个维度、17 个量化指标的评价指标体系，采用粗糙集和灰色关联综合评价法、核密度估计法，借助 Stata 14.0 软件和 ArcGIS 软件，对城市中心区低效工业用地退出效果及其分维度特征进行测度和可视化表达。

结合研究内容和研究方法，本课题的技术路线图如图 1-1 所示。

```
┌─────────────┐         ┌─────────────┐
│  文献综述   │         │  理论基础   │
└──────┬──────┘         └──────┬──────┘
       └───────────┬───────────┘
                   ▼
┌──────────────┐ ┌─────────────────────────────────┐ ┌──────────────┐
│ 统计和调研   │ │ 城市中心区低效工业用地退出的模式对比 │ │ 多指标综合   │
│ 数据、遥感   │→│ ┌────────┐  ┌────────┐  ┌────────┐ │←│ 评价、案例   │
│ 数据         │ │ │效率评价│→│模式分类和│→│退出障碍│ │ │ 分析         │
│              │ │ │        │  │特征     │  │        │ │ │              │
└──────────────┘ │ └────────┘  └────────┘  └────────┘ │ └──────────────┘
                 └─────────────────┬───────────────────┘
                                   ▼
┌──────────────┐ ┌─────────────────────────────────┐ ┌──────────────┐
│ 政策文本     │→│ 城市中心区低效工业用地退出的政策演进 │←│ 文本量化     │
│              │ │ ┌────────┐  ┌────────┐  ┌────────┐ │ │ 分析         │
│              │ │ │政策工具│→│政策演变 │→│政策量化│ │ │              │
│              │ │ │分类    │  │过程     │  │分析    │ │ │              │
└──────────────┘ │ └────────┘  └────────┘  └────────┘ │ └──────────────┘
                 └─────────────────┬───────────────────┘
                                   ▼
┌──────────────┐ ┌─────────────────────────────────┐ ┌──────────────┐
│ 调研案例     │→│ 城市中心区低效工业用地退出的主体博弈 │←│ 博弈分析     │
│              │ │ ┌────────┐  ┌──────────┐ ┌────────┐│ │              │
│              │ │ │利益主体│→│构建       │→│主体行为的││ │              │
│              │ │ │识别    │  │Stakeholder平台│博弈分析││ │              │
└──────────────┘ │ └────────┘  └──────────┘ └────────┘│ └──────────────┘
                 └─────────────────┬───────────────────┘
                                   ▼
┌──────────────┐ ┌─────────────────────────────────┐ ┌──────────────┐
│ 统计和调研、 │ │ 城市中心区低效工业用地退出的效果测度 │ │ 空间分析、   │
│ 数据、遥感   │→│ ┌────────┐  ┌────────┐  ┌────────┐ │←│ SD模型、     │
│ 数据         │ │ │用地分布│→│退出路径 │→│退出成效│ │ │ 综合评价     │
│              │ │ │格局    │  │        │  │        │ │ │              │
└──────────────┘ │ └────────┘  └────────┘  └────────┘ │ └──────────────┘
                 └─────────────────┬───────────────────┘
                                   ▼
┌──────────────┐ ┌─────────────────────────────────┐ ┌──────────────┐
│ 理论分析     │→│ 城市中心区低效工业用地退出的机制构建 │←│ 系统分析     │
│              │ │ ┌────────┐  ┌────────┐  ┌────────┐ │ │              │
│              │ │ │重塑    │→│构建     │→│完善    │ │ │              │
│              │ │ │价值目标│  │管理机制 │  │保障措施│ │ │              │
└──────────────┘ │ └────────┘  └────────┘  └────────┘ │ └──────────────┘
                 └─────────────────┬───────────────────┘
                                   ▼
                         ┌──────────────────┐
                         │   优化政策建议    │
                         └──────────────────┘
```

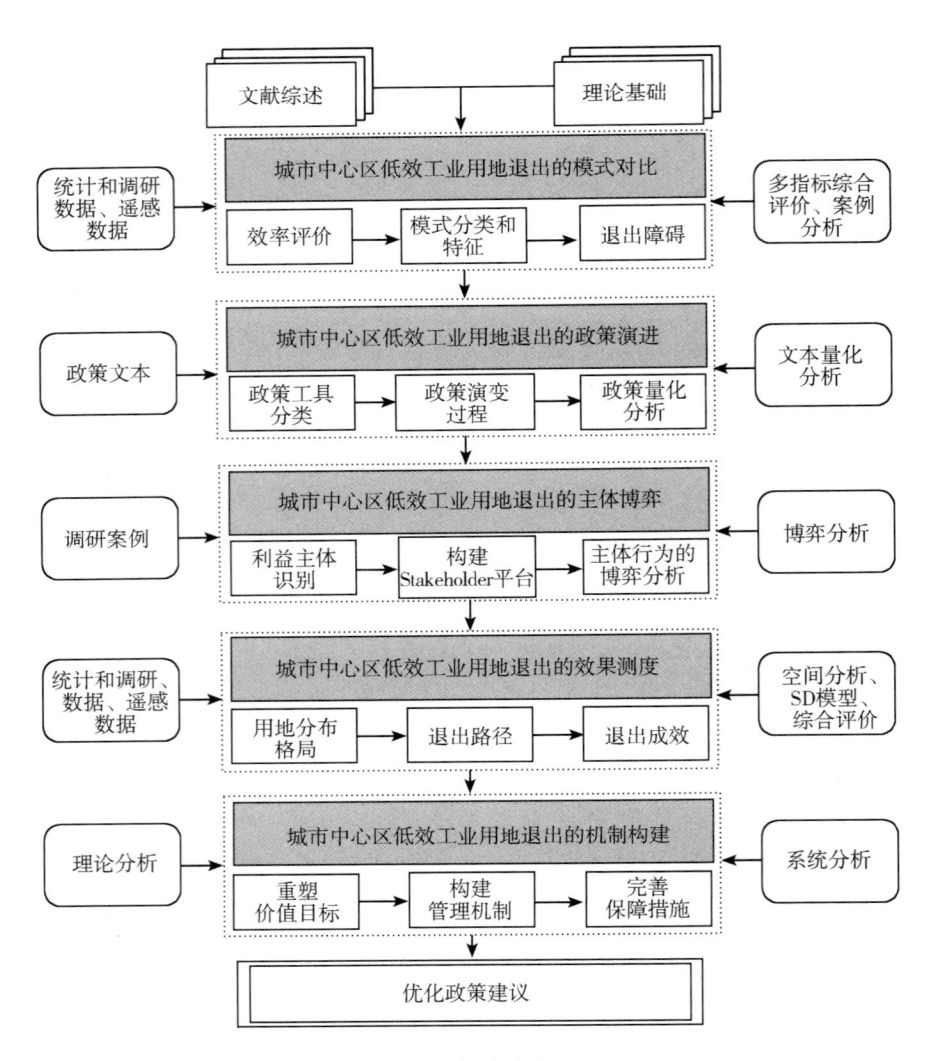

图 1-1　技术路线图

# 第二章 概念界定与理论基础

## 第一节 相关概念界定

### 一 城市中心区

城市中心区是城市公共活动体系的核心,是城市政治、经济、文化等公共活动最集中的地区,并在空间上有别于城市其他地区。城市中心区作为城市发展过程中各种社会经济要素集中和整合的特定区域,在承担城市空间提供、经济发展、服务提供等基本功能的同时,还需要承担联结和集聚信息流、资金流、技术流等各种现代化生产要素的功能。

城市中心区内部的高度密集性及其城市职能的中心地位,使得其与城市中其他地区相比有着鲜明的特点。人口密度最高,交通最拥挤,同时又是城市交通枢纽集中的地区,服务于占城市很大比例的人口。城市中心区往往是一个城市开发的首选之地,是体现城市资源集聚力和竞争力的标志性区域,作为城市经济社会发展的必然产物,其承担的主要功能要求区域范围内的资源集聚程度达到一定水平。

由于城市中心区的工业用地利用效率低,地均产出不高,而且常常存在环境污染的顽疾,继续保持工业用途不利于土地的价值最大化,不利于整体投资环境的改善,更不利于城市配套服务设施的更新升级,低效工业用地势必会阻碍城市服务配套功能的完善和城市总体竞争力的提高。所以,城市中心区工业用地的退出是城市发展到一定阶段后的必然选择。

### 二 工业用地

我国土地利用现状分类和城市用地分类对于工业用地的界定存在差

异。土地利用现状分类（GB/T 21010—2007）中界定的工业用地既包括国有建设用地中的工业用地，也包括集体所有的工业用地（陈伟，2014）。城市用地分类中界定的工业用地指的是国有建设用地中的工业用地（罗遥、吴群，2018）。对此分类，何朝俊和金继晶（2009）认为，实践中具体产业用地归属困难，应对现有的工业用地分类进行反思，应细化工业用地分类。段德罡等（2013）通过对旧国标和新国标中工业用地的分类评析，认为当前工业用地分类不利于工业用地的规划布局和管理，应依据工业用地产生的污染干扰程度和污染类型划分工业用地，以解决工业用地分类不利于规划和管理的问题。

本文采用城市用地分类中对工业用地的界定。对城市用地分类的主要依据是由住房和城乡建设部颁布并于2012年1月开始实施的《城市用地分类与规划建设用地标准》（GB 50137—2011）。该标准将城市用地分为：居住用地、公共管理与公共服务用地、商业服务业设施用地、工业用地、物流仓储用地、道路与交通设施用地、公用设施用地和绿地与广场用地八大类。对于工业用地的下一级分类，国标中认为，如果按工业性质或工业门类划分，可以与国家有关工业的分类相一致，而且这一分类的相关资料来源面广，容易获得统计数据，便于分析工业的性质、产品、产值等。但是由于该分类标准在统计口径上往往与城市规划工作的要求不一致，也不适用于工业选址和用地管理工作，不能满足城市规划工作的需要。因此，对工业用地的分类是基于工业生产对居住和公共环境干扰污染程度的标准来划分的。其中，"一类工业用地"是指工业生产过程对居住和公共环境基本无干扰、污染和安全隐患；"二类工业用地"则是指工业生产过程对居住和公共环境有一定干扰、污染和安全隐患；"三类工业用地"是指工业生产过程对环境有严重干扰、污染和安全隐患。

### 三 低效工业用地

低效工业用地的内涵是经济、社会或生态环境效益处于低水平状态，用地处于比较劣势地位，或承载城市产业演化中处于衰退期的工业用地。城市低效工业用地的界定以各类效益指标为基础，包含地均投资强度、地均产出效益、容积率、建筑系数、生产和生活服务配套设施用地比例、单位产值能源消耗量、单位产值污染物排放量、污染物处理率等指标。针对低效工业用地开展的退出是土地利用演化的特定过程，表现为城市低效工业用地增效再利用，或直接转化为其他用地类型。

根据经济社会发展时期不同以及相关土地利用发展观念的变化，对于低效工业用地的定义一直在不断更新扩展。综合考虑经济、社会、环境等方面的影响，本研究中低效工业用地主要包括：一是因某种原因当前处于闲置、遗弃或没有完全开发投入使用的工业用地，如企业倒闭、合同违约等情况导致土地闲置或低效的工业用地；二是土地利用效率低下、所处区位劣势、处于倒退期的无竞争性工业用地；三是土地用途、投资强度、容积率、建筑系数、土地产出率、行政办公及生活服务设施用地所占比重、绿地率等未达到相关要求的工业用地；四是低效益、高污染、高能耗的工业用地，不符合国家环保及安全生产的要求。

## 四 低效工业用地退出

低效工业用地退出关乎城市基本职能的可持续运行，是支撑城市存量土地资源效率提升的关键路径（赵小风等，2017），是我国新时代城市可持续发展的客观要求。从表征上看，低效工业用地退出是土地利用演化的特定路径，表现为城市工业用地增效再利用，或直接转化为其他用地类型的各种路径和模式；从根源上看，低效工业用地退出是城市管理价值演化的选择，是原有工业用地低效利用状态下经济、社会和环境效益输出，与新的城市管理价值理念之间矛盾调处的现实要求。

## 第二节 理论基础

### 一 区位理论

区位是指事物所处的位置、场所，在空间上的定位或布局。区位理论是关于人类活动的空间分布及其空间中相互关系的学说。具体而言，区位理论强调自然界的各种地理要素和人类经济社会活动之间的相互联系和相互作用，并在空间位置上反映出来。一直以来，区位理论都是研究土地资源空间配置、产业结构空间布局及优化、城镇体系布局，以及人类空间经济行为分析的基础理论。

根据经济活动的内容不同，区位理论包含农业区位理论、工业区位理论、商业区位理论等。具体来看，德国经济学家冯·杜能在《孤立国与农业和国民经济的关系》中首先提出了农业区位理论，认为农业布局和经营方式不仅取决于自然条件，而且受农业活动配置点的制约和影响；德国经济学家阿尔弗雷德·韦伯创立了工业区位理论，认为工业企业选址受交通运输、劳动力、集聚度等因素影响；德国地理学家克里斯·泰勒提出了"中心地理论"，分析了城市中区位与产业发展之间的关系；德国经济学家廖什将市场规模与需求结构纳入分析框架，进一步丰富了区位理论。杜能的农业区位理论、韦伯的工业区位理论和克里斯塔勒与廖什的中心地理论构成了西方古典区位理论的基石，尤其是工业区位理论，是指导工业企业选址的重要理论依据。

依据区位理论，一方面，不同类型企业选择和城市规划布局需要根据区位条件进行调整。例如，对于劳动系数大的企业，在选址时应该更加倾向于劳动力成本更低的区位，使劳动力节约的成本大于因为运输增加的成本，这样可以尽量减小产品的生产成本；而对于劳动系数较小的企业，在选址时应该更加倾向于劳动力成本更低的区位，使运输节约的成本大于因为劳动力增加的成本。另一方面，当工业企业在城市特定区位上的利润低于所在行业的平均水平时，会做出市场退出或区位调整的战略决策。区位理论关注土地、劳动力、运输费用等经济要素对企业区位变迁及其用地调整的影响，能够解释城市中心区低效工业用地退出的内在动力。

此外，不同区位地租不同，各类要素趋向集聚于城市中心区域，城市中心区地租地价高企。由于中心区域地租地价较高，商业、住宅、服务业、金融保险业、高新技术产业、重工业等各类产业用地会根据单位产出效率选择合适的区位，使城市呈现产业集聚和功能分区，具有明显的区位特征。图2-1显示了产业分布与城市用地格局关系，区位地租影响下的产业集聚促使不同空间位置的用地格局发生变化，城市中心区低效工业用地将会加速退出。

## 二　博弈理论

在冯·诺依曼将博弈论系统地应用于经济领域之后，大量的学者对博弈理论展开了研究，逐渐成为主流经济学的一部分，并逐渐渗透到政治

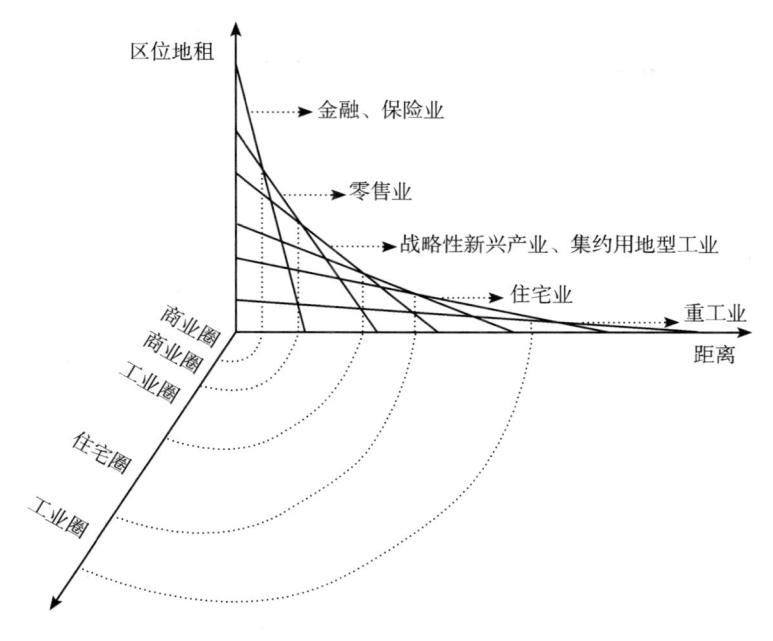

**图 2-1　产业分布与城市用地格局**

学、社会学等领域，成为社会科学研究范式中的一种重要工具。

在我国，博弈论又被称为对策论，基于理性经济人追求自身利益的假设，主要研究某一经济主体的决策受到其他经济主体决策的影响，以及该经济主体的相应决策反过来影响其他主体选择时的决策问题和均衡问题，即当竞争结果依赖于所有参与者的行为时，每个局中人都力图预测其他参与者的可能抉择，以确定自己的最佳决策。

博弈理论是一种研究个体之间相互合作与冲突的理论，它为分析城市中心区低效工业用地退出过程中的不同利益主体提供了理论依据。一个基本博弈结构中包括局中人（player）、战略空间（strategy space）和支付结构（pay off structure）。在每一个博弈的局中，局中人之间的利益相互制约和相互牵连。在城市中心区低效工业用地退出过程中，中央政府、地方政府、原用地企业、新用地企业、公众等不同利益群体之间展开博弈，使谈判、协调、合作过程变得非常复杂。博弈论的核心在于均衡，在于各个决策主体的利益均达到最大时的决策状态，城市中心区低效工业用地退出的难点在于平衡各利益相关者之间的权益。

由于城市土地利用主体的多样化、各自利益偏好的差异性，以及满足需求所需资源的稀缺性和有限性等特征，导致在多元利益的整合、利益的分配和再分配中存在着复杂的主题冲突和矛盾，纵使政府有意对企业用地进行调整，部分城市低效工业用地依然会面临着难以"退出"的制度困境。各利益相关者分别掌握一系列的资本要素与权力工具，构成各自参与谈判的筹码，与其他利益主体进行博弈，实现自身利益最大化。所以，分析低效工业用地退出过程中不同主体的利益诉求，寻找各利益主体间的利益契合点和利益整合机制，这也是低效工业用地退出能否顺利进行的关键所在。

## 三　行为经济学理论

传统经济学一直以"理性经济人"为假设，没有根据现实人的特点分析人的行为和动机，而是通过构建数学模型来分析假定为完美的人类行为。但现实中，行为人并非完全理性，其在获取决策所需全部信息以及处理信息的能力上往往存在局限。因此，以卡尼曼和特维斯基为代表的行为经济学家抓住经济学中最核心的选择问题，通过在传统的博弈论模型中引入行为因素，如公平、互惠等偏好，构建行为经济学模型。行为经济学理论借鉴心理学关于人的行为研究，假设人是非理性的，在传统的博弈论模型中引入行为因素，如公平、互惠等偏好，不同的心理活动特征影响人的决策模式，表现出不同的行为特征，形成现代行为经济学模型。

行为经济学理论认为，人的行为并未完全理性，其行为和决策受心理影响，决策程序、情景、过程、心理、环境、其他主体的决策和行为等都会影响主体的心理活动，从而影响其行为和决策。行为经济学理论对土地利用具有重要的指导意义，它表明企业在土地利用中是有限理性的，土地利用和退出等活动受外部环境、其他企业行为、民众等不同主体的影响，具有传染效应，如何从微观层面激发和促使企业提高土地利用效率，不仅要从经济层面分析，还要考虑其心理活动。

在原用地企业与新用地企业、企业与政府的博弈中，行为经济学理论是分析低效工业用地退出的重要理论基础和有力工具。地方政府、企业、个人作为独立的行为主体，往往以追求自身政治利益和经济利益最大化为目标。因此，在低效工业用地退出实施的具体过程中，各行为主体可能并不完全理性，结合心理学及行为科学研究成果的前景理论分析地方政府的实际行为过程，能够帮助解决退出过程中存在的一系列难以解决的问题，例如政府意志占主导、企业配合意愿不强、谈判难以达成一致等。有效甄别城市中心区低效工业用地退出过程中的利益相关者，根据不同主体的行为特征和心理特征，分析不同主体的利益取向和行为动机，构建合理的利益还原机制，能有效促进低效工业用地退出。

## 四　可持续发展理论

与追求经济效益为主的传统发展模式截然不同，可持续发展理论既重视经济发展及其政策研究，还关注经济发展与人口、资源和环境间的协调性。1972年，在斯德哥尔摩召开的世界环境与发展大会通过了《人类环境宣言》，提出了拯救地球环境，即保护地球使其不仅成为当代人类生活的场所，而且也适合将来子孙后代的居住。1987年，世界环境与发展委员会对可持续发展给出了定义："可持续发展是指既满足当代人的需要，又不损害满足后代人需要的能力的发展。"1992年，联合国"环境与发展"大会通过了《里约热内卢环境与发展宣言》《21世纪议程》等文件，标志着可持续发展从理论走向实践。

可持续发展理论是对以经济为核心的发展观的变革，是对以满足人的基本需求为核心的发展观的完善。具体来看，可持续发展是对资源实行最优利用基础上的发展，是全民、全国乃至全球的共同发展，是包括了经济、政治、文化、生态的发展，是强调系统内部的持续能力、区域间的公正性以及生态环境保护的发展。当前，随着人类生产活动而产生的污染排放和资源消耗不可避免，在生态可持续方面，良好的生态环境和资源的持续利用需要人类更加重视。

依据可持续发展理论，促使低效工业用地退出对于那些质量差、效益低的产业是一种有效的限制和制约，同时为优质、高效，具有合理、持续、健康发展条件的绿色产业、环保产业、保健产业、节能产业、战略性新兴产业等提供了更好的发展空间，使传统的经济增长模式逐步向可持续发展模式过渡。伴随着城镇化和工业化的迅速推进，土地的供需矛盾日益加剧，城市低效工业用地不仅是对资源的严重浪费，并且对于区域环境、交通等各方面因素造成不利影响，违背了可持续发展的原则。所以，强调土地资源自身的高效持续利用以及与其他资源相协调，才能达到资源可持续利用的目的。

此外，工业用地利用不仅要考虑经济效益，也要考虑社会效益、环境效益，构建低效工业用地的退出机制是实现土地资源可持续利用的具体方法和平台，必须坚持可持续发展原则，充分考虑区域内的社会、经济、生态三者的协调，进而实现经济效益、社会效益和生态效益三者的统一。通过低效工业用地的退出，能提高城市工业用地利用效率，优化城市中心区土地利用结构，完善城市功能配套，改善人居环境。

## 第三节　本章小结

本章主要探讨了城市中心区低效工业用地退出所涉及的核心概念和基础理论，首先对"城市中心区""工业用地""低效工业用地"和"低效工业用地退出"这四个术语的基本内涵进行了系统阐释，明确了本文的研究范畴与目标。在此基础上，总结、梳理了区位理论、博弈理论、行为经济学理论和可持续发展理论的基本原理及发展历程，重点探讨了这些理论如何指导本课题的研究工作。

# 第三章　城市中心区工业用地利用的效率评价

　　城市工业用地是城市经济发展的重要载体和城市空间的关键组成部分，近年来学者们通过多层次、多角度地揭示不同尺度城市工业用地利用效率的总体特征及演变格局，为促进产业结构升级、推动低效工业用地有效退出奠定基础。本章一方面从宏观层面分析城市工业用地与经济发展之间的互动关系，从极化视角系统考察城市工业用地利用效率的时空变化格局，另一方面从微观层面以宗地为评价单元，基于城市工业用地的合理性、用地程度的有效性和可持续性，对城市中心区工业用地利用效率进行评价。

## 第一节　宏观层面城市工业用地效率的区域差异

### 一　研究思路

　　中国不同区域经济发展的空间差异与极化现象受到社会各界的广泛关注，作为区域社会经济发展的重要载体和强力助推器，城市工业用地系统内部的物质循环路径及与外部系统的能量交换机制会受到经济极化特征的约束，并最终影响到城市工业用地利用效率的总体分布格局。本节根据城市工业用地与经济发展之间的互动关系，从极化视角系统考察城市工业用地利用效率的时空变化格局。

　　通过理论层面对城市工业用地利用效率内涵的探讨，城市工业用地利用效率是一定空间范围内社会经济发展系统与城市工业用地利用系统交互作用的结果；基于实证层面对不同尺度城市工业用地利用效率时空变化特征的分析，其中城市工业用地利用效率的时空格局、影响机制和度量方法是分析的重点；在政策层面思考如何提高城市工业用地利用效率，强化政府对城市工业用地的管控与配置，构建科学、完整的指标体系，对城市工业用地粗放、低效利用情况进行监控。以上三个方面集中体现了目前研究城市工业用地利用效率的主要方向。

在进行城市工业用地利用效率测度时，单一指标可能存在狭隘性，因此很多学者将城市工业用地的利用过程看成是一个具有多投入、多产出特性的复杂生产系统，通过构建城市工业用地利用"投入+产出"体系，借助数据包络分析（Data Envelopment Analysis，DEA）进行综合评判，这在城市工业用地利用效率测度方面具有代表性。以中国工业用地利用总体状况为切入点，利用DEA模型从宏观层面上对中国城市工业用地利用效率进行分析，并且随着研究的深入，学者们在DEA模型的基础上不断加入其他定量分析方法，如极差倍数、离散系数、空间自相关、泰尔指数、基尼系数分解等，多层次、多角度地揭示不同尺度城市工业用地利用效率的总体特征及演变格局。

本节尝试将经济学中的"极化理论"引入城市工业用地利用效率的分析中，构建城市工业用地利用效率的极化指数，并结合DEA模型和核密度估计方法，对中国大陆31个省区市2009—2014年城市工业用地利用效率差异的时空特征进行分析，为系统认识城市工业用地利用效率的变化特征提供新的研究视角与方法，也可以为实现城市工业用地高效管控与利用提供参考与借鉴。

## 二 研究方法与数据来源

极化理论（Polarization Theory）起源于法国经济学家佩鲁（Perroux）于20世纪50年代提出的以"发展极"为标志，以"不平等动力学"或"支配学"为基础的不平衡增长理论，主要用于分析经济发展过程中的不均衡问题，目前已经广泛应用在金融发展、旅游发展、碳排放、教育资源分布等主题的研究中。将极化理论与中国城市工业用地利用效率相结合，实际上是通过对不同区域城市工业用地利用效率"极化指数"的探讨，从极化视角审视中国不同区域城市工业用地与各类要素融合的不均衡格局，探寻协调发展路径。

(1) 首先利用DEA模型掌握中国城市工业用地利用效率的总体状

况。DEA模型的基本思想是把每一个被评价单位（地区、部门或年份）作为一个决策单元（Decision Making Units，DMU），运用线性规划方法建立起有效的凸性生产前沿，再将各个DMU投影到该生产前沿面上，通过比较DMU偏离前沿面的程度来评价它们的相对有效性，关键步骤是投入产出指标的确定。具体而言，在参照现有研究成果的基础上，主要选取工业用地面积、全社会固定资产投资总额和第二、第三产业从业人员数作为投入指标，选取第二、第三产业增加值、城镇职工平均工资和人均公园绿地面积作为产出指标，分别表示城市工业用地利用的经济、社会和环境效益，并借助Max DEA 6.0和ArcGIS软件进行城市工业用地利用效率值计算与可视化表达。

（2）利用核密度估计方法考察城市工业用地利用效率差异的时空特征。核密度估计（Kernel Density Estimation）是常用的描述经济分布运动的非参数估计方法，它不需要事先对数据分布形式附加假定，而是从数据本身出发，研究数据的整体分布特征。假设随机变量$X_1$，$X_2$，$\cdots$，$X_N$同分布，其密度函数为$f(x)$，其经验分布函数为：

$$F_n(y) = \frac{1}{N} \sum_{i=1}^{N} I(z)(X_i \leqslant y) \quad (1)$$

式中，$N$为观测值数目；$I(z)$为指标函数；$z$为条件关系式。当$z$为真时，$I(z)$等于1，反之则为0。取核函数为均匀核：

$$\eta_0(x) = \begin{cases} 1/2 & -1 \leqslant x < 1 \\ 0 & 其他 \end{cases} \quad (2)$$

则核密度估计形式为：

$$f(x) = \frac{1}{hN} \sum_{i=1}^{N} \eta\left(\frac{X_i - \bar{X}}{h}\right) \quad (3)$$

式中，$h$为带宽；$\bar{X}$为均值；$\eta$为核函数。常用的核函数有Gaussian核、Biweight核、Rectangular核、Triangular核和Epanechnikov核等。具体到本节中，将借助Stata 14.0软件，以城市工业用地利用效率值为样本点，选取高斯核函数进行估计，绘制出核密度曲线二维图，通过对变量分布位置、形态和延展性等信息的观察，对城市工业用地利用效率差异的时序特征进行分析。

（3）构建城市工业用地利用效率的极化测度模型，探讨城市工业用地利用效率的空间极化格局。基于类概念的 Esteban-Ray 指数、基于洛伦茨曲线的 Wolfson 指数和基于排序公理的 Tsui-Wang 指数等是目前理论界进行空间极化测度时较具代表性的定量分析方法，尽管计算过程各异，但是它们都强调样本呈空间聚类式分布，即同一类别的样本点之间特征相似，不同样本点之间特征差距较大。根据本文的研究需要，主要选取 Esteban-Ray 指数（简称 ER 指数）对中国城市工业用地效率的空间极化进行测度，ER 指数是通过变量之间的不断循环比较，确定比较基准，进而测度变量之间的差异程度。其计算公式为：

$$f_{ER} = K \sum_{i=1}^{n} \sum_{j=1}^{n} p_i^{1+\partial} p_j |X_i - X_j| ; K = k/\mu ; \mu = \sum_{i=1}^{n} p_i X_i \quad (4)$$

式中，$f_{ER}$ 为 Esteban-Ray 指数，其值越大，说明城市工业用地效率的空间极化程度越高，反之，则越低；$K>0$，是一个起标准化作用的常数；$\mu$ 为研究区域城市工业用地利用效率的加权平均值，在具体的研究过程中，可根据不同的数据要求对 $k$ 进行取值，使 ER 指数介于 0 和 1 之间（结合本节研究区域数据的具体情况，$k$ 取 30）；$n$ 为分组个数；$p$ 为权重，$p_i$ 和 $p_j$ 分别表示第 $i$ 组和第 $j$ 组样本数占总样本的份额；$X_i$ 和 $X_j$ 分别表示第 $i$ 组和第 $j$ 组样本的平均城市工业用地效率；$\partial$ 为极化敏感系数且 $\partial \in (0, 1.6)$，通常取 1.5。

研究基础数据主要来源于《中国统计年鉴》（2009—2014）和《中国城市建设统计年鉴》（2009—2014），部分数据以各省区当年度统计年鉴作补充。

## 三 结果分析

### （一）城市工业用地效率差异的可视化描述

图 3-1 和图 3-2 分别反映的是中国和三大区域城市工业用地利用效率平均值在研究期内的变化情况。

①从全国范围来看，城市工业用地利用效率整体上表现出波动上升态势，且变化幅度不大。2009 年，中国大陆 31 个省区城市工业用地利用效率均值为 0.6253，2014 年，平均效率指数升至 0.6651。同时，由图 3-1 可知，中国城市工业用地利用效率平均值的演变轨迹表现出阶段性特征：2009—2011 年，平均效率指数呈现降低趋势，并在 2011 年达

到最低值 0.5980，2011 年后开始逐年提升，最终变化到研究期末的最高值 0.6651。

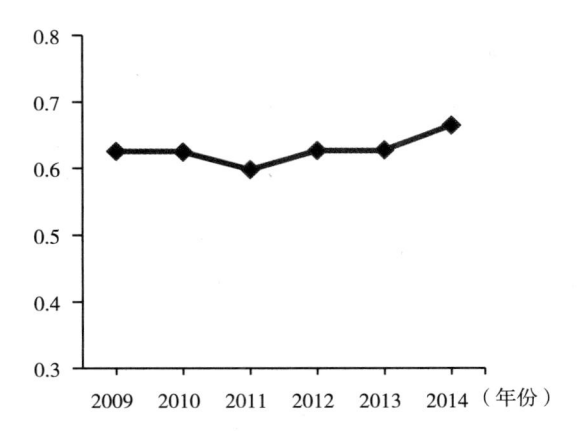

图 3-1 中国城市工业用地利用效率平均值变化趋势

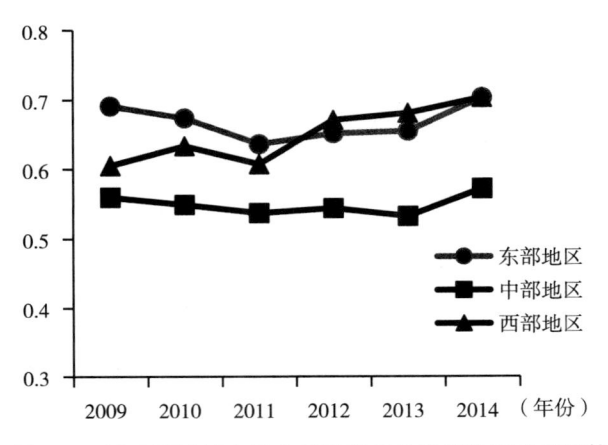

图 3-2 三大区域城市工业用地利用效率平均值变化趋势

②从区域层面来看，中国东部地区、中部地区和西部地区城市工业用地利用效率的区域差异显著，其中，东部地区城市工业用地利用效率平均值先减后增，由 2009 年的 0.6911 减至 2011 年的 0.6358，再缓慢增加至 2014 年的 0.7031；中部地区城市工业用地利用效率的平均值表现出相对稳定的态势，平均城市工业用地利用效率由 2009 年的 0.5600 增加到

0.5702，增幅仅 1.82%；西部地区城市工业用地利用效率则呈现波动上升的趋势，由 2009 年的 0.6050 增至 2014 年的 0.7035，增幅为 16.28%。由图 3-2 可知，三大区域城市工业用地利用效率平均值的变化路径表现出相对一致性，且阶段性特征明显：研究期内，中部地区城市工业用地利用效率的平均值最低，东部地区和中部地区互有强弱，三大区域城市工业用地利用效率总体上表现出"东部地区>西部地区>中部地区"的地理格局。

(二) 城市工业用地效率差异的时变特征

图 3-3 反映的是 2009 年、2011 年、20013 年和 2014 年中国城市工业用地效率的核密度曲线二维图。

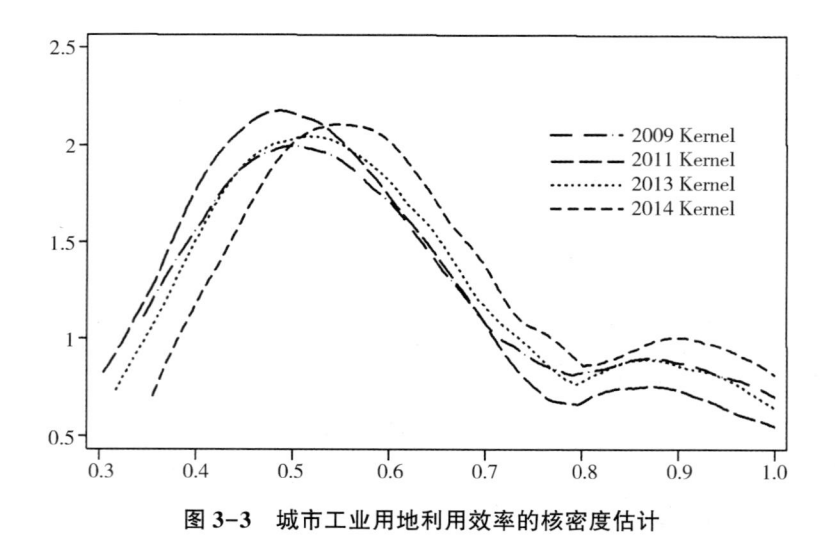

图 3-3　城市工业用地利用效率的核密度估计

①从位置上看，4 个年份核密度曲线的期初值、期末值都表现出"先向左移动，再向右移动"的变化态势，密度函数的位置并不稳定。与 2009 年相比，2014 年核密度曲线的中心位置移动并不明显，核密度曲线整体向右偏移。

②从形状上看，4 个年份城市工业用地效率表现出明显的偏态分布，图形也并非严格的单峰形状，呈现出多峰格局，且第一波峰对应的核密度远高于其他波峰对应的核密度，表明城市工业用地利用效率相对较低的省区所占的比重大于相对较高水平省区所占的比重。随着时间的推移，城市

工业用地利用效率逐渐由轻微的多极分化向两极分化趋势转变，2014年，核密度曲线呈双峰分布，低值聚集地区减少，高值聚集地区增加，表现出一定程度的"俱乐部收敛"特征，但地区差距依然较为显著。

③从峰度上看，4个年份核密度曲线表现出明显的尖峰特征，第一个波峰比起其余波峰更为陡峭。而通过2014年核密度曲线与2009年核密度曲线相比，波峰高度有所上升，且各波峰对应的城市工业用地利用效率的区域增大。

（三）城市工业用地利用效率的空间极化分析

图3-4反映的是2009—2014年中国城市工业用地利用效率Esteban-Ray指数的变化情况，同时为加强认识，分别对中国东部、中部和西部地区城市工业用地利用效率极化趋势进行比较分析（图3-5）。

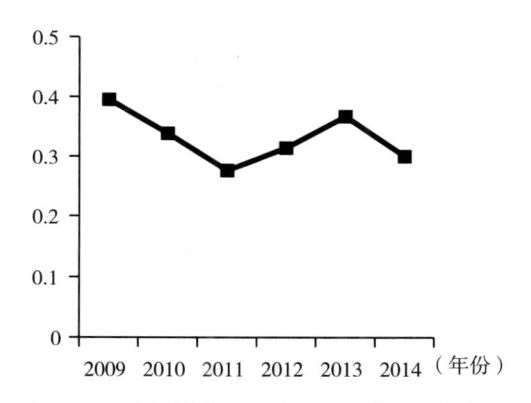

**图3-4 中国城市工业用地利用效率极化指数**

总体来看，2009—2014年间，中国城市工业用地利用效率极化指数介于0.30—0.39之间，极化程度并不高，且由图3-4可知，城市工业用地利用效率极化程度在研究期内表现出"波动下降"的变化趋势，反映了中国城市工业用地利用效率在考察期内由区域集聚逐步向区域均衡演变的过程。

具体来看：①三大区域城市建设用地利用效率极化指数在研究期内都呈波动变化态势，其中东部地区极化指数的波动最大，由2009年的0.5886减少至2014年的0.3212，年均减少率为16.656%，且在2012年降至最低值0.3580，中部地区和西部地区极化指数的变化则相对平稳，分别由2009年的0.2843和0.2630变化为2014年0.3816的和0.2044；

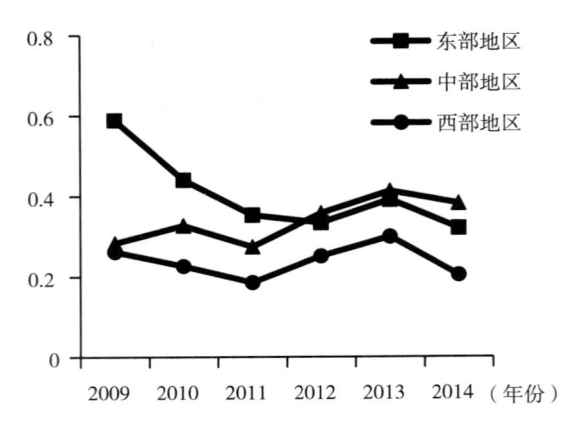

图 3-5 中国三大区域城市工业用地利用效率极化指数

②三大区域城市工业用地利用效率极化程度表现出明显的阶段性特征，2011年以前，东部地区城市工业用地利用效率极化指数最高，2011年以后，中部地区城市工业用地利用效率极化指数持续增加，高于西部地区和东部地区。总体来看，2009—2011年表现出"东部地区>中部地区>西部地区"的空间格局，而2011—2014年则表现出"中部地区>东部地区>西部地区"的分布态势。

## 四 结论与启示

（1）中国城市工业用地利用效率总体上表现出波动上升趋势且区域差异显著。城市化进程的加速推进使得中国不同区域资本、劳动力等要素的总量、结构调整频繁，并映射到区域发展的重要载体——城市工业用地的利用上，改变城市工业用地系统内部的物质循环路径及与外部系统的能量、信息交换机制，最终导致城市工业用地利用效率变化轨迹的波动及整体分布状态的异质性。GIS可视化结果和城市工业用地利用效率变化曲线显示，2009—2014年，中国城市工业用地利用效率整体上表现出上升态势，且变化幅度不大，但无论是省际层面，还是东、中、西部三大区域层面，城市工业用地利用效率都表现出明显的空间非均衡特征，同时，与2009年相比，2014年城市工业用地利用效率核密度曲线的波峰高度有所上升，且各波峰对应的城市工业用地利用效率的区域增大。

（2）中国城市工业用地利用效率的极化过程已经显现，总体极化程度呈"波动下降"趋势,且东、中、西部地区极化程度各异。由于城市工业用地的独特社会经济属性,城市工业用地利用效率的总体分布格局容易受到区域经济发展状况、土地管理政策等外部因素的干扰而表现出不稳定性,特别是在经济极化的现实背景下,城市工业用地利用系统的演进也表现出极化特征,而且区域社会经济发展特征会主导城市工业用地利用效率的极化过程,使不同区域的极化程度及具体路径等都表现出差异性。核密度估计结果表明,随着时间的推移,中国城市工业用地利用效率表现出由轻微的多极分化向两极分化趋势转变,同时,Esteban-Ray 指数测度结果显示,中国和三大区域城市工业用地利用效率的极化指数在研究期内都呈波动减弱的态势,但三大区域的极化程度存在较大差异,并表现出明显的阶段性特征。

(3) 将中国城市工业用地利用系统作为一个整体,则研究期内中国城市工业用地利用效率的区域异质性和极化格局是城市工业用地系统由较低水平向较高层次发展的必经阶段,是区域资本、劳动力与城市工业用地之间低水平耦合向高效融合状态过渡的自然过程。但是在这种差序格局的形成和演进过程中,为避免城市工业用地利用效率的过度极化,一方面要根据不同区域土地资源禀赋、资本吸附力度、经济发展状况等,构建出多元化的生产要素交流机制,充分发挥城市工业用地系统高水平发展区对边缘区的能级扩散效应;另一方面要通过产业转型升级、城市土地管理制度创新等,提升次级核心区或边缘区的城市工业用地利用效率能级,保证不同区域要素配置格局和同一区域不同发展阶段要素组合状况的合理性,缩小因经济、自然、社会等因素而导致的城市工业用地利用效率区域差异及马太效应,从整体上推动整个区域向更高等级的均衡状态发展。

## 第二节 微观层面城市工业用地效率的宗地评价

工业用地的效率评价是促进节约集约用地的一项重要的基础性工作。通过对工业用地的合理性、有效性和可持续性的全面评价,可以进一步提高工业用地集约利用的科学性和准确性,是缓解中国尖锐的人地矛盾、提升土地利用效益的重要举措。因此,为了提高土地利用的集约水平,解决工业用地低效利用的问题，有效识别低效工业用地，明确改进和提升的方向，为地方政府分阶段、有针对性地管理工业用地提供参考和依据。

目前关于工业用地评价的研究，大多集中于宏观和中观层次，以省、市、县等为评价单元，同时对于部分工业用地存在低效利用的原因进行了探讨。诸如城市规划布局不合理、政府监管不严、企业集约用地意识淡薄、开发区基础设施不完善等因素，使得工业用地的利用强度和经济效益无法达到预期目标。随着国家对工业用地集约利用越发重视，工业用地利用评价进一步向微观层面深入，齐备的微观评价体系更需要纳入研究领域中。由于数据较难获取且统计量巨大而较少涉及，基于宗地单元对工业用地利用效率进行评价显得更为迫切和必要。因此，本节以宗地为评价单元，构建评价体系，采用综合评分法对城市工业用地利用效率进行评价。

## 一　评价指标体系的建立

评价指标选取得恰当与否是能否正确反映土地集约节约利用水平的基础。结合土地集约利用的理论，从四个方面对宗地层面的城市低效工业用地进行界定：一是土地前期投入不够，导致土地开发进度缓慢难以达到预期效果；二是土地产出效益不高，如企业经营不善、破产倒闭或者其他原因导致土地产能低下；三是土地利用强度低下，如建筑系数、容积率低，有闲置或部分闲置的土地和厂房等；四是土地利用结构不合理，如绿地面积所占工业用地总面积的比率，在其范围内的行政办公及生活设施是否完善等。

综上，参考《工业项目建设用地控制指标》《开发区土地集约利用程度评价规程（2014年试行）》等文件，结合宗地地块评价工作开展的可实施性和数据的可获取性，分别从土地投入、土地产出、土地利用强度、土地利用结构等方面评价具体工业用地地块的利用效率。评价指标体系如表3-1所示，土地投入层面用地均固定资产总投资和单位面积提供就业岗位指标来体现；土地产出层面用地均工业总产值和地均税收指标来表征；土地利用强度层面用容积率和建筑系数指标来体现；土地利用结构用绿地率和行政办公及生活设施用地比例指标来表征。其中土地投入和土地产出主要反映了经济绩效的强弱，土地利用强度和土地利用结构则代表工业用地利用在规划上是否合理。

表 3-1　　　　　　　　工业用地宗地评价指标体系

| 目标 | 因素 | 指标 | 类型 |
|---|---|---|---|
| 工业用地集约利用水平 | 土地投入 | 地均固定资产总投资（万元/hm²） | 正向 |
| | | 单位面积提供就业岗位（人/hm²） | 正向 |
| | 土地产出 | 地均工业总产值（万元/hm²） | 正向 |
| | | 地均税收（万元/hm²） | 正向 |
| | 土地利用强度 | 容积率（%） | 正向 |
| | | 建筑系数（%） | 正向 |
| | 土地利用结构 | 绿地率（%） | 负向 |
| | | 行政办公及生活设施用地比例（%） | 负向 |

## 二　评价过程与方法

关于工业用地宗地评价方法的选取和评价过程的具体路径，国内学者广泛开展研究。陈昱等（2012）在调查问卷的基础上，以食品制造企业为例，构建了由用地结构、用地强度、土地投入和土地产出等组成的工业企业土地集约利用评价指标体系。费罗成等（2013）分析了枣庄市工业用地集约利用水平和制约因素。周武夫和谢继昌（2014）认为，随着经济社会发展新阶段的来临，国家层面正在调整城市发展思路，以新型城镇化为突破口寻求新的经济增长点。冯长春等（2014）利用数据包络分析评价了我国 262 个地级及以上城市的工业用地效率。黄金升等（2015）认为，土地集约利用评价中集约度的测算是一个综合过程，受到一系列因素的影响，通过与现有标准的对比分析及进一步的测算，指出义乌市的工业用地集约利用水平处于中等偏下，有进一步提高的可能性及现实需要。刘向南等（2016）以浙江绍兴市 6 个县（市、区）工业用地为研究对象，测度各地工业用地效率、工业全要素生产率及其时空特征，指出要实施技术驱动发展模式、改革土地出让方式、促进企业适度规模经营、推进产业有效集聚。

周咏馨等（2017）通过编制盐都区工业用地绩效编码，分析绩效编码的含义对工业用地集约利用现状的解释能力，指出责任定位法给出的宗地绩效信息具有实际使用价值。朱孟珏等（2018）分析了 2000—2015 年 110 个矿业城市工业用地效率，探讨其影响因素及优化路径。瞿忠琼等

（2018）在节地原则和城镇低效建设用地评价及相关研究的基础上，探寻微观尺度的低效工业用地宗地评价方法，指出要尽快建立工业用地宗地层面的基础数据库，形成宏观、中观、微观层次齐备的评价体系，并依据宗地层面的行业均值和标准差进行指标管控的调整，加强"空间换地"，摆脱产业低端困境，倒逼企业加快转型升级。

本节借鉴瞿忠琼等（2018）的研究方法，采用层次分析法（AHP）和熵值法相结合的综合集成赋权法，基于无量纲处理后的各指标值，运用线性加权综合评价法，加权求和后得到工业用地宗地的评价分值。主要步骤有：

（1）数据的无量纲化处理。目标值是具有代表性和借鉴性的国家行业标准和地方建设规范，可以作为判别工业用地是否低效的重要界限。通过无量纲化，减少标准化过程中的数据差异，计算公式如下：

$$X_i = (A_i/A_{0i})^n \times 100\% \quad (1)$$

式中，$X_i$ 为单项指标值；$A_i$ 为某指标的现状值；$A_{0i}$ 为该指标的目标值；$n$ 为系数。当 $A_i$ 为正向指标时，$n$ 为 1，当 $A_i$ 为负向指标时，$n$ 为 -1。

（2）指标权重的确定。为使权重的确定达到主观和客观的统一，采用 AHP 层次分析法与熵值法计算各评价指标的基础权重，再将层次分析法与熵值法算出的基本权重各占 50% 加权平均后得到综合集成赋权的权重值。

（3）宗地综合评价得分及效用区间的划分。运用线性加权综合评价法。在确定选取指标权重的基础上，将无量纲处理后的各指标值与其权重相乘再累加，综合计算出各宗地的评价分值。此外，依据统计误差理论"$3\sigma$"法则和宗地评价得分整体情况，将工业用地不同效用区间划分为 4 个等级。划分偏离宗地评价得分均值（$\mu$）1 倍标准差（$\sigma$）的区间属于中度利用区间，即（$\mu-\sigma$, $\mu+\sigma$]；低于宗地评价得分均值 1—2 倍标准差的区间属于低度利用区间，即（$\mu-2\sigma$, $\mu-\sigma$]；高于宗地评价得分均值 1—2 倍标准差的区间属于高度利用区间，即（$\mu+\sigma$, $\mu+2\sigma$]；偏离均值 2 倍标准差以上的区间分别为粗放和极优利用区间，即（0, $\mu-2\sigma$] 和（$\mu+2\sigma$, $+\infty$）。

## 三 实证分析

截至 2018 年末，湖北省规模以上工业企业达到 15598 家。规模以上工业增加值增长 7.1%，作为长江中游的中心省区，湖北省自然条件优越，经济基础良好，工业发展潜力巨大，本节选取位于湖北省西南部的省域副中心城市宜昌市和地处湖北省东部的黄冈市为例证。宜昌依长江而建，是国家中部地区区域性中心城市，截至 2017 年底，宜昌市共有规模工业企业 1479 家，全年规模以上工业主营业务收入比上年下降 7.5%，利税比上年下降 3.4%，利润总额比上年下降 0.3%；黄冈与省会武汉相连，是武汉城市圈的重要组成部分，2018 年规模以上工业企业 1448 家。两地现有经济开发区发展迅速，工业化进程加速，建设用地需求巨大。然而，在土地资源供给有限的情况下，工业用地低效利用的现象仍然存在。

研究数据主要来源于对湖北宜昌、黄冈经济开发区自然资源局和开发区管委会提供的土地数据和企业的调查数据。其中，结合遥感影像数据，将城镇"二调"图与各企业宗地图进行对比解译，提取包括厂房及配套用地，企业内部行政办公及生活服务设施用地，露天堆场、露天操作场地，厂区内部预留地，企业内部道路停车场，绿地等各类企业用地面积。基于土地利用数据和各控制指标值的含义，计算出各指标数值。

根据《宜昌市人民政府关于实行最严格的节约集约用地制度实施意见》，将省级开发区每公顷均投资不低于 3000 万/公顷、投产后每公顷均税收不低于 225 万元/公顷确定为目标值；行政办公及生活服务设施面积占比率、工业区绿地率的目标值确定为 7% 和 15%；建筑系数、综合容积率确定目标值分别为 40% 和 1.0；由于没有对地均固定资产总投资、单位面积提供就业岗位的统一规定，则以数据的平均值为标准。

基于前述的数据和方法，对各企业工业用地利用效率展开评价，结果如表 3-2 所示，可以看出不同评价指标的权重值存在较大差异。首先，通过层次分析法（AHP）获得的权重中，以容积率为代表的土地利用强度层面及以行政办公生活用地比例为代表的土地利用结构层面获得较小的权重，而以地均固定资产总投资为代表的土地投入层面及以地均工业总产值为代表的土地产出层面权重较大。其次，从熵值法计算权重上看，获得的权重较之层次分析法的结果虽有一定的不同，很明显以土地投入和土地产出为代表反映的经济绩效，在重要性上比以土地利用强度和土地利用结构为代表的用地规划所占据的权重比例更大。因此，加权平均后的综合权重值所反映的各评价指标重要性程度，对于未来开发区工业用地集约利用，在经济层面更需要进行有针对性的调整。

表 3-2　　　　　　工业用地宗地评价指标权重值及目标值

| 指标 | 目标值 | AHP | 熵值法 | 综合权重 |
|---|---|---|---|---|
| 地均固定资产总投资 | 3000 万元/hm² | 0.138 | 0.176 | 0.157 |
| 单位面积提供就业岗位 | 75 人/hm² | 0.241 | 0.141 | 0.191 |
| 地均工业总产值 | 5226 万元/hm² | 0.237 | 0.224 | 0.230 |
| 地均税收 | 225 万元/hm² | 0.283 | 0.182 | 0.232 |
| 容积率 | 1.0 | 0.043 | 0.088 | 0.065 |
| 建筑系数 | 40% | 0.033 | 0.096 | 0.064 |
| 绿地率 | 15% | 0.022 | 0.045 | 0.034 |
| 行政办公及生活设施用地比例 | 7% | 0.004 | 0.048 | 0.026 |

通过线性加权综合评价法，加权求和后得到工业用地宗地的评价分值，划定不同宗地评价分值的区间分布，如表 3-3 所示。根据分值可知宗地的低度利用、中度利用、高度利用和极优利用状况，数值上的差异能更直观的体现企业工业用地的利用水平，通过对低度利用和中度利用的宗地进一步开发完善，寻找并解决问题以提高其整体效益，实现向高度利用的转变。而高度利用和极优利用的宗地需要保持住自身的集约利用水准，并可以借鉴其发展经验来促进低效用地的再开发。

表 3-3　　　　　　工业用地宗地评价效用区间的划定

| 利用类型 | 效用区间 | 评价得分 | 宗地数量 |
|---|---|---|---|
| 低度利用 | $[\mu-2\sigma, \mu-\sigma)$ | [17.94, 46.60) | 36 |
| 中度利用 | $[\mu-\sigma, \mu+\sigma)$ | [46.60, 103.92) | 81 |
| 高低利用 | $[\mu+\sigma, \mu+2\sigma)$ | [103.92, 132.58) | 11 |
| 极优利用 | $[\mu+2\sigma, +\infty)$ | [132.58, +∞) | 10 |

总体而言，整个研究区域的开发区宗地利用水平并不理想，多数宗地需要从低度利用、中度利用向高度利用转变。其中，工业用地低度利用的分值区间为 [17.94, 46.60)，对应宗地数量占宗地总量的 26.08%；工业用地中度利用的分值区间为 [46.60, 103.92)，对应宗地数量占宗地总量的 58.69%；而工业用地高度利用和极优利用的分值

区间分别为［103.92，132.58）和［132.58，+∞），对应宗地数量分别占宗地总量的 7.97% 和 7.26%。开发区多数宗地利用效率较低，高分与低分差距较大，未来促进土地的节约集约利用势在必行。然而，从另一方面来看，这也说明宜昌市和黄冈市的开发区工业用地空间还具有较大的挖掘潜力和前景。

综合来看，开发区工业用地宗地评价指标大多数并未达到《宜昌市人民政府关于实行最严格的节约集约用地制度实施意见》中设立的目标值，评价指标现状值普遍偏低，特别是土地投入层面的地均固定资产总投资指标和土地产出层面的地均税收指标与目标值相差较大。

造成宗地高度利用和低度利用分值差异的关键指标主要是地均工业总产值和地均税收，其所占权重比例最高。由于在土地开发前期，政府可以严格管控容积率、建筑密度、工业区绿化率和行政办公及生活设施用地占有率等指标，但土地审批后，如果没有相应严格的监管机制，土地产出层面将难以管控，并导致企业运营过程中经济绩效薄弱。因此，应尽快建立工业用地宗地层面的基础数据库并及时更新，加强供地后动态监测，防止工业用地闲置和浪费现象的发生。

## 第三节 本章小结

识别城市中心区工业用地利用效率是区分工业用地高效利用和低效利用的基本途径，能够为后续推进低效工业用地退出奠定基础。首先，本章结合城市工业用地与经济发展之间的互动关系，从极化视角系统考察城市工业用地利用效率的时空变化格局，从宏观层面找出城市工业用地利用效率的区域差异。然后，以宗地为评价单元，结合管控指标构建评价体系，并采用综合评分法对城市工业用地利用效率进行微观评价，有利于低效宗地的识别和再开发。

从宏观视角来看，通过将经济学中的"极化理论"引入城市工业用地利用效率的分析中，构建城市工业用地利用效率的极化指数，并结合 DEA 模型和核密度估计方法，对中国大陆 31 个省区 2009—2014 年城市工业用地利用效率差异的时空特征进行分析，得出以下结论：第一，中国城市工业用地利用效率总体上表现出波动上升趋势且区域差异显著。

第二，中国城市工业用地利用效率的极化过程已经显现，总体极化程度呈"波动下降"趋势，且东、中、西部地区极化程度各异。第三，研究期内中国城市工业用地利用效率的区域异质性和极化格局是城市工业用地系统由较低水平向较高层次发展的必经阶段，是区域资本、劳动力与城市工业用地之间低水平耦合向高效融合状态过渡的自然过程。

从微观视角来看，通过对湖北省部分代表性开发区的宗地评价，为准确识别低效地块、了解工业用地低效利用的原因并提出有效解决的方法扩展了思路。在项目准入前对产业类别、项目类型、注册资本和投资强度、项目产出、环境影响及资源节约等方面进行综合评价，将综合评价结果与项目供地的位置、规模等因素相挂钩，同时综合考虑企业的供地方式，提高要素的集约利用水平，突破瓶颈制约，这是推进城市中心区低效工业用地退出的有效途径。在推动工业用地集约利用方面，既要重视土地的集约利用程度，也不能忽视生态环境影响。例如，工业用地从低效利用向高效利用转变的过程中，应该根据企业自身特点和差异提出针对性的布局建议，同时加强生态环境方面的准入要求，促进城市工业用地科学合理布局，促进产业聚集，保证经济开发区健康可持续发展。

# 第四章　城市中心区低效工业用地退出的模式对比

我国城市中心区低效工业用地退出实践已从最初的局部摸索试行向各级城市广泛推进阶段发展，对其退出模式的科学界定，识别主要退出模式的特征和发展障碍，是全面理解低效工业用地退出机制、系统制定分类调整政策的关键。本章结合统计分析和案例分析，找出不同类型低效工业用地的退出模式，比较国内外低效工业用地退出的实践模式，辨析低效工业用地退出与经济发展阶段、产业结构的关系，总结城市中心区低效工业用地退出的总体特征。选择典型地区作为研究案例，分析城市中心区低效工业用地退出面临的现实障碍。

## 第一节　城市中心区低效工业用地退出的模式

### 一　城市中心区低效工业用地退出模式的演化类型

我国城市低效工业用地退出实践始于2000年后率先实现工业化的"长三角""珠三角"中心城市，与城市等级结构对应，低效工业用地的退出实践基本呈现出自上而下推进的态势，工业用地退出伴随产业升级和产业转移进程。上海自2000年起，通过发展都市型工业，利用闲置厂房当"房东"，采取企业管理园区或是街企合作模式，盘活中心城区低效工业用地，逐步改革供地、用地监督管理制度，实行工业用地二次开发。深圳自2004年起，启动对旧工业区、工业建筑的再利用，引入服务面向华南地区乃至全国的艺术、时装、建筑、广告等设计行业，建立多处城市新型业态集中区——创意产业园，推进深圳作为"设计之都"的城市新职能定位。低效工业用地的更新利用为缓解用地矛盾、提高城市集约化发展水平创新了实践模式,此后,低效工业用地退出实践在各级城市中梯度推进,重庆、南京、武汉、杭州、成都、哈尔滨、合肥、青岛等城市纷纷推出促进城市中心区低效工业用地企业搬迁的政策,在城市老工业区的二次开发中探索出新都市工业、创意产业、文化产业等新业态的用地形式。2016 年 11 月,《关于深入推进城镇低效用地再开发的指导意见(试行)》经中央全面深化改革领导小组和国务院审定,由国土资源部印发,统筹部署城市低效工业用地管理任务。至此,城市低效工业用地退出成为地方政府用地管理的普遍任务。

总体来说,经过多年的实践探索,各类城市等级、产业结构和用地条件不同的城市,衍生出低效工业用地退出的不同模式。依据低效工业用地退出过程的主体地位、土地功能形式,以及实施制度环境综合划分,主要有五种基本模式:回购收储模式、功能转换模式、自主改造模式、市场流转模式和工业遗产保护模式。

(一)回购收储模式

回购收储模式是城市土地储备制度的延续,指由政府对符合低效认定的工业用地,采取有偿购回、收储的退出模式。我国的土地收储制度保证了城市建设用地供应,保障城市规划的实施,也是低效工业用地回购收储模式的制度基础。受城市用地统筹管理的要求,回购收储模式的目标更具全局性,是用地形式与用地主体同步实现完整退出的模式,该模式由政府主导,在我国城市土地市场化制度下一直占据着重要的地位。回购收储模式基本沿袭城市工业用地制度中土地所有权与使用权的关系,政府作为模式的实施主导,统筹开展工业用地绩效评估、低效工业用地认定,并主导编制低效工业用地回购收储方案。

2001 年,《国务院办公厅关于规范国有土地使用权出让收支管理的通知》下发,我国全面推行土地收储制度后,明确了我国土地储备的定义、实施机构、收储程序与范围等收储机制要求。在地方政府收储制度建立的基础上,回购收储模式顺其自然地成为城市改造、低效工业用地退出的基本模式,成为我国多数城市低效工业用地退出的普遍形式。上海杨浦区的文化家园、佳龙家园、公园 2000 等,武汉古田解放路沿线的商业住宅综合项目,均是以回购收储模式实施低效工业用地退出的典型案例。常州宋剑湖生态旅游度假区的开发建设,注重生态资源的保护性利用,构建集居住、旅游、生态、经济等综合发展的项目，其中，涉及对中意钢构等低效用地企业实施回购拆除，再将原低效用地划入宋剑湖生态旅游度假项目。

回购收储模式可以相对全面地应对工业生产引起的环境和生态等问题，获取收储后新产业开发的综合效益，达到全面治理的目标。汉口古田工业区曾是武汉12个老工业区之一，是中国百年工业发展史的缩影，原本也是工业废水、废弃和土壤污染比较突出的区域，2003年政府将都市工业园区与改造老工业基地相结合，大力发展劳动力密集、市场前景好、高环保、低能耗、高就业、高附加值的都市型工业。政府参与国企改制，以政府引导、整片储备、激活存量、调整结构、市场运作的方式，盘活工业用地存量，进行工业园区和产业结构的升级改造。首先由政府对改制企业的土地整片收购储备，然后由土地整理中心对原有厂房进行整理，再以低租金对各企业进行招商入驻，不仅促进了工业结构的升级，也增加了城市就业岗位。广西桂林水泵厂搬迁后，原土地用于建设广汇桂林郡高端居住小区，不仅解决了原有的污水污染的问题，提高了环境质量，也获得了土地的增值效益，退让出的部分空间作为绿地及"两江四户二期"用地，增加了公共活动空间的建设内容，实现了社会效益的提升。

（二）功能转换模式

功能转换模式是直接在原有低效工业用地上实现土地功能的转变，原有土地利用活动形式转变实现产业的转型升级。该模式有两种基本形式，一种是土地性质发生变化的功能转换，由使用权人根据土地市场价格补交转换前、后用地出让金价差，土地利用性质转换为非工业用地。另一种是土地功能发生阶段性改变，用地性质仍保持为工业用地，不发生根本变化的功能转换模式。功能转换模式的本质以综合效益更高的用地功能取代原有用地功能，实现城市经济结构的转型和土地利用效率的提升。

我国低效工业用地功能转换模式最早试行于深圳、上海、北京等城市，2004年，深圳华侨城原东部工业区启动改造，根据工业区厂房的建筑特点，并结合政府对文化和创意产业的相关促进发展政策，创造性地提出将工业区改造为LOFT创意产业园区的想法，将原工业区厂房建筑改造为创意产业的工作室及相关配套设施，通过功能转换，衍生出综合效益更高用地业态。以功能转换的模式实现工业遗产保护成为工业用地退出的突出形式，上海市创意产业是在都市工业园区的基础上形成和发展的，2004

年首批 18 家创意产业园区成功挂牌，以园区的形式实现工业用地的功能转换。截至 2018 年，上海市政府已对 4 批共 75 家上海创意产业集聚园区予以授牌，形成了"一轴"（延安路城市发展轴）、两河（黄浦江和苏州河文化创意产业集聚带）、多圈（区域文化创意产业集聚地）的空间布局。以上海第八棉纺织厂为基础建造的上海半岛 1919 是工业文化与创意产业完美结合的产物，以工业厂房为基础，引进文化产业项目，逐渐成为海内外创意产业和文化艺术的最佳平台。《上海市"十三五"时期文化改革发展规划》明确提出上海市文化创意产业发展目标："至 2020 年，全市文化创意产业增加值占全市生产总值比重达到 15% 左右，基本建成现代文化创意产业重镇；至 2030 年，全市文化创意产业增加值占全市生产总值比重达到 18% 左右，基本建成具有国际影响力的文化创意产业中心；到 2035 年，全面建成具有国际影响力的文化创意产业中心。"深圳、上海的创意产业园改造是系统地以园区形式推进工业用地功能转换的开始，由此掀起了全国范围内城市低效工业用地功能转换利用的浪潮，促进了我国城市工业用地效率的大幅提升。2008 年前，北京东南焦化厂和四环路内 200 家左右污染企业实施搬迁工作，以首钢、北京焦化厂、北京有机化工厂为代表的企业逐步搬移，存量土地则为新产业的发展提供了基础。如首钢遗留的土地经规划发展为北京西部的综合服务中心，发展工业研发设计、文化传媒、工业教育培训、生产性服务等服务产业，并建设工业主体公园。

（三）自主改造模式

自主改造模式的实施不涉及使用权的转移，是由政府引导或引入合作开发企业进行低效工业用地的自主改造，具体有产业更新、创新产业开发等具体形式。自主改造模式与功能转换模式的区别在于土地使用权人始终未发生改变，工业用地类型也未发生变化，原使用权人自主地位程度更高，政府仅提供制度环境的支撑，该模式以土地使用权为核心，低效工业用地使用权人、引入的合作开发者作为模式实施的基本主体，以科技工业、创新产业为支撑，通过产业更新提高用地经济、社会和环境效益，真正实现低效工业用地的自主退出。在自主改造模式中，政府不再直接主导低效工业用地退出具体事务，而是通过制度环境建设、开发计划等方式间接引导低效工业用地退出，突出体现土地使用权人的自主功能。自主改造模式下，作为改造主体和直接受益方，企业参与热情高，合作开发方的引入有利于便捷完成项目落地，客观上也扩展了城市建设的引资渠道。自主改造模式对使用权人的管理能力要求较高，但能有效整合各类资源、技术、资本，成为我国城市低效工业用地退出模式发展的趋势。

与深圳和上海的探索道路不同，北京的工业用地退出起始于自下而上形式的自主改造，北京798片区土地使用权人是"北京华北无线电联合器材厂"，后重组为北京七星华电科技集团有限责任公司（下简称"七星集团"）。后七星集团将部分产业迁出，并将闲置厂房进行出租。2002年吸引了许多艺术家来此开设工作室，慢慢形成了现今的798艺术区。广东省将城市低效工业用地治理纳入"土地节约集约利用示范省"建设，开展"三旧"改造，针对低效工业用地退出流程复杂、实施困难的问题，创新提出了自主改造的退出模式。2010年广州亚运会之前，自主改造模式的推行对于广州市城市面貌的改变尤为关键，面对"旧城、旧村、旧厂"规模庞大的现实情况，如果按照传统的政府回购土地退出模式，政府需要承担巨大的财政支出负担，同时也将存在巨大的征迁风险。利用自主改造模式，广州市在较短时间内实施了城市的更新改造，解决了低效工业用地退出的难题，实现城市土地资源的节约、集约利用效率的提升。产业调整升级主要是指传统产业向高新技术产业和现代服务业的转型，为旧工业园区注入可持续发展的动力，保持持久的活力以及完成经济的增长。以上海杨浦的老工业区为例，上海内燃机场、上海柴油机股份有限公司通过自主改造，将原有工业用地规划为大型高新技术产业园；杨浦车站和上海冶炼厂具有的区位能为高新产业提供良好的环境。此外，以2007年南京市的"晨光1865"项目实践为代表，形成了低效工业用地退出的"公私合营"南京模式，属于自主改造模式，是自主改造模式中的合作开发形式。

（四）市场流转模式

市场流转模式的制度基础是城市土地市场制度的完备、土地交易流转的通畅。市场流转模式基于原土地出让合同的责任和义务约定，保持工业用地使用性质不变，土地使用权、出租权在出让合同规定年限内流转，是土地二级市场的流转形式。城市低效工业用地通过使用权转让、出租等市场形式完成退出的模式。土地资源具备稀缺性的基本属性，土地资源的开发利用存在显著的机会成本,在市场资源优化配置作用下,工业用地流转趋向于拥有更高产出效益的项目和用地主体,土地权益以出租、转让等形式自发实现市场流转。原有低效率工业用地使用权人退出或将使用权出租,实现用地的集约利用。市场流转模式充分发挥了市场对资源的优化配置功能,从根源上解决了土地利用低效的问题,是城市低效工业用地退出的有效模式。

市场流转模式发挥市场对资源的优化配置功能,相较于其他模式有更灵活的运行机制、便捷的运作流程,能够充分调动先进的资本、技术力量与土地资源相匹配,但由于缺乏全局性统筹,该模式的实施也更加分散化,与工业区整体退出目标的契合程度较低,不利于低效工业用地的整体退出。杭州于2005年起开展的部分工业用地退出属于市场流转模式,"建筑装饰创意产业园"项目建设过程中,浙江浙报理想文化发展有限公司承租杭州侨兴机械厂废弃厂房,改造成以建筑装饰设计为主的创意园。杭州艺王装饰有限公司承租杭州工艺编织厂的旧厂房,作为唐尚433创意园建筑,实现了土地权益的市场流转。江苏常州市常正锅炉有限公司,经营困难用地效益低,通过地方政府低效产业用地整合开发政策引导,将工业用地使用权租赁给高明贝尔装饰材料有限公司,解决了双方企业所面临的发展问题。

继深圳、上海等国内中心城市推出2.5产业园和产业用地后,这一类型土地开发随即在全国范围内广泛铺开。2019年京东于惠州拍下了土地性质为"新兴产业用地(M0)"的大型地块,其将建设为产业新城,将围绕人工智能、物联网、机器人、云计算等"1+3+5"产业生态体系,新兴产业用地(M0)即服务于2.5产业的土地。这类土地不仅开发强度大、多种用途混合利用,更有可分割转让的制度创新,在满足一定条件下允许用地分割转让,例如在郑州M0用地建设项目可分栋、分层、分套转让,惠州的部分产业用房和住宅配套可以分拆转让,广州则最多可将产业用房的50%进行分割转让,用于引入生产、研发、设计等环节的工业企业或生产服务性企业,该类型的土地开发引入了市场流转,能够在动态的用地过程中优化资源配置,提高土地利用效率,增加企业的经济收益。

(五)工业遗产保护模式

工业遗产承载产业和城市发展变化历程信息,具备历史文化属性,是城市的重要景观资源,这一属性是所有工业遗产保护工作的出发点。工业遗产保护模式既是企业的更新用地模式,也是企业文化建设的需求,该模式既有企业的主导作用,也有地方政府的引导和鼓励政策作用,是"企业+政府"的低效工业用地再开发模式。该模式实施有两种形式,一种由政府收储统一规划,引入遗产保护企业运营;另一种由政府组织编制统一规划,由原企业主导运营保护项目。两种形式相同点是均由地方政府提供总体保护蓝图,并组织职能部门和相关企业编制片区整体保护规划,企业在规划指导下对原有建筑进行修复和重新开发。该模式在不破坏原工业建筑和设施景观、结构的基础上,完成原工业用地的更新,包括将旧厂房改造为工业博物馆、文化创意园、工业景观公园等具体方式。近年来,随着经济的快速发展,许多年代久远的老工业基地已逐渐退出工业制造的舞台,大片的工业区原有生产功能减弱甚至消失,但大面积的工业厂房间仍保有历史、经济、建筑、文化等多重价值,提供不可替代的城市时代印象,是具有区域文化价值的垄断性资源,开发价值高。但多数老工业基地和厂房破旧,基础设施落后,环境质量较差,未经整治保护难以直接利用,由此催生了工业遗产保护模式。该模式的发展既可实现低效、废弃工业用地的再利用,也可为创新城市文化旅游资源,推动第三产业发展。2018年2月,《中国工业遗产保护名录(第一批)》发布,第一批全国工业遗产保护项目100项。全国重点文物保护单位第一批至第七批名录中,工业遗产相关的保护单位约160处,工业遗产已成为重要的文化旅游资源。

杭州大河造船厂由政府进行统一的规划,建设世纪客运码头,运用新理念将地块发展为集工业遗产保护、运河非物质文化展示、创意产业、休闲旅游、文化娱乐于一体的多功能综合区域。处于汉水之滨的武汉汉阳铁厂是洋务运动时期遗留下的典型工业遗产,武汉市在汉阳龟北片区详细规划中,提出延续"汉阳造"品牌,由政府主导,引入创新文化产业企业,将铁厂旧址改建为主题博物馆,将片区内的闲置厂房,在保留历史特色基础上,打造为画廊、艺术中心、工作室、酒吧等的空间聚集地。工业遗产保护的实施,推动"汉阳造"成为武汉市汉阳区最具地标特色的区域。

## 二 城市中心区低效工业用地退出模式的治理结构

治理结构分析广泛应用于企业管理、政府公共管理等领域,治理结构是由治理目标、治理主体、制度环境、治理绩效联系形成的有机整体。城市低效工业用地退出模式的治理结构分析有助于系统认识各类退出模式的属性差异和模式适用性。不同的治理结构衍生不同的退出模式，城市低效工业用地不同的退出模式也对应各自的治理结构特征，具体反映出各类退出模式在治理目标、治理主体、运行制度环境，以及治理成效等方面的差异。当前我国正处于推进国家治理体系和治理能力现代化的重要阶段，城市工业用地退出作为城市治理体系的基础内容，对其模式的治理结构开展特征比较，能够提高模式选择、应用的适应性，为城市用地管理提供决策支持。

（一）城市低效工业用地退出的治理目标

城市低效工业用地退出模式的根本目标是实现城市土地的节约、集约利用，但因主体立场的差异，各模式在运行目标上呈现出不同特征。回购收储模式的基本目标是提高工业用地利用效率，实施城市用地发展规划，并在运行过程中实现收储的成本控制与征迁的稳定开展。回购收储模式的运行目标更多地体现了政府作为城市管理者的定位，集中反映城市用地的宏观管理目标。政府主导的功能转换模式以实现用地效率提升、提高企业综合效益为目标，运行管理同样体现政府的宏观管理要求，并兼顾企业增产增效，一方面追求功能转换后政府财政收入提升、用地项目环境效益提升，另一方面追求企业社会、经济效益的综合提升。自主改造模式以发挥企业自主改造能力，提升企业用地效益产出水平为目标。自主改造运行过程中，围绕土地使用权人，追求资源、技术、资本等要素条件的整合，实现土地使用权方、合作开发方综合效益的最大化。市场流转模式的基本目标是实现工业用地使用权市场效益的最大化。市场流转模式以土地使用权为核心，发挥市场对资源的优化配置能力，以宗地为单位，实现市场效益最大化，体现用地的微观管理目标。工业遗产保护模式中，治理目标一分为二，包括低效工业用地的再开发，以及工业文化景观的保护和塑造，既体现企业层面用地效益提升的微观目标，也体现政府产业升级、工业文化保护，以及城市景观建设的宏观目标。

（二）城市低效工业用地退出的实施主体

主体差异是城市低效工业用地退出模式的划分标志之一。回购收储模式的实施主体目前为土地储备机构，一般隶属于地方政府国土管理部门，由地方政府批准设立，具有独立的法人资格，统一承担地方政府辖区内的土地储备事务，政府是收储土地资源的唯一掌控者，它通过整合土地资源和社会资源掌控低效工业用地退出。因城市用地宏观管理的需求，功能转换模式仍以政府为主导，但实施主体除政府的土地管理部门之外，用地企业也作为主体参与到土地项目规划、土地性质变更、土地变更新功能开发等流程中。自主改造模式基本未涉及土地性质变更审批，因此政府主要发挥规划引导作用，实施主体为使用权人，在自主改造模式合作开发中合伙人也被引入成为新用地项目的开发主体。市场流转模式强调市场对资源的支配作用，实施主体为围绕土地使用权参与市场流转的各方，包含使用权人、租赁方或入股合资方，并涉及流转过程中的中介方，真正实现了实施主体的多元化。工业遗产保护模式依据其两种基本类别的不同，治理主体作用存在两种形式，一种是政府主导下的整体开发，另一种是原工业用地企业主导的改造。其中，第一种形式主要因列入工业遗产的旧工业建筑已经历了较长的历史进程，在经历私有财产、国有财产、承包转租等变迁后，存在产权不清晰的情况，因此必然需要政府的主导，在政府主导开发背景下引入市场企业的参与。第二种形式是部门产权明晰的工业遗产，政府统一认定后由企业主导开发，政府在此过程中承担的是提供政策环境的职能。此外，不管何种形式，对工业遗址厂房和历史建筑的范围、历史、价值、等级、原真性和可识别性评价是一项系统工作，能否被纳入工业遗产的保护范围需要专业部门参与，通常涉及自然资源部门、文物保护部门及环境保护部门等组织的协调配合，需共同实现工业遗产的保护。

（三）城市低效工业用地退出的制度环境

回购收储模式中的低效工业用地回购带有明显的政策性，首先需将回购收储方案纳入土地储备计划，细化编制年度储备计划。储备总体计划、年度计划的制订，需依据土地市场供需状况、土地利用总体规划，以及"总规、控规、修规"等各种层级城市规划方案。在收储计划完备的基础上，还需完成回购谈判定价、回购合同签订、征迁、二次开发等流程。在退出过程中主要涉及城乡规划、土地征迁政策、土地市场运行环境、收储政策、收储后的土地公开出让、土地利用过程监管等形成的制度环境。功能转换模式围绕政府、土地使用权人等主体，编制土地开发计划、实现用地功能转换利用，主要涉及土地利用规划及其年度开发计划、用地类型变更出让政策、用地监管政策等形成的制度环境。自主改造模式源于使用权人的项目策划，以及土地管理部门的土地开发年度计划，经由项目的自主经营改造，或在市场制度环境下引入合作开发方，提升工业用地利用效益，主要涉及土地利用规划及其年度开发计划、土地市场政策与环境等形成的制度环境。市场流转模式以市场运行为核心，涉及土地使用权转让、出租、租赁、要素合资入股等具体环节的制度环境。工业遗产保护模式与其他模式不同，除了土地更新再开发的政策环境外，还涉及工业遗产评估认定和后续的工业遗产项目监管政策。

（四）城市低效工业用地退出的治理成效

比较城市低效工业用地退出的回购收储模式、功能转换模式、自主改造模式、市场流转模式、工业遗产保护模式在我国的运行实践，其应用广泛性、退出时间、退出实效表现出明显差异。回购收储模式在城市中运用最为广泛，从土地权益上实现了完全更新，潜在的权属纠纷矛盾少，土地利用效率提升效果较好，但该模式的回购资金投入大，收储、出让、再开发流程长，过程运行复杂，因此时间跨度普遍长于其他模式。功能转换模式能够多元化发挥政府管理部门、土地使用权人职能，有助于便捷推动低效工业用地的退出，实现用地功能的转换。由于仅涉及阶段性功能转换，或采取简易程序实现用地性质的转化，退出效率较高，退出过程历时较短，多数城市在工业用地退出的早期实践都采用此种模式。然而，该模式中土地使用权并未通过公开市场流转，无法流向用地效益更高的行业和企业，实际成效有限。自主改造模式不涉及用地性质转换，能够充分发挥土地使用权人追求经济效益最大化的能动性，快速实现低效工业用地退出。国内部分实践中通过引入合作开发方，提高了资源配置效益，运行较为快捷。然而，该模式的运行仍主要由原使用权人主导，并未充分利用市场竞争实现资源的最优化配置，制约了模式运作的长效性。市场流转模式以市场为核心，通过自由竞争的要素环境，能够快速实现资源的优化配置，与其他模式对比有明显的时效性优势。但由于缺乏政府宏观引导，实践中开展普遍较为零散，产业类别很难集中，短期内无法形成集聚效益，且在市场失灵范畴内容易造成资源的短期过度配置。工业遗产保护模式是我国近年来新兴发展的一种工业用地更新利用方式，由政府认定，并主要由政府主导规划、开发，以保护工业遗产和塑造城市景观为主要目标，虽然运用范围较为有限，规模不大，涉及主体较为单一，但能一定程度上避免开发过程中各方主体之间利益博弈带来的制约，可实现经济、社会和环境效益的可持续发展。然而，一方面由于我国对工业遗产的认识仍待提高，全国性的工业遗产项目直到 2018 年才正式公布第一批保护名单，认定保护工作起步较晚，对工业遗产保护的研究不够深入，遗产价值评估、遗产认定标准仍待完善；另一方面由于其以保护为主要目的，而非提高土地生产率、土地产出效益，因此对市场参与主体的吸引力不足，在一定程度上造成开发资金的不足。综合两方面的影响，当前我国工业遗产保护的综合效益仍有待提升。

## 第二节　中外城市低效工业用地退出模式的比较

### 一　国外城市低效工业用地退出的实践模式

（一）美国的棕地更新实践

棕地一词于 1990 年初出现在美国联邦政府的官方用语中，用来定义那些污染程度不同、用地规模存在差异、已被闲置废弃或虽在利用但效益较差并以城市工业用地为主的土地及地上附着物。

美国棕地开发首先要遵守国内环境法律的相关规定，开发活动必须先要得到环境部门的批准。美国把棕地开发与环境保护治理挂钩源于 20 世纪 70 年代爆发的"爱河事件"。1892 年，威廉·T. 拉乌（William T. Love）在尼亚加拉瀑布城计划修建一条运河，1894 年 5 月这条以他姓氏（Love）命名的这条运河正式动工，后因美国金融危机导致投资人撤资，工程宣告烂尾。因该运河底部的防水工程已经完工，被虎克公司看中用来在河床存放化工生产废弃物。之后虎克公司将该地块出售给了尼亚加拉城的教育委员会用于教育用地建设，在施工过程中发现了埋藏于地下的污染物后学校改变选址，该地又被用于住宅区建设，在建造过程中因铺设地下管道而破坏了地下土壤。1968 年一条穿越爱河地区的高速公路建设完成，由于高速公路的建设破坏了地下水和雨水流向尼加拉河的通路使污染物在水流的带动下在地表四处聚集导致最后的污染爆发并引发循环系统疾病、癌症、婴儿出生前发生的身体结构、功能或代谢异常等疾病。该事件爆发后联邦政府紧急撤离了当地居民并开展了污染物清理工作。爱河事件的爆发引起了美国联邦政府对受污染土地治理的高度重视并开启了美国棕地更新的先河。

在美国的大部分城市中，可以用来开发利用的土地类型里棕地占有巨大的比例，因此联邦政府十分重视棕地的再开发、再利用。棕地更新既能保护环境、改善城市居民生活质量，又能提升税收、创造就业机会，改善低收入阶级的居住条件从而维护社会的安定。

近几年来，随着美国法制体系的建设，尤其是《综合环境反应、赔偿与责任法》的颁布实施，给棕地开发带来很大的影响。根据法律规定，棕地开发必须符合污染治理标准，若棕地开发完成后依然存留污染物且对人体健康和公共利益造成危害，相关责任由棕地开发者承担。这就要求正式的棕地开发步骤首先要清理污染物，这无疑大大增加了棕地开发的成本和时间，并且在开发完成后还承担着污染物存留不能立刻营业的风险。

对于一个经验丰富的开发商来说，高成本会增加资金筹集的难度，耗时长可能会错失最佳的商机，污染物存留会难以及时使投资得到回报。因此，美国早期的棕地开发面临着较大的阻力，形成了"无人问津"的局面，这便需要政府鼓励那些持观望态度的开发商积极参与到棕地开发中。

联邦政府为了促进棕地更新，在1980年批准了"超级基金"计划，采取"先治理，后追责"的工作思路，为难以明确污染者或无力实施污染治理的区域提供资金援助，以实现提高土地资源利用效率、缓解用地供需矛盾、改善低收入人群居住条件、创造更多的就业机会的目的，即在不明确环境污染责任人的前提下，由"超级基金"先行垫付治理污染土地的相关费用来确保及时修复受到污染的土地资源，达到减少棕地更新所消耗的时间的目的。同时在《克林顿政府棕地行动议程》中提出，参与棕地开发的主体可以申请名为"社区地块开发基金"的专项基金用于棕地开发。这项基金实现了从开发规划制定到土地出让金缴纳再到污染治理、垃圾清理、地上附着物的改造重建等一系列开发流程的全覆盖。最后政府通过税收对于开发商在棕地开发前期污染治理工作的花费将补贴总花费额度的75%。

通过一系列的政策扶持，基本打消了开发商的后顾之忧，并且在棕地开发中实现了政府、开发商双赢的局面。新泽西州废弃纸杯厂的棕地更新就是一个经典案例,由于该厂具有明显的区位优势适宜将其开发为一个具有商业、居住、办公、社会保障等综合性功能的用地,而开发初期仅治理原工厂造成的污染就要花费100万美元。通过政府的补贴,开发商实际仅花费25万美元就完成了污染治理工作。如今,曾经破旧不堪污染严重的废弃厂房变成了车水马龙、环境优美的新世界。在这个案例中,对政府而言,没有开发商的参加就难以实施具体的开发工作,对纸杯厂的棕地更新既治理了污染、保护了环境、减少了对居民健康的威胁、产生了公共利益,又能通过在该土地上的一系列商业活动获取税收产业经济效益,同时产生了大量的就业机会,有利于维护社会的稳定。对于开发商而言,没有政府的帮助,只靠其个人的资金难以完成开发并获取收益。因此这是一个政府主体与私人投资相互支持进行棕地开发的经典案例。

（二）澳大利亚墨尔本市的棕地改造

澳大利亚的首都墨尔本市是澳洲的工业中心,同时有着"澳大利亚文化之都"的美誉,曾经连续六年获得全球最宜居的城市称号,墨尔本市棕地改造是澳大利亚棕地更新的典型代表,具有比较重要的参考价值,值得我国在大中型城市低效工业用地退出实践中借鉴。

推动墨尔本棕地改造的因素同英国等较早完成工业化的国家基本一致,城市扩张使原本位于城市边缘的工业用地逐渐被居住区、商业区等包围,为了降低工业生产对居民生活的影响,大部分工厂再次向外搬迁,于是在城市内部出现了大面积闲置的旧工业用地,这些旧的厂房等与周围新建造的建筑物显得格格不入,影响了城市的形象,破坏了城市的整体环境质量,同时也会对城市的经济发展造成阻碍。这类闲置棕地的更新对城市环境的改善、活力的激发、宜居性的提升都有着重要意义。墨尔本的棕地改造中设计者通过叠加场地特质、保留城市记忆、反映城市空间发展时序,体现对自然生态和人文生态的尊重,构建出极具社区特征性的宜居城区。

墨尔本的城市工业用地更新强调以生态修复为主,更新过程中注重自然生态和人文生态的协调统一,在提升城市活力、振兴城市经济的基础上重视景观建设。谷湖住宅区的建设就是很好的例子,政府把一个原本破败不堪的废弃采石场通过景观设计在其底部建造了人工湖泊景观,同时通过地形的平整来建造围绕原矿坑的木制环湖栈道。值得关注的是,在地形平整过程中并不是将所有坑洼地带一律填平，而是保留了具有代表性的地带以反映采石场的原始风貌，在工业用地更新中保留了工业遗产和当地人心中的工业记忆。同时在谷湖住宅区的建设中体现了对自然生态的尊重，为原本栖息在采石场的动物保留其生存的空间，哪怕是半截枯木，一棵小树都得以保留，并且不在这些动物的栖息场所附近修建人行栈道。墨尔本的工业用地更新亮点在于并不一味地追求经济利益，而是把人与自然协调统一，把对生态的尊重放在更新项目的首要位置，这种先进的理念值得我国在城市工业用地更新实践中借鉴。

（三）日本横滨港开发区工业用地更新

作为日本规模最大的重工业基地和化工生产基地的横滨港地处日本东京湾西北部，由于地区重工业的逐渐衰退加上港口建设已经不适应世界经济形式和贸易结构的原因，经日本横滨港市政府确定由日本运输、土地等部门批准的 MM21 世纪项目在 20 世纪 80 年代正式启动，该项目主要涉及的重工业企业为三菱造船厂，因港口逐渐向外海转移，港区功能的不断调整，使得三菱造船厂接受了政府的土地出让方案。横滨港的工业用地更新由政府牵头制定项目规划，建设道路、绿化、照明、公园等公共设施，同时配套国际化交流中心、住宅区、商业区和大型游乐、餐饮一体化场所，更为注重城市品质和功能的提升。横滨港开发区工业用地更新主要采取先开发部分土地，在开发完成获利后用所得利润再次开发其他地块的滚动开发模式，并且在规划中强调港口景观的结构，建筑物的高度要求由海边向内陆逐渐上升，建筑物最高不得超过 300 米，但在建筑物功能上不做高要求。当前该项目的建设每年可招揽数量高达 3750 万人次左右的游客到此旅游消费，显著增强了当地经济发展，具有很好的发展前景。

（四）英国的城市工业用地更新

世界上第一个完成工业化的国家就是英国，在第二次世界大战结束之后英国的经济逐渐衰退，造成经济衰退的主要原因便是工业生产落后导致的企业收入降低，政府税收减少，城市就业率下降，城市人口向外流失，因此英国也是最早开始实践工业用地更新的国家，研究英国城市工业用地更新对我国低效工业用地退出实践具有重要的参考价值。

英国作为第一个工业化国家，既能最先享受到工业化对生活提供的便捷，又会体会到伴随工业生产所形成的污染对生活和环境形成威胁的痛苦之处。随着城市不断地向外蔓延，早期的工业生产地区逐渐成为城市内部区域，在其生产过程中产生的污染物、噪声等会对周围生态环境质量造成严重影响，生产成本、劳动力成本等逐渐增加，城市工业用地对城市环境、交通、结构造成了巨大的阻碍，也成为了城市发展衰退的原因之一。为了改善环境、维护城市形象、推动城市复兴，英国实施了可持续发展的城镇复兴政策。

英国早期的工业用地转型多数以工业生产场所向城市边缘搬迁的方式进行，这种方式引起了大量城市中心厂房的闲置与废弃，并未对城市空间结构和交通形成有效改变，反而造成了城市人口外流、城市形象受损。英国政府通过对城市规划相关政策的不断探索，最终确立了以提升居民住宅环境品质为目标的规划体系，把环境质量放在经济发展之前，大力扶持那些通过产业升级技术改造能够降低污染达到相关法律规定标准的企业并取缔不能改造的高污染企业。

在完成对污染的严格把控后英国政府将重点转到提升工业转型后废弃工业用地再开发中的环境、经济、社会效益中。对于那些已被污染却能通过治理改造并重新制造收益的闲置工业用地，由当地政府废弃土地资助部门对愿意参与对闲置工业用地更新，前污染区域治理的国内主体提供100%的资金支持，污染区域外围的清理工作将得到50%清理工作总支出的补偿。非本国的主体参与污染治理可以获得80%的资金支持。

20世纪90年代制定的《环境保护法》对修复完成的污染土地加以保护，在提供资金支持的同时向那些造成污染的工业用地原产权人征收土地污染治理的全部费用。通过这项政策，既鼓励开发商参与到工业用地更新，又对这些开发商在法律上形成了有效约束，促使开发商注意环境保护，既能完成对受到污染土地的治理，又不会使政府财政遭受损失。

由于上述政策的鼓励，许多开发商通过虚报高额的污染治理费用并在改造过程中偷工减料使自身的利益达到最大化。为了避免这样的现象再次发生，英国政府同时建立了惩罚机制，这在一定程度上削弱了开发商参与土地更新的积极性。

为了提高公众参与度，吸引公众和非官方组织参与工业用地更新，在完成土地更新前期的整备工作后，通过土地权属私有化的形式来吸引非官方组织和个人参与，再以资金支持并减免相关税款的方式吸引私人投资，鼓励愿意参与到土地更新的民间组织通过公平竞争也就是招标的方式参与到更新项目中来。英国政府从一开始的对土地更新项目中特定环节的资助到减少相关税款的征收，最后鼓励开发商公平竞争，在实践中发现并解决问题直到形成较好的城市工业用地更新模式。

伦敦西部的雷丁镇的 The Oracle 工业用地更新项目就是一个典型案例，在英国和伦敦产业转型升级的背景下，雷丁镇出现了大量因工厂搬迁而闲置的土地，城市整体形象破败不堪。The Oracle 项目总建筑面积 76200$m^2$，利用位于凯尼特河河边 89030$m^2$ 废弃的啤酒厂及交通用地，由 Hammerson 和阿布扎比投资机构合资经营，于 1999 年 9 月起分三期建设。一期包括主要购物及休闲场所；二期为大型商场和滨河休闲空间；三期完善了各部分之间的联系。The Oracle 项目旨在把雷丁镇打造成一个功能完善、基础设施齐全，集餐饮、购物、娱乐为一体的综合性城镇。在 2002 年该镇被评为最好的国际购物中心。新增的各类活动空间为该镇注入了鲜活的生命力，通过建设公园、广场等公共空间提升了整体环境质量。在改善城市形象、提升城市活力的同时做到了使新增建筑的风格、颜色等与周边其他建筑保持一致，维持了原有的街道形象，为当地居民保留了旧的城市记忆。由此可见，The Oracle 项目在完成城市工业用地更新的同时，兼顾城市形象提升、城市环境改善和城市人文记忆保持，对于我国的城市工业用地更新具有重要的参考价值。

（五）俄罗斯工业遗产保护

俄罗斯工业用地更新是在面临着工业生产结构转型和城市化进程加快的背景下进行实践的，当时有大量的计划经济时代的工业生产厂房和设施逐渐被闲置、淘汰而形成工业遗产。俄罗斯工业遗产保护采用整体性原则，将工业遗产本身以及周围附属环境、居民视为一个整体，在时间和空间上实行统一保护。整体性原则旨在保护遗产本身和原有的自然、人文风貌。在结构上大到联邦政府小到市级政府都成立了专门的保护部门，尤其注重传统手工业和制造业等非物质工业文化遗产的保护，这类工业遗产可以看作会说话的历史书籍，世界著名的俄罗斯套娃从生产技术、厂房、工艺、流程等方面都做了完整的保护和展示，既保护了历史又保护了传统文化。同时采取公众参与的手段，听取社区公众的意见，接受社会公众的监督，实现追求经济效益和文化保护的协调发展。

## （六）德国鲁尔工业区更新

在德国西部，莱茵河下游鲁尔河的鲁尔工业区主要以钢铁、煤炭工业为主，由于第二次世界大战后全世界的钢铁供应达到饱和，加上石油在世界范围内大规模使用替代了原来煤炭的部分功能，使得该工业区钢铁、煤炭产能过剩，导致其走向衰弱。为了重振该地区的经济，在1965年德国政府开始实施鲁尔工业区的更新工作，首先由政府将该地区的工业用地使用权回收并对原权利人做出补偿，然后由各级政府共同设立规划机构用以协调实施过程中各方面利益的平衡，然后制订经济振兴计划，最后建设交通、绿化、照明等基础设施。以生产、学习、研讨相结合的方式，将原工厂改造为工业博物馆、工业遗址公园，同时注重保护传统制造业，对其进行升级。鼓励创意性新兴产业的发展，发挥区域优势形成产业、生活、旅游一体化的区域结构。

## 二 国内城市低效工业用地退出的实践模式

### （一）通过不断实践而成熟的上海工业用地更新

作为中国四个直辖市之一的上海市是全球十大金融中心之一。上海的繁荣发展离不开工业的贡献，在计划经济时期传统工业区逐渐在上海具有一定规模，但随着城市向边缘的不断发展，原工业用地就变成了具有优势区位条件的土地资源，在城市扩张后原工业用地的地上附着物基本都向外搬迁，在土地资源十分稀缺的上海，城市存量工业用地便成为重要的用地资源，内部挖潜已成为上海城市发展的必由之路。根据上海城市工业用地更新相关政策的制定和调整，大致可以将其更新实践分为四个阶段。

一是1998—2002年升级优化阶段。从1998年3月1日起实行《国有企业改革中划拨土地使用权管理暂行规定》，使上海市政府通过补交地价的方式增加了土地存量。但是迫切追求经济利益而引发大量的城市工业用地的用途变更为商业用地，与城市规划引导的方向并不相符，对城市中心用地结构的改善并未取得明显的效果，在土地更新中产生的增值收益几乎全部被原土地权利人和参与更新的开发商享受，基本没有对公共利益做出贡献。

二是2002—2005年转型发展阶段。从2002年7月1日起实行的《招标拍卖挂牌出让国有土地使用权规定》和2003年2月18日发布的《关于清理各类园区用地加强土地供应调控的紧急通知》促使上海城市工业用地更新进入转型发展阶段。为了防止划拨用地原使用者以成本较低的协议手段谋取高额的利益，对用于更新的工业用地采取招标、挂牌、拍卖的方式进行。这种方式提升了工业用地更新的透明程度，但是却对市场主体参与到工业用地更新的积极性造成打击，同时政府在对划拨土地的收储过程中往往难以在补偿金方面难以与原工业用地企业达成一致，在这个阶段产生了大量的因工厂搬迁，政府收储困难而形成的大量闲置工业用地，导致作为土地所有者的政府和作为土地占有者的国有企业陷入"两败俱伤"的困局，虽然公共利益在土地更新中得到了保障，但是效果却并不理想。

三是2005—2014年非正式创意更新阶段。随着《上海市"十一五"创意产业发展规划》《关于加强本市产业结构调整盘活存量资源的若干意见》《上海市产业结构调整专项扶持暂行办法》等一系列政策文件的颁布，推动上海工业用地更新进入了非正式创意更新阶段。在保持产权不变动的前提下将通过划拨取得的工业用地打造成创意性产业园区，这一时期在上海市区成立的创意性产业园区有八成都是通过改造旧工业建筑及其设施而完成的，并涌现了如1933、八号桥、红坊等一大批优秀的创意产业园。在这一时期工业用地更新进程加快，但是在提升土地利用效率方面成效并不显著。

四是2014年至今内涵更新阶段。根据2016年制定的上海市未来20年整体规划，对城市边界做出了控制同时要求建设用地面积要减少，市中心建设用地面积保持不变的要求，上海市的土地资源显得更为稀缺。为了不因资源的稀缺而影响城市的进一步发展，只能实施工业用地减量化管理，使存量工业用地效率达到最大化，充分发挥其社会效益。因此，上海市政府出台了《关于本市盘活存量工业用地的实施办法》，根据工业用地规模、集中程度的不同给出不同的开发建议，对城市工业用地做出符合其自身状况的细致管理，在实施办法中明确指出了对存量工业用地的开发成果要对公共利益做出贡献，保证了开发利益由全社会共同享受。在对工业用地更新的细则方面做出约束的同时还加大了对更新完成的土地实际的使用情况、后期的转让、出租等方面的监管力度，保障了土地更新成果的持久性。

上海市的城市工业用地更新实践历程与英国较为相似，都是通过在探索中发现问题并及时调整相关的政策规定，在实践中摸索适合自身情况的最优更新方案，值得我国其他城市在土地更新中参考借鉴。

（二）自发转型的深圳工业用地更新

在改革开放的初期，深圳利用土地来实现经济的增长，以极高的效率完成了城市化，近十年来新增建设用地面积日益紧张。根据深圳2020年城市总体规划，决定将建设用地的面积限制在890平方公里之内，已经极度靠近了深圳市的土地利用上限。而在深圳城市总体结构上，工业用地占建设用地总数量的三分之一，存在着较高的比例，原工业用地的使用效率无法满足深圳经济继续发展的土地需求，因此对工业用地的更新是解决深圳应对土地资源紧张而制约进一步发展的有效措施之一。

近年来深圳在城市工业用地更新方面不断地摸索和尝试，在加快传统老旧工业的转型升级的同时积极解决因城市发展而带来的环境品质恶化的问题。深圳低效工业用地退出，不仅是实现产业升级的必由路径，还是挖掘城市空间潜力、提升城市环境品质的重要方式。为了避免因规划需要对土地收储而引发为获取高额补偿款在即将占用的土地上紧急添加地上附着物的行为，2005年底深圳全面开展了彻查土地数据的行动，摸清大部分可以用于更新和再利用的工业用地分布在原特区外，以宝安和龙岗为主。在深圳全面完成经济特区一体化工作后，宝安和龙岗成为了深圳新的土地供应源，大量处于城市内部的旧工业用地被搬迁至该地。在工业用地更新实践方面，深圳的经历与美国、英国等有着成熟工业用地更新经验的国家较为相似，深圳城市工业用地更新的研究对我国其他已经开展或者尚未开展相关更新的城市在政策、规划的制定，意外情况的应对方面有一定的参考价值。

工业用地利用规划对深圳城市更新和低效工业用地退出具有较强的指导作用。从20世纪末期深圳市就开展了针对存在着高污染、高能耗、土地利用率低、脱离现代工业发展要求、基础设施缺少等问题，旧工业用地以拆除重建或者优化升级的方式达到符合地方发展需求，依托优势产业发展并按照具有地方特色的土地规划开展工作。通过对目标工业用地的产权、区位、交通、环境等基本情况的摸底掌握，结合城市发展需求为不同情况的工业用地做出合理细致的规划方案。但是在具体的实施阶段依然暴露出了许多问题，例如对土地更新过程中产生的经济价值过分追求而尽可能提高建筑物的占地面积，对土地几乎达到最大限度的开发造成建筑密度和容积率上升，导致室外活动空间狭小，交通拥挤。绿地减少，城市热岛效应的增强，致使城市高温化等问题的产生，使公共利益受到严重损失。

土地利用规划本身就是对城市未来发展的一种展望，而工业用地更新具有耗时长、土地权属复杂等特性，随着更新过程的展开，项目的背景条件、国家新政策的出台、市场对土地新的需求往往都会影响工业用地按照规划顺利实施，因此规划具有不确定性。工业用地利用规划的制定通常套用传统的城市规划模式，在技术层面容易理想化，规划实施过程中各个环节缺乏研究，对于可能影响规划实施的各种因素往往难以周全地预料到，使得规划对工业用地更新的现实指导意义难以充分发挥。

深圳市华强北片区是原城市旧工业区通过自发的方式转型升级成为功能性齐全的商业区从而完成工业用地更新的，也是在深圳新一轮城市总体规划中城市更新的目标之一。华强北片区是当前亚洲最大的电子产品集散地，在电子产品的经营面积和种类上均是国内第一，对其制定的规划对提高工业用地利用率，为产业发展和经济持续健康发展具有着重要作用。在具体的实践中，注重整体规划与单元规划相协调，整体上确立经济利益和公共利益互惠发展的目标，以合理分配资源、展现地区特征风貌、优化配套基础设施为原则，实现城市空间利用合理化，综合效益最优化。在具体实施单元注重运营效率提升、增加基础设施，使用地规模合理化、符合整体规划的精神。在深圳城市工业用地更新实践中发现的问题比较典型，其相关对策办法对国内其他正在探索更新规划的城市有一定的参考价值。

（三）以 2.5 产业为主的杭州多种模式更新

2.5 产业指既具有第二产业运营职能又兼顾第三产业管理职能，但是处于第二产业和第三产业之间的集约化创新性产业。这类产业的选址既不需要在城市中心商务区也不能在城市边缘地带，作为存量用地主要组成部分的城市旧工业用地恰好是发展 2.5 产业的最佳用地，因此将推动 2.5 产业建设与存量用地的再开发再利用相结合，是解决杭州市土地更新和产业结构调整、促进经济发展的重要途径。结合杭州已有代表案例，按照原用地企业、政府和市场在更新中的参与程度划分，可以将其工业用地更新分为由企业主导、政府引导、市场介入三种运作模式。

一是企业主导的运作模式。由于土地价值上升和市场环境改善，企业作为土地权属人在有利可图的条件下由自身主导通过"退2进2.5"等用地转型模式改变土地功能、升级土地利用效率、提高土地产能完成土地更新。泰普森集团由于生产基地搬迁造成原厂房空置，经过企业自主更新把旧厂房改造成为本集团的工业设计中心，进行产品设计，是典型的由企业主导的"退2进2.5"企业主导运作模式。

二是政府引导的运作模式。在政府为企业服务的前提下，保持原企业土地权属不变的条件下，政府与企业合作完成城市低效工业用地退出。这种更新模式同企业主导更新相似，由企业自主对城市工业用地上的厂房进行升级、改造或者重建，完成后由政府介入根据政策引导产业发展并在财政、基础设施方面给予支持，同时加大监管力度保障项目投资的稳定性。这种模式与"退2进2.5"土地转型政策恰好吻合，是杭州市土地转型的重要动力来源。

采用这种退出模式的杭州市旧厂改造项目——下沙跨境贸易电子商务产业园，是由原废弃工业生产厂房更新为集电商办公、OTO展示和物流通关服务于一体的综合电商产业园，完成了"退2进2.5"土地转型。

三是市场介入的运作模式。市场介入的运作模式是在土地更新过程中产生的利益驱动下，由开发商、投资方等市场主体加入更新项目并获取相关土地及其地上附着物，在不违反政策和规划内容的前提下通过投资、改造、运营等方式完成土地功能转换。例如市场主体通过租赁的方式取得杭州市侨兴机械厂旧址土地使用权，将其改造为建筑设计创意产业园，实现工业用地更新。

以2.5产业为主的杭州多种模式的土地更新十分契合杭州的自身条件与当地产业发展的导向，但是在具体实施管理过程中存在的问题和解决的手段还有待进一步实践探索，以自主更新的模式为例，还需要很长一段时间去调整、完善相关的管理机制。

（四）环保驱动下的北京市综合性更新

作为我国的首都，北京市工业发展起步较早，也较早地开始城市工业用地更新实践，环境问题是推动其更新的重要因素。在20世纪50年代末期，居民区出现了大量的中小型工厂并产生大量的噪声、废气、污水等污染，随后许多大型工厂在城市中由于生产需要而大规模扩建进一步加深了污染程度，工业污染的治理需要日益迫切。20世纪70年代末期，北京市开始针对污染严重的工厂实施搬迁工作。20世纪80年代，针对污染程度较轻并且对居民生活居住产生干扰的工厂提供了如贷款、减税等优惠的搬迁政策，促使工厂选址搬迁，在一定程度上改善了当地环境，但是位于市区的工厂依然占全部数量的七成以上。改革开放的第一个十年结束后国务院对北京市提出了不能再发展高污染高耗能的大型工业的新要求，北京从此进入产业结构调整，生产技术革新的阶段。20世纪末，《北京市推进污染扰民企业搬迁加快产业结构调整实施办法》修订，促使2400多个污染严重、扰民严重的工厂加快搬迁，显著改善了城区环境状况。

进入21世纪后，随着城市工业布局的调整，北京市重点建设、发展了近郊工业区。根据《北京市"十一五"时期工业发展规划》，需要按照"布局集中、用地集约、产业集聚"的原则，鼓励发展新型都市产业、高新技术产业、现代制造业，同时注重创意产业的建设，将大量废弃厂房改造成艺术创作中心。针对以前城市更新导致的工业遗产大量消失现象也做出了应对措施，保留了一些具有代表性的重要工业历史遗迹。北京将以前"粗放单一"的更新模式调整为以生态改善为初心、以经济复兴为依托、以社会进步为宗旨、以文化带动为目标的更新思路，打造多种类型的更新模式。

（五）触媒带动的南京传统工业区土地更新

南京传统工业区多是石油化工和钢铁工业片区，面对发展转型的需求又要保留其生产职能，不能完全实现去工业化。在此背景下，在几个关键区域引入触媒，利用触媒效应带动周围片区共同发展，达到更新成果协调统一的目的，是南京传统工业区进行更新的主要方式。触媒带动的工业用地更新以拓展产业、提升功能、利用生态、综合改造为目的，在城市规划、空间形态等方面实施空间总体控制体现触媒的带动作用。

工业用地更新是一个缓慢的过程，利用触媒带动更新要遵守触媒系统的发展秩序才能保障最终结果的有效性。南京金陵石化片区前期项目选择从更新需求迫切、容易实施并有较大影响范围的部分入手，实现产业的快速起步，将各种资源的利用达到最大化，沃尔沃园区和经济开发区就是初期建设完成的，提升了该片区的经济活力，改善了生产生活区域的环境，提高了人口活力，为触媒的进一步发展奠定了基础。紧接着依托经济开发区综合信息平台宣传区域发展的理念与生态文明价值，打造集生态建设、运动休闲、旅游、生活、商业为一体的综合性旅游行业，利用港池改造触媒与北象山生态触媒的联合效应，将工业用地更新与生态景观建设融为一体，根据产业之间的联系实现了金陵石化片区、经济技术开发区、新港片区之间的线性连接，在传统产业发展之外注入新的经济活力，实现文化与经济共同复兴。最后利用科研创新技术，在金陵石化片区南侧的仙林大学城建设高新技术产业孵化区，将科技资源转化为具有较强竞争力的高新技术产业。

### （六）文化创意型的广州旧工业建筑更新

随着20世纪90年代北京、上海等地的一批旧工业生产厂房被改造成艺术创作、展览中心和创意园区，国内掀起了发掘旧工业建筑艺术价值的浪潮。对于旧工业建筑而言，其生产的经济价值基本已经开发殆尽，如何延续其内在的历史价值、艺术价值、文化价值是对旧工业建筑更新的指导思路。旧工业建筑通过更新改造，不但能为城市经济发展注入新的活力，还能作为工业遗产的一部分，是保留一座城市旧的工业生产记忆最佳的载体。广州是改革开放的先驱者，在旧工业建筑更新上也是全国的带头者，从2008年的《关于推进市区产业"退二进三"工作的意见》到2011年的《广州市旧厂房改造专项规划》都为更新提供了政策指引。

广东罐头厂是20世纪50年代中国与苏联合作的项目之一，占地20万平方米，投资900万元，主要生产水果、蔬菜罐头，在1994年改为广州鹰金钱企业集团公司，新增肉类罐头产品。广东罐头厂的建筑更新还要追溯至2008年，鹰金钱公司邀请设计公司为新厂区办公室做设计，设计公司参观旧厂区后发现旧厂区有着极大的开发潜力，通过设计公司邀请了一批当地艺术家入驻，与鹰金钱公司签订合同后开始对旧厂房的改造活动。虽然广州市政府已经回收了这片土地的使用权用以建设"广州国际金融城"，但是在艺术家们的影响下政府改变了决策，最终在政府、企业、艺术家之间达成共识，将旧工业区改为红专厂艺术区。紧接着，这些艺术家将目光转向罐头厂周围的澳联玻璃厂和南方面粉厂等工厂及工厂周围的城中村，计划打造北岸文化码头创意园区，后因改造成本过高而取消。但是红专厂的发展势头却日益上升，后来变成了有名的艺术文化社区，举办过数百场展会、讲座、艺术节等文化活动，在2010年成为广州市重点建设项目和广州天河区创业孵化园。

## 第三节　我国城市中心区低效工业用地退出的特征

### 一　工业用地退出驱动因素多元化，但动力不足

受城市化和产业发展复杂系统影响，工业用地退出的驱动因素呈现多元化的状态。主要包括工业企业生命周期变化、原有工业用地长期处于利用效率不高的状态，收益不足引起的经济亏损；城市中心区功能提升的推动；低效工业用地的大量存在与目前土地资源稀缺之间的矛盾日益加重；城镇化进程不断扩张；环境污染整治倒逼工业用地退出；原有工业用地占有区位优势，但商业和住宅用地的地价远高于工业地价，在级差地租的影响下土地市场自发产生的更新；政府引导城市产业结构升级带来的土地更新等。

虽然退出的驱动因素多样，但是持续动力不足，市场各方积极性较低，难以引导企业自发退出原有工业用地。主要原因包括：一是政府征地补偿存在缺陷，在目前仍占主要地位的回购收储模式中，决定企业是否愿意退出原有工业用地的因素是政府的回购补偿。由于土地区位的不同，一味按照市场补偿标准会对部分主体利益造成损失。对于政府而言，普遍按照原有土地用地用途进行评估，对于靠近城市中心、交通便利、周围基础设施较为完善的地块，优越的区位条件大大扩展了土地的升值空间，提高了增值收益，但政府往往不会将原有地块的区位状况、市场供需情况、土地发展潜力等因素考虑在内。对于原产权人而言，则希望得到最大程度的土地使用权、地上附着物以及原工业基础设施的经济补偿。因此，政府与原用地企业双方就补偿金额存在较大分歧，原工业用地产权人为了获得更大的效益不惜增加时间进行谈判。二是对于土地利用效率不高的企业，虽然经济收益较低，但是其土地利用行为仍是有效率的、有利可图的。他们更加关注短期利益，并且不愿意承担退出后产生的风险。

### 二　政府主导，市场力量逐渐增强

虽然随着社会的发展，工业用地退出模式逐渐丰富，但无论是依靠政府的回购收储模式，还是自发进行的功能转换和自主改造模式，政府均在

此过程中起着绝对的引导作用。根据经济学原理，在市场竞争中，处于优势的一方可能会因绝对利益而操控市场，相应地导致处于劣势的一方利益受损或者伤害社会整体经济福利，引起市场失灵状况的出现，因此政府的职能作用会显得尤为重要，政府在公平原则的基础上，通过协商调节市场。政府所扮演的角色主要有两个：一是积极参与工业用地退出机制的构建；二是公平地解决分配问题。如果未能充分发挥政府的职能，既会因为政府权力的过度使用造成资源浪费，也会形成市场失灵和政府失灵同时存在的情况。政府应当充分发挥管理交易市场，确认交易行为的作用。

但是完全依靠政府力量也存在不少缺点。一是政府与企业谈判的交易成本较高，工业用地退出的效率低，进程缓慢；二是由于国家对土地市场具有垄断权力，政府部门难以有效地约束自己的行为，因此需要市场中其利益主体的共同参与，各方监督地方政府制订严格的土地出让计划，避免土地供给的杂乱无序，抑制抬高地价的行为；三是若完全由政府主导，会造成资金不足，财政压力过大的困境。工业用地退出涉及对原土地的重新规划和用途转换，但是改造升级成本过大使政府无法投入与改造量相平衡的资金量，因此必须依靠各方主体的投资参与，政府借助土地价格优惠等政策鼓励企业的退出及开发；四是巨大的土地增值收益是政府的直接财政来源，难免出现损害其他主体的情况。因此应当发挥市场作用，尝试旧工业用地直接进入市场，营造有序竞争的市场环境，逐步形成开放的土地市场，调动开发商的积极性。

## 三 退出后用于公益性项目建设占比小

在城市化的升级发展过程中，生态绿地、文化、教育等公益性用地需求不断扩大，公益性项目建设成为建设用地增长的重要形式。随着人们环保意识的增强，对环境质量和居住质量的追求，中心城区内势必需要建造更多的公共设施、公共休闲空间以满足人们的生活需求，改善人们的居住质量，同时优化城市的环境，因此公益性项目扩张是城市升级的重要路径。但是一般而言，低效工业用地的退出是通过功能置换实现的，往往是将原有工业用途发展为新型产业和非生产性的服务业，既可以优化土地资源配置，提高土地利用效率，也可以实现城市的产业结构升级，为城市带来可观的经济收益。在工业用地退出的过程中，开发商等市场主体的力量逐渐增强，这些利益主体必定从自身利益出发，追求最大的经济效益是其清晰的诉求，选择最有利于自身的模式是其目的的根本，在低效工业用地退出过程中往往忽略了公众这一主体。对于住宅用地、商业用地等经营性用地而言，公益性公共建设空间并非其最优选项，而政府为了推动工业用地退出的进程，最大可能地激励市场主体的进入，一般会满足开发商提出的利益诉求，因而对改造主体提供公益性设施用地的强制性约束不足。并且在财政资金压力的限制下，政府很难将原工业用地收储后，再通过划拨的形式进行公益性设施项目的建设，从而缺少可行的途径补偿区域内的公共配套设施。

### 四 模式选取趋于多元，与经济发展状况、产业结构、城市功能密切相关

城市中心区低效工业用地退出并非工业化的原生问题。在城市加快发展、人口持续增长的影响下，建设用地资源趋紧，土地利用结构调整需求迫切，存量土地资源效益提升的重要性才逐步凸显。面对不同城市、不同经济发展状况，以及城市发展和产业发展的不同阶段，对于低效工业用地退出的实践模式需求趋于多元化。可以预见，我国低效工业用地退出的不同模式在未来的长时间内仍将共存，并可能扩展形成更多的实践形式。从国内低效工业用地退出实践时间较长的上海、深圳、广州、北京、武汉等地的实践可以印证，地方政府在主导或引导工业用地再开发过程中选取的模式更加多元，在不同的经济发展阶段、不同的产业结构区域、不同的城市功能定位下，趋向于选取不同的低效工业用地退出模式。在完善全方位政策环境支撑的基础上，某一城市，甚至于某一片区在低效工业用地退出模式的选取上，模式的组合方案也越来越多，并将伴随模式持续创新。

## 第四节 我国城市中心区低效工业用地退出的障碍

城市工业用地的退出促进了城市的二次开发，但退出实践过程中仍然存在政策依据不足、用地类型转换过程中的寻租隐患、主体参与能力有限、利益分配不公平，以及资源配置过程中的市场失灵等障碍。低效工业用地退出的完整运行系统包含约束子系统、激励子系统和监管子系统，子

系统的功能完整、子系统之间的联系通畅是用地退出实践的基本保障。因缺乏功能完善的退出子系统设计，缺少对各子系统之间联结关系的探索，我国各类城市工业用地的更新普遍存在现状问题导向、用地项目导向等单一目标导向特征，退出系统运行多呈现为直线传导形式，缺乏子系统相互作用关系梳理和系统循环运行设计，各类基本模式仍广泛存在制约其可持续推进的关键障碍。

收储模式体现了较好的规划属性，在更新执行效力方面表现出一定的优势，但存在的关键障碍是回购的政策依据和资金来源不足，且长效的公平分配难以实现。功能转换模式有利于产业结构、用地空间结构的快速调整，在更新时效上具备优势，但关键障碍是用地性质转换过程中潜在的寻租隐患。自主改造模式突出了原土地使用权人的主体地位，也充分体现了激励动力的作用，但该模式的关键障碍是主体参与能力有限，资源的市场优化配置效率不足。市场流转模式强调通过自由竞争提升用地效率，但关键障碍是资源配置过程中的市场失灵，影响实际更新效益。工业遗产保护模式突出工业建筑、设施和工业企业演变的文化价值保护功能，注重工业用地退出的长期效益，但关键障碍是遗产保护的前期资金需求大，短期效益低导致难以吸引遗产保护的合作企业，且工业遗产认定标准和管理政策不完善，导致实际运行缺乏稳定的制度环境。

低效工业用地退出的系统性体现在从退出目标制定、实施主体的建设，到退出实践中的激励机制、反馈机制和监管机制的建设，需要全方位的资源和政策环境支撑。而国内城市的探索也好，阶段的探索也好，多数情况下还是在问题倒逼下进行的局部实践，缺乏系统性。低效工业用地退出的总体制度框架的缺失、系统性不足决定了实践过程当中障碍的存在成为普遍的现实。在不同实践阶段、不同退出模式下广泛存在四种基本障碍类型，即经济障碍、法律障碍、技术障碍和制度障碍。

## 一 经济障碍

低效工业用地退出的经济障碍主要有资金短缺、收益分配公平性不足等主要问题。以土地利用变化为视角，低效工业用地退出实质上是工业用地的更新再利用，而工业用地的更新再利用又依赖于资金的追加投入，因此，资金问题成为工业用地退出实践必须面对的重要问题，资金短缺普遍存在于低效工业用地退出的城市实践中。资金短缺使低效工业用地退出系统运行的动力不足，监管难以到位。低效工业用地退出涉及的参与主体呈现多元化，低效工业用地退出导致的增值收益分配和利益还原机制也有待完善，政府单方面主导、公共资源的粗放利用、企业合作中的信息不对称、公众参与机制不足等，都可能成为收益分配公平性不足问题的诱发因素，从而产生收益分配不公平的经济障碍。

资金短缺在低效工业用地退出的不同阶段表现出不同的障碍影响。低效工业用地退出初始准备阶段的资金短缺，造成难以通过充分论证形成综合效益目标导向的合理退出方案，影响约束系统对低效工业用地退出的全局统筹；低效工业用地退出实施阶段中的资金短缺，造成各方参与的能力和积极性不足，激励系统的动力作用难以发挥，同时，因人力和各类资源的投入量不足，监管系统的建设和运行都将受到严重制约。低效工业用地退出评估和调整阶段的资金短缺，影响低效工业用地退出效果评估工作的开展质量，影响退出决策调整方案的制订。工业用地退出后建设生态绿地、公园，或发展生态旅游业成为城市土地再利用的一种常见形式，但是此类项目往往由于短期经济效益不佳，实施过程中存在建设资金难以筹措、投资方参与热情不高等经济障碍，如位于漓江江滨的桂林市味精厂，该厂生产活动对漓江水质环境和生态造成污染和破坏。为此，桂林市政府规划将该厂土地回购后用于建设猫儿山公园。然而，因回购方案中拟定的补偿价款难以满足企业搬迁、新建的需求，造成该项目搁置多年未能实施。

收益分配公平性不足的障碍机制由多种因素诱发产生，其负面影响作用于低效工业用地退出的约束子系统、激励子系统和监管子系统。政府单方主导造成约束子系统中多目标的综合效益考量不足；低效工业用地中存在不少权属主体模糊、宗地边界不清晰、产权过度分散等问题，造成工业用地退出时收益分配方案难以全面满足各方的利益需求。公共资源的粗放利用制约了激励子系统中资源利用效率的提升，政府、企业、民众的激励机制不足，同时也影响了收益分配的公平性。功能转换模式、工业遗产保护模式中的政府和企业合作的信息不对称，自主改造模式、市场流转模式中的企业合作的信息不对称，造成各方在退出活动中的主体能力不均衡、激励子系统和监管子系统的功能不完善，最终影响了收益分配的公平性。

公众参与机制不足造成公众目标考量不足、公众参与能力不足，全面影响了约束子系统、激励子系统和监管子系统的功能完整性，最终造成公众在退出实践活动中获取的收益分配与其地位不匹配（表4-1）。

表4-1　城市中心区低效工业用地退出中的经济障碍作用机制

| 障碍类型 | 表现形式 | 影响因素 | 作用子系统 | 存在障碍的退出模式 |
| --- | --- | --- | --- | --- |
| 经济障碍 | 资金短缺 | 土地开发长周期特征 | 约束系统、激励系统、监管系统 | 回购收储、功能转换、自主改造、工业遗产保护 |
| | | 部分退出模式短期效益低 | 激励系统、监管系统 | 回购收储、自主改造、工业遗产保护 |
| | 收益分配不公平 | 政府单方主导 | 约束系统、激励系统、监管系统 | 回购收储、工业遗产保护 |
| | | 土地权属模糊 | 约束系统、激励系统 | 回购收储、功能转换、市场流转 |
| | | 公共资源的粗放利用 | 激励子系统、监管子系统 | 回购收储、功能转换工业遗产保护 |
| | | 企业合作中的信息不对称 | 激励子系统、监管子系统 | 功能转换、自主改造、市场流转、工业遗产保护 |
| | | 公众参与机制不足 | 约束系统、激励系统、监管系统 | 回购收储、功能转换、自主改造、市场流转、工业遗产保护 |

## 二　法律障碍

城市低效工业用地退出系统的运行过程中，法律体系是系统功能规范运行的保障。我国土地管理相关法律体系仍处于改革阶段，权属管理法律、规划管理法律、工业遗产保护法律的调整和变动带来法律的不稳定性和暂时性缺位，上述因素影响成为低效工业用地退出实践的现实障碍。

规划管理法律的影响主要体现在两个方面：一是涉及工业用地退出系统中的约束子系统功能规范，在低效工业用地退出综合目标和整体规划方案的制订阶段，法律的不完善、不稳定造成实践活动前期阶段的障碍影响，如国土空间规划、土地利用总体规划、详细规划等规划体系的变动带来的法律支撑不稳定，规划编制法律中对上轮规划中工业用地等重点用地评估的强制性内容要求缺位，限制了用地规划方案编制的合理性和连续性。二是涉及规划实施管理阶段系统的执行效率，城市规划实施相关法律的不完善造成低效工业用地退出实践执行缺位的障碍影响，如城市规划执行年限规定一般为20年，实际执行过程中修编过于频繁，因约束规划强制性内容法律基础不稳定，造成规划实施变动剧烈，各地规划执行的连续性、长效性不高。

权属管理法律的现实障碍主要体现在三个方面：一是土地权属界定的法律不完善产生的障碍影响，如城市土地地上、地下空间权属的界定法律不完整造成退出过程中的利益纠纷。二是城市存量工业用地存在划拨、出让两种实际作用权属，即用地使用权的"双轨制"。"双轨制"执行过程中因涉及主体多元，易产生模糊产权，划拨使用方与政府在实际使用过程中因权益不清晰造成使用方在利益驱动下擅自改变土地利用类型。三是城市土地的所有权、使用权、租赁权、抵押权、收益权、作价入股权等实际权益类型多样，但与多种类型权益让渡配套的工业土地利用法律基础不完善，多数工业用地利用仍只局限在使用权出让和租赁两种基本形式，影响权属自由流转的市场效率提升，成为工业用地退出的现实法律障碍（表4-2）。

表4-2　城市中心区低效工业用地退出中的法律障碍作用机制

| 障碍类型 | 表现形式 | 影响因素 | 作用子系统 | 存在障碍的退出模式 |
|---|---|---|---|---|
| 法律障碍 | 规划管理法律障碍 | 规划编制法律不完善 | 约束系统 | 回购收储、功能转换 |
| | | 规划体系不稳定 | 约束系统 | 回购收储、功能转换、自主改造 |
| | | 规划实施相关法律的不完善 | 激励系统、监管系统 | 回购收储、功能转换、自主改造、市场流转 |
| | 权属管理法律障碍 | 土地权属界定的法律不完善 | 约束系统、激励系统、监管系统 | 回购收储、功能转换、自主改造、市场流转、工业遗产保护 |
| | | 城市存量工业用地"双轨制" | 约束系统、激励子系统、监管子系统 | 回购收储、功能转换、自主改造、市场流转 |
| | | 权益类型多样性实现的配套法律不完善 | 约束系统、激励子系统、监管子系统 | 功能转换、自主改造、市场流转、工业遗产保护 |
| | 工业遗产保护法律障碍 | 工业遗产认定和管理的法律缺位 | 约束系统、激励子系统、监管子系统 | 工业遗产保护 |

工业遗产保护法律是工业遗产保护模式实施的根本保障。2018年1月27日，中国工业遗产保护名录第一批名单公布，100处工业遗产列入保护。2019年4月，中国工业遗产保护名录第一批名单公布，新增100处工业遗产列入保护。两批次的工业遗产保护项目中不乏已先期入选全国

文物保护单位的项目，但多数工业遗产保护项目的发布和管理仍只停留在中国科协、中国城市规划学会等协会组织层面，专门认定工业遗产和管理工业遗产的法律仍处于缺位状态，且由于功能性质上的差异性，以现有的文物保护法律来约束工业遗产保护项目远达不到实际操作的需求，上述问题的存在成为工业遗产保护模式实施的现实法律障碍。

## 三　技术障碍

技术障碍影响系统运行效率，影响系统运行规律的揭示和运用。规划评估和规划方案编制的支撑技术方法单薄、土地权益多样性流转的选择和组合方案复杂、工业用地管理信息系统建设不足、利益博弈下激励机制建设的高要求、监管技术手段单一，是城市低效工业用地退出的主要技术障碍。与生产技术变革作用类似，管理技术水平的提升必然带来管理结构、管理关系的变化，将推动城市中心区低效工业用地退出机制的变革。为适应管理技术的提升，低效工业用地退出过程中参与各方主体的地位、行为模式也将发生重要变革。

工业用地退出系统复杂，规划方案编制对参与主体的技术能力要求高。其中，地方政府和规划服务企业分别承担组织和具体编制工作，其参与技术能力直接影响规划方案的科学性和适用性。规划服务企业在编制过程中的简单模板复制、政府组织编制的技术能力不足成为某些地方实践存在的显著障碍。其中，规划的调查技术、分析技术和方案综合技术等支撑技术方法的单薄，是低效工业用地退出过程中面临的主要技术障碍。

低效工业用地退出涉及土地所有权、使用权及其两者衍生的租赁权、作价入股权、抵押权、收益权等权益的流转，权益类别多样，具体组合复杂，流转方案的选择和组合不仅仅是政策问题，更是直接影响退出约束系统、激励系统和监管系统的技术问题，其技术障碍广泛存在于回购收储、功能转换、自主改造、市场流转、工业遗产保护等五种基本模式中。

工业用地管理信息系统建设不足所形成的技术障碍来源于两个方面：一方面，处于宏观控制与微观管理地位的地方政府在信息化水平方面与土地信息系统管理要求仍存在一定差距；另一方面，各地实践管理方式所反馈的信息表明工业用地管理信息系统建设仍处于起步阶段，宗地层面工业用地管理信息系统的缺失成为工业用地退出实践的主要技术障碍。

低效工业用地的退出实践实际上外在表现为各参与主体的行为方式。动力机制是运用行为经济学原理开展管理的基本依托，包含物质动力、精神动力和竞争动力等具体形式。低效工业用地退出在各方主体广泛利益博弈下形成，各方主体的行为选择受到动力机制的直接影响。因此，充分掌握博弈信息并设计合理的激励系统成为低效工业用地退出和管理工作的又一技术难点，也是当前各地实践的关键技术障碍。

国内开展低效工业用地退出的城市实践表明，地方政府对城市中心区低效工业用地的监管往往呈现出阶段运动式、监管信息平面化等特征，阶段运动式监管难以适应工业用地持续管理、动态管理的需求，监管信息平面化的技术障碍表现为：一是普通样点监视和调查技术难以形成全面的信息支撑；二是监管信息维度少，难以充分发挥监管系统作用，空间信息维度上的广泛缺失影响监管信息的获取和处理（表4-3）。

表4-3　　城市中心区低效工业用地退出中的技术障碍作用机制

| 障碍类型 | 表现形式 | 作用子系统 | 存在障碍的退出模式 |
| --- | --- | --- | --- |
| 技术障碍 | 规划评估和规划方案编制的支撑技术方法单薄 | 约束系统、激励系统 | 回购收储、功能转换、自主改造、工业遗产保护 |
| | 土地权益多样性流转的选择和组合方案复杂 | 约束系统、激励系统、监管系统 | 回购收储、功能转换、自主改造、市场流转、工业遗产保护 |
| | 工业用地管理信息系统建设不足 | 约束系统、激励系统、监管系统 | 回购收储、功能转换、自主改造、市场流转、工业遗产保护 |
| | 利益博弈下动力机制建设的高要求 | 激励系统 | 回购收储、功能转换、自主改造、工业遗产保护 |
| | 监管技术手段单一 | 监管系统 | 回购收储、功能转换、自主改造、市场流转、工业遗产保护 |

## 四　制度障碍

制度障碍有别于上述法律障碍的基础性影响，主要指子系统间关联、衔接过程中，制度体系的不完善造成约束和激励不到位、执法不到位、监管不到位、市场失灵的现实问题。由于制度障碍的出现必定影响系统正常运行功能，某些制度障碍直接造成工业用地退出的停滞，如实践中的补偿安置、利益分配政策不完善将直接影响低效工业用地的退出，存在制度障碍的基本退出模式也最为广泛，在回购收储、功能转换、自主改造、市场流转、工业遗产保护，都客观存在影响系统运行功能完整性的制度障碍。

从城市低效工业用地退出系统的整体角度分析，低效工业用地退出的总体制度框架缺失、系统性不足导致了实践过程中更具体形式障碍的出现，这是低效工业用地退出实践的所有现状问题的基础。从制度的详细环节分析，约束子系统、激励子系统、监管子系统之间相互联系、衔接的障碍因素是制度障碍的基本形式。

依据工业用地退出系统的循环顺序划分，制度障碍存在几种具体形式：企业、公众或政府激励政策与约束系统综合目标不匹配，补偿标准低、安置方案考虑片面，造成部分参与主体退出用地意愿不足，不能按期退出纳入规划的用地，影响了低效工业用地退出的进度；监管主体多元化政策环境不完善、重退出而轻更新，以政府监管为主的政策造成低效工业用地退出成效与目标的偏离；未能建立全方位的宏观调控和微观市场管理结合的工业用地退出监管政策；工业用地供需调控、价格管理，以及对市场参与主体和参与流程的微观管理的政策不完善，造成低效工业用地退出的调控制度不足（表4-4）。

表 4-4　　城市中心区低效工业用地退出中的制度障碍作用机制

| 障碍类型 | 表现形式 | 具体形式 | 作用子系统 | 存在障碍的退出模式 |
| --- | --- | --- | --- | --- |
| 制度障碍 | 企业、公众或政府激励政策与约束系统综合目标不匹配 | 补偿标准低、安置方案考虑片面 | 约束系统、激励系统 | 回购收储、功能转换、自主改造、市场流转、工业遗产保护 |
| | 监管系统与其他系统的不匹配 | 监管主体多元化政策环境不完善、重退出而轻更新 | 监管系统、约束系统、激励系统 | 回购收储、功能转换、自主改造、市场流转、工业遗产保护 |
| | 未能建立全方位的宏观调控和微观市场管理结合的退出监管政策 | 供需调控、价格管理机制不足、市场参与主体和参与流程的微观管理的政策不完善 | 监管系统、约束系统、激励系统 | 回购收储、功能转换、自主改造、市场流转、工业遗产保护 |

针对城市中心区低效工业用地退出五种实践模式的关键障碍，在未来政策调整、制度环境建设的过程中应区别对待。回购收储模式制度完善的关键是完善工业用地出让制度，应明晰回购条款的规范设置，依据工业区产业类型设定工业用地使用年限，以短、中、长相结合的出让或出租形式丰富用地形式。功能转换模式制度完善的关键是在用地更新出让过程严格依托公开出让制度，有效遏制更新过程中存在的土地寻租行为，促进土地

使用权在充分竞争的环境下向高效用地主体流转。自主改造模式制度完善的关键是加强市场参与,提高多主体参与水平,优化土地资源配置及市场价格机制,以市场促进主体参与能力提升。市场流转模式制度完善的关键是加强政府引导,提高土地资源市场的宏观调控能力,主要依赖于城市规划、供地、土地利用监管制度、用地过程评估与退出标准,以及更新开发管理等实践政策的完善,使用地行为与城市宏观管理相契合,提高政府引导水平。工业遗产模式制度完善的关键在于完善遗产保护法律体系,建立完善的工业遗产认定标准,提高社会整体对工业遗产的关注度,通过权益流转探索扩大工业遗产保护的资金来源。

城市工业用地退出模式的选择是实现用地集约化利用的关键路径,它不仅需要考虑城市社会、经济结构发展对于土地利用需求的微观变化,也应符合城市管理的宏观需求。因此,不管采用何种实践模式,都应立足于土地市场微观环境制度建设与政府城市用地宏观管理的协调。

## 第五节 本章小结

我国城市中心区低效工业用地退出模式的科学界定、识别主要退出模式的特征和发展障碍,是系统提出调控措施的关键。本章在系统理论分析、文献参阅和国内外低效工业用地退出典型案例梳理的基础上,界定了低效工业用地退出的五种基本模式,即回购收储、功能转换、自主改造、市场流转和工业遗产保护。结合低效工业用地退出与经济发展阶段、产业结构的关系,选择典型地区作为研究案例,分析城市中心区低效工业用地退出的总体特征和面临的现实障碍。低效工业用地退出在已有实践中表现出四方面基本特征:退出驱动因素多元化,但动力不足;政府主导,市场力量逐渐增强;退出后用于公益性项目建设占比小;模式选取趋于多元,与经济发展状况、产业结构、城市功能密切相关。因低效工业用地退出的总体制度框架的缺失、系统性不足,实践过程当中障碍的存在成为普遍的现实,在不同实践阶段、不同退出模式下广泛存在四种基本障碍类型,即经济障碍、法律障碍、技术障碍和制度障碍。低效工业用地退出的完整运行系统包含约束子系统、激励子系统和监管子系统,如何保障子系统的功能完整、子系统之间的联系通畅是破解低效工业用地退出障碍的关键。

# 第五章　城市中心区低效工业用地退出的政策演进

城市中心区低效工业用地退出政策是由若干政策构成的政策体系——从横向上由若干具体行业、具体领域政策构成，从纵向上有国家政策和地方政策之分。近年来，为引导、保障和促进城市中心区低效工业用地再利用，实现城市土地的有效配置，推动产业向中高端迈进，各项政策陆续出台。通过政策演变分析，能够探寻现象所依托的制度（外在制度）和制度所表现的价值取向（内在制度）。本章从政策工具体系角度出发，采用内容分析法和统计分析法对低效工业用地退出政策文本进行梳理，分析低效工业用地退出政策的颁布部门、发布年度和政策性质，厘清我国城市低效工业用地退出政策的演变历程。

## 第一节　政策文本选择与工具分类

### 一　政策文本选择

本书以 1995—2019 年为时间区间，以"闲置用地""城镇化""低效工业用地再开发"和"城市更新"等内容关键词在北大法宝数据库进行比对搜索以及筛选①，以自然资源部及省市级地方自然资源部门官方网站关于低效工业用地再开发的法律、法规、规章、规范性文件等为主，共检索筛选出与低效工业用地退出相关的文件 180 篇，其中中央层面政策文件 55 篇、省级层面政策文件 21 篇、市（自治区）级政策文件 104 篇，相关

---

① 北大法宝数据库是由北大法信中心与北大英华科技有限公司采取校企合作模式推出的智能型法律信息一站式搜索平台，是国内目前成立并投入使用时间最早、相关法律法规信息最全和功能服务最完善的政策法规类数据库。

政策法律法规文件汇总表见附录 1。详细搜索及筛选过程如下：

首先，根据研究主题确定搜索数据来源，本章主要是对低效工业用地退出相关政策进行分析，因而在挑选数据来源时尽量选择法律法规集中发布的信息平台及一站式搜索引擎，低效工业用地退出属于土地管理这一大类范畴，选择北大法宝数据库进行检索。

其次，综合借鉴近年来学者对低效工业用地的定义，归纳出本文对低效工业用地的具体含义，确定搜索标题关键词和内容关键词，分别是："闲置用地""城镇化""低效工业用地"和"城市更新"等。

最后，在筛选过程中，对相关性较低的政策予以删除，并在各省市县级国土管理部门官方信息发布平台进行二次关键词检索，完善政策文件收集数据，并按照中央文件、省级文件、市级文件和县级文件将政策归类，依次按发布年限从上到下进行阅读和整理分类。

## 二 政策工具分类

1980 年以来，国外频繁出现政策失灵现象，促使西方公共管理学界研究人员加强对政策工具的研究。霍莱特（M. Howlett）（1993）和拉米什（M. Ramesh）（1993）认为，政策工具是一种具有综合性、多样性等特点的技术形式，是政府为实现公共政策目标使用的技术手段，能够反映政府如何确定政策目标、如何运用政策工具、如何执行政策。欧文·E. 休斯（2002）认为官僚式管理的问题日益突出，政府管理将转向替代性市场，转变政府执政方式，达到政策制定目标，并将其称作新公共管理模式。中国大多学者认为，政府将执政过程中实际目标通过政策制定的方式经过行政管理部门执行转变成结果，政策工具是政府治理的核心，是实现政府目标的必要条件。政策工具有多种分类方式，根据政策的最终目的将政策工具分为命令型、激励型、能力建设型和系统变革型；根据政策对技术产生影响的层面不同，将政策工具分为供给型、环境型和需求型。

本章综合比较政策工具制定的时间、执行的逻辑顺序，按照低效工业用地产生前、产生过程中，以及长期处于低效利用状态三个时间节点，根据政策制定的三个首要目的——预防、处置和激励，将与低效工业用地退出相关的一级政策工具分为前期——预防型政策工具、中期——处置型政策工具、后期——激励型政策工具，分析框架如图 5-1 所示。

前期——预防型政策工具是指政府在低效工业用地产生之前,通过加强监督检查、优化部门管理、强调工作重点、信息公开登记、严格指标限制、规范地价标准和完善相关制度等方式,对工业用地进行针对性管理,确保土地充分利用,减少和预防低效工业用地的产生。

中期——处置型政策工具是指在低效工业用地产生后,政府充分运用政策执行强制性这一特点,对相关企事业单位以及省市县级自然资源管理部门,运用公开曝光、约谈、指标核减、征收闲置费和清理等处置手段,起到警示和处置作用,促使低效工业用地有效退出,提高工业用地利用效率。

后期——激励型政策工具是指对已经形成的低效工业用地,统计各类低效工业用地数量,查清责任主体,有针对性地制定退出激励措施。政府从审计程序、部门管理、工作部署、对外宣传、数量扩充、法律规制、金融政策、政府财政优惠以及出让和经营方式多角度入手,制定低效工业用地退出政策,充分贯彻节约集约利用土地的基本国策,促使存量工业用地再开发,开辟内涵挖潜道路。

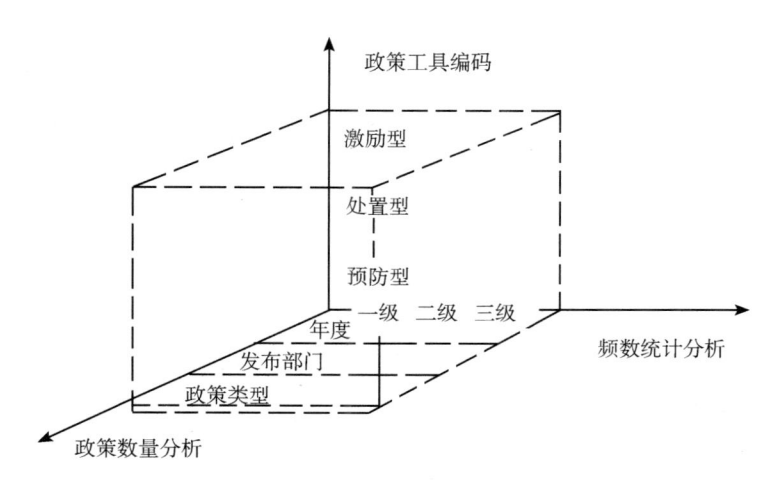

图 5-1 低效工业用地退出政策分析框架

## 第二节 低效工业用地退出政策的演变过程

为促进城市土地节约集约利用和产业转型升级,国家出台了一系列低效工业用地退出政策，鼓励各级政府根据自身情况制定地方性政策，将存量土地转化为增量土地。本节对低效工业用地退出政策文本进行梳理，分析我国城市低效工业用地退出政策的颁布部门、发布年度和政策性质，探讨我国低效工业用地退出政策的发展历程。

## 一 政策颁布部门分析

随着城镇化不断推进，建设用地供求紧张，工业用地供应和管理亟待创新，走存量挖潜道路，各级政府和管理部门都积极参与到相关政策制定中。如表5-1所示，从颁布部门来看，中央层面颁布相关政策文本最多的主体是自然资源部（原国土资源部、国家土地管理局），共颁布31份相关政策文件，占发布政策总数的53.45%，体现了自然资源部在工业用地管理、产业升级转型过程中的重要作用，说明低效用地退出政策是自然资源主管部门认识新常态、适应新常态、引领新常态的主动作为。其次是国务院，共颁布15份相关政策文件，占发布政策总数的29.31%，说明中央层面非常重视工业用地管理，从国家战略规划层面制定发展规划、提出降低工业用地比例，调整建设用地结构的总体要求，并给予相关政策支持，对产业用地开发和工业用地退出进行管理和激励。国家发改委在产业结构调整、老工业区改造等方面颁布5份相关政策文件，占发布政策总数的8.62%。由于职能所致，工信部、财政部、教育部、国家税务总局、中国银行业监督管理委员会等部门发布相关政策文件数量处于同一水平，主要通过财政、金融、监管等手段激励城市低效用地再开发。

表 5-1　　　　　中央级政策发布部门数量统计

| 序号 | 发布部门 | 总数（份） | 比例（%） |
| --- | --- | --- | --- |
| 1 | 自然资源部（原国土资源部、国家土地管理局） | 31 | 53.45 |
| 2 | 国务院 | 17 | 29.31 |
| 3 | 国家发改委 | 5 | 8.62 |
| 4 | 工信部 | 1 | 1.72 |
| 5 | 财政部 | 1 | 1.72 |
| 6 | 国家税务总局 | 1 | 1.72 |
| 7 | 教育部 | 1 | 1.72 |
| 8 | 中国银行业监督管理委员会 | 1 | 1.72 |

## 二 政策性质统计分析

本文所选取的城市低效工业用地退出政策文本中，以"通知"和"意见"为主，"办法""法规"和"规划"次之，"规定"和"决定"以及"决定"数量最少，如图5-2所示。其中"通知"是指向特定对象告知或转达有关事项或文件，让对象知晓或执行有关公文。中央政府多采用这一政策形式，向省市县级相关部门传达低效工业用地退出项目的工作重点，并知晓或执行相关政策。"意见"类政策文本数量处于第二，可见政府对低效工业用地再开发项目管理过程中，经常给下级部门提供意见参考，强调相关政策制定的重要性，积极推进相关政策创新型发展。总体来看，相关政策文本以"通知"形式发布较多，多表现为政策指导，起到提高各部门对低效工业用地再开发政策积极响应的作用。中央颁布层级较高的法律，具有一定的权威性，可见国家对低效工业用地退出的重视程度。

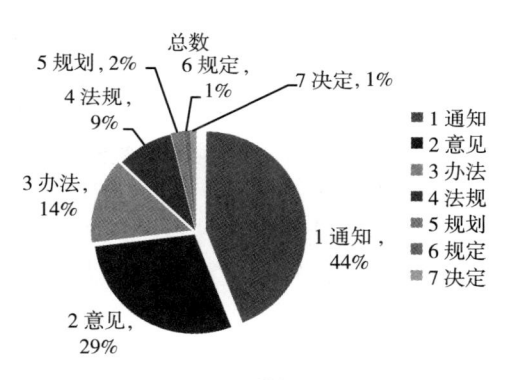

图 5-2 政策性质统计

## 三 政策发布年度分析

本书收集了180份有关低效工业用地再开发政策文本，对所用政策文本颁布时间按照年份进行统计，得到的结果如图5-3所示。政策发文时间跨度在1995—2019年，1999年以前我国低效工业用地相关政策处于恢复阶段，1995年到1999年发文数量较少，1999—2005年平均每年发布5份相关政策文件。2006年发文数量呈现上升趋势，此时正值互联网信息传播技术发展快速期，政府在执政过程中理念受到当时互联网发展时代背景影响，与信息公开、动态监测方面的政策文本大幅提高，于2008年达到前三个阶段发布数量峰值；2012 年，随着政府大量运用信息工具，以及新修订的《闲置用地处理办法》等政策出台，省市县级地方政府纷纷以此为蓝本，根据当地实际情况制定相关政策，致使 2014 年达到整个研究年限中政策数量最高。2015—2019 年政策年度发布数量放缓，处于总结经验、沉淀深化时期。总体上来看，低效工业用地再开发政策发布数量呈现基数小、平缓上升、加速上升、趋于稳定的发展态势。

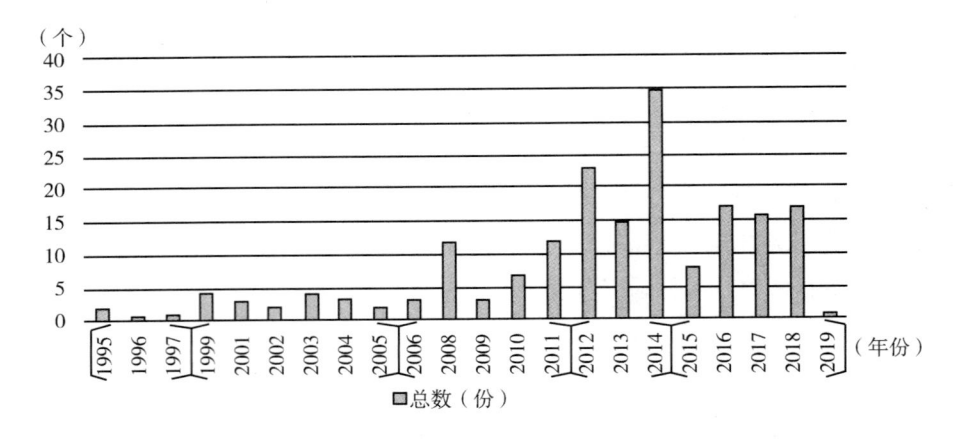

图 5-3 政策年度发布数量统计

根据数量统计以及政策文本分析，1995—2019 年间城市低效工业用地退出相关政策发文情况大致可分为 3 个阶段：

（一）起步阶段（1995—2005 年）

1995—2005 年为起步阶段，与低效工业用地退出相关的政策多为闲置土地治理政策，以预防型政策工具中的公共服务类政策工具和法律规制类工具为主。1995 年原国家土地管理局出台了《关于进一步抓好闲置土地清理和各类建设用地检查的通知》[〔1995〕国土（建）字第 99 号]和《关于全面清理非农业建设闲置土地的通知》[〔1995〕国土（建）字第 31 号]，开始强调闲置土地治理工作的重要性，首次运用闲置用地收回和土地闲置费征收等政府规制类政策工具，以及建设用地限制指标和加强动态监测等公共服务类政策工具。1999 年修订后的《土地管理法》（中华人民共和国国务院令第 256 号）与《闲置土地处置办法》（国土资源部令第 5 号）相继出台，将闲置土地收回、用地指标限制、征收土地闲置费等行政型和经济型政策工具应用不断深入，同时提出了信息公开、点名批评和经验推广等新型信息型政策工具。

### （二）发展阶段（2006—2014年）

2006—2014年为发展阶段，行政型与经济型政策工具保持平稳发展，信息型工具大幅增长。由于联网信息技术的迅猛发展和政府执政理念的转变，涌现出企业诚信档案、动态监测、督察与审计等多项信息治理工具。由于互联网普及和公共治理理念倡导，以互联网、3S技术为支撑的闲置土地信息公开、动态监测等信息型治理工具进一步增加。2012年国土资源部发布新修订的《闲置土地处理办法》，完整描述闲置土地治理过程，从调查认定、处置利用、预防监管和法律责任四个方面入手，详细规定政策执行标准。省市县级各土地管理部门分别围绕闲置土地处理办法，针对当地不同用地储备和利用情况，制定相关政策。地方层面发布政策的以预防型和处置型政策工具为主，处置型政策工具数量迅猛增长，主要原因在于低效工业用地数量呈现上升的趋势，国家对低效工业用地数量统计持续关注，并给予大量政策引导，强压之下，各地方土地管理有关部门从自身土地管理部门创新、地方试点以及年度规划入手，加大低效工业用地的治理力度。

### （三）深化阶段（2015—2019年）

2015—2019年为深化阶段，主要采用的政策工具为前期——预防型政策工具中公共服务型政策工具、中期——处置型政策工具中法律规制型和后期——激励型政策工具中经济型政策工具。随着全国各地对节约集约利用方式越来越重视，中央鼓励各地方土地管理有关部门积极创新低效工业用地再开发政策，相关试点工作稳步推进，主要体现在政府的管理手段和配套监管体系构建日益完备。当前，低效工业用地退出政策发展处于平稳期，激励型政策工具不断深化和创新，伴随财政支持和金融支持等激励政策的出现，省市县级土地管理部门和地方企事业单位参与低效工业用地退出工作的积极性进一步提高，相关政策更新进入良性循环状态。

## 第三节 低效工业用地退出政策工具量化分析

### 一 分析单元定义

本文将前期——预防型政策工具和中期——处置型政策工具分为公共

服务型、信息型、法律规制型三类二级工具，其分类依据是政府在执行政策过程中涉及到的政策执行和管理、对内对外反馈及资料整合，以及强制性法律规制三种主导性政策工具。

在每类二级工具中，根据其政策针对和行使的主题对象不同，将公共服务型政策工具细分为监督检查、部门管理和工作部署三类三级政策工具；依据相关土地信息传递和收集对象不同，将信息型政策工具分为公开和登记两类三级政策工具；根据政府强制性限制的目标及宏观调控对象不同，将法律规制型政策工具分为数量、价格和专项机制三类三级政策工具。

后期——激励型政策工具与前两类政策工具分类有些许不同。因激励型政策工具本身在政策制定过程中，存在着政府以及金融部门对低效工业用地再开发提供的财政和金融支持，故增加"经济型政策工具"这类二级政策工具，并根据资金支持主体或支持方式差异，将其分为金融、财政和出让或经营方式三类三级政策工具。各类三级政策工具含义详见表5-2、表5-3、表5-4。

表5-2　　　　　　　　预防型政策工具含义汇总

| 一级政策工具 | 二级工具名称 | 三级工具名称 | 工具含义 |
| --- | --- | --- | --- |
| 前期——预防型政策工具 | 公共服务型政策工具 | 监督检查（针对企业、地方政府） | 指政府对建设用地的出让资格、开发商动工进程以及成果验收等方面加强监管，确保建设用地审批数量符合当地规划指标、开发商在规定时间内动工，以及建设达到合同标准 |
| | | 部门管理（针对有关部门） | 指政府通过加强对国家、省级及地方国土部门内部管理，以及重视管理创新，严格土地管理，以及政策执行过程中关键环节的把控，在行政办公过程中信息互通，汇报及时，提高工作效率，有序开展土地管理工作，杜绝管理断层、效率低下、责任人模糊不清的情况发生 |
| | | 工作部署（政策制定与执行重点） | 指政府以政策文件通知、公告等方式强调每一阶段工作重点以及工作方向，提高各地方土地管理部门对土地管理工作中规划的制定、有关政策的执行的重视程度，增强对潜在形成的低效工业用地的警醒意识，以及应对措施的知识储备 |

续表

| 一级政策工具 | 二级工具名称 | 三级工具名称 | 工具含义 |
|---|---|---|---|
| 前期——预防型政策工具 | 信息型政策工具 | 公开 | 指政府通过国家、省级及各县市地区官方土地管理信息平台或官方网站，对相关土地政策、政府通知、公告等性质文件进行对外全面开放信息，以达到及时、高效地传达上级领导和指示，保证土地交易的透明化 |
| | | 登记 | 指政府对投标企业等社会组织单位购买土地等行为进行登记，根据项目实施以及落实情况进行评估，收集数据，建立诚信档案。确保企事业单位在与政府进行交易行为前有档案记录作为参考，保证土地出让给诚信企事业单位，从而降低土地闲置的概率 |
| | 法律规制型政策工具 | 数量 | 指政府通过对各地建设用地审批数量以及建设质量进行审查，定期灵活修改各省市县级单位建设用地出让数量以及审批要求，确保土地高效利用，切实按时动工，避免盲目出让建设用地、回笼政府资金等情况出现，从而造成土地闲置等问题 |
| | | 价格 | 指政府通过对各地建设用地出让价格，以及市场调查等途径及时更新土地价格，确保政府不盲目出让大量土地，企事业单位囤积大量土地不按时开发，造成土地闲置的情况 |
| | | 专项机制 | 指政府通过制定各项制度，直接或间接地对土地利用进行宏观调控，确保土地利用符合节约集约利用这一基本国策，从耕地保护、城市开发边界、永久基本农田等方面入手，切实推进优化土地布局等土地管理工作，保证土地合理利用，避免闲置用地的出现 |

表 5–3  处置型政策工具汇总

| 一级政策工具 | 二级工具名称 | 三级工具名称 | 工具含义 |
|---|---|---|---|
| 中期——处置型政策工具 | 公共服务型政策工具 | 监督检查（针对企业、地方政府） | 指政府在低效工业用地出现之后，有针对性地加强对低效工业用地进行动态监管，并开放举报热线通道，确保对不符合合同约定期限开发的企事业单位及时采取措施。重新对建设用地的出让资格、开发商动工进程，以及成果验收等方面进行审核，及时纠正违法或不正当行为，将低效工业用地数量降到最低 |
| | | 部门管理（针对有关部门） | 指政府对闲置土地进行追本溯源，查到相关省市县级国土单位，对其土地管理工作进行指导、纠正及定期互查。对有关部门予以警告或处分，严格土地管理以及政策执行过程中关键环节的把控，以防同样的问题再次出现 |

续表

| 一级政策工具 | 二级工具名称 | 三级工具名称 | 工具含义 |
|---|---|---|---|
| 中期——处置型政策工具 | 公共服务型政策工具 | 工作部署（政策制定与执行重点） | 指政府对出现闲置用地的地方国土资源管理部门，以政策文件通知、公告等方式强调每一阶段工作重点以及工作方向，提高各地方土地管理部门对土地管理工作中规划的制定、有关政策的执行的重视程度，针对性地提出工作计划建议，确保下一阶段土地工作能顺利进行，弥补前期错误 |
| | 信息型政策工具 | 公开 | 指政府通过国家、省级及各县市地区官方土地管理信息平台或官方网站，对相关土地政策、政府通知、公告等性质文件进行对外全面开放信息，以达到及时、高效地传达上级领导指示，保证土地交易的透明化。并有效利用官方信息平台，对出现低效工业用地的企事业单位进行通报批评，档案信息入网上系统，各金融单位可以在信贷前对各企事业单位进行资格审核，从一定程度上影响建设用地出让资格的认定，保证政府和金融单位在选择招投标对象过程中有充足的往届交易信息参考 |
| | | 登记 | 指政府对投标企业等社会组织单位购买土地后延期开发或闲置土地等违法行为进行登记，根据项目实施以及落实情况进行评估，收集数据，建立档案并纳入风险预警系统。确保企事业单位在与政府进行交易行为前有档案记录作为参考，保证土地出让给诚信企事业单位，从而降低土地闲置的概率 |
| | 法律规制型政策工具 | 数量 | 指政府对延期开发或闲置土地等企事业单位进行出让土地数量限制，情节严重者直接禁止竞买土地，针对闲置土地数量较多的省市县级地区，限制新增建设用地指标。通过对各地建设用地审批数量以及建设质量进行审查，确保土地高效利用，切实按时动工，对盲目出让建设用地、回笼政府资金的国土管理部门进行国家政府干预措施 |
| | | 价格 | 指政府通过强制手段，对延期开发或闲置土地等企事业单位收取土地闲置费，给予警示作用，确保企事业单位严格按照合同约定时间，进行开发改造。避免政府再次出现盲目出让大量土地，企事业单位趁机囤积大量土地的情况 |
| | | 专项机制 | 指政府通过制定各类严惩制度，直接或间接地对土地利用中出现问题的相关部门或企事业单位进行资金惩处和权力限定，并且在闲置土地问题暴露过程中能够及时调整开发政策，确保土地开发和土地管理符合节约集约利用这一基本国策，将低效工业用地数量降到最低 |

表 5-4　　　　　　　　　　　激励型政策工具含义汇总

| 一级政策工具 | 二级工具名称 | 三级工具名称 | 工具含义 |
|---|---|---|---|
| 后期——激励型政策工具 | 公共服务型政策工具 | 监督审核（针对企业、方地政府） | 指政府对低效工业用地再开发项目报批过程进行优化，减少报批程序，提高报批效率，优先办理低效工业用地再开发项目的资料审核 |
| | | 部门管理（针对有关部门） | 指政府对与低效土地管理政策执行和制定相关单位，进行工作指导，强调积极交流合作、人才引进、工作奖惩等管理政策落实，达到一定人才支撑力度，确保相关政策执行和制定效率，保障低效工业用地再开发工作顺利进行 |
| | | 工作部署（政策制定与执行重点） | 指政府对大力专项推进低效工业用地再开发工作的地方国土资源管理部门，以政策文件通知、公告等方式强调每一阶段工作重点以及工作方向，放宽权力，给市县级部分政策制定发挥空间，提高各地方土地管理部门对土地管理工作中规划的制定、有关政策的执行的重视程度和积极性，针对性地提出工作计划建议，确保低效工业用地再开发激励工作发到预期效果 |
| | 信息型政策工具 | 宣传 | 指政府通过利用各宣传资源，加大对低效工业用地再开发项目的宣传报道，以及激励政策的细致讲解说明，确保各省市县级土地管理部门明确国家政府传达的政策意见以及政策重点，并开展榜样学习、示范省县建设等表彰政策，提高公共部门政策学习积极性，营造良好社会氛围，更加有效推进低效工业用地再开发政策的实施 |
| | 法律规制型政策工具 | 数量 | 指政府放宽容积率限制，鼓励低效工业用地立体开发，对低效工业用地再开发推进工作中表现突出的企事业单位或地方政府予以用地指标奖励，调动地方政府与企业积极参与到低效工业用地再开发工作中，加快存量利用，优化土地利用空间布局 |
| | | 专项机制 | 指政府通过制定各类激励政策，直接或间接地对土地低效再开发过程中每一环节可能出现问题，进行说明，及时调整再开发政策，宏观把控各地低效工业用地再开发政策执行，微观针对各地有计划地调整激励政策。确保土地开发和土地管理符合节约集约利用这一基本国策，将低效工业用地数量降到最低，在最短的时间内重新恢复更多的低效工业用地投入使用 |
| | 经济型政策工具 | 金融 | 指政府通过鼓励金融机构改革，创新金融产品，从资产证券化、融资渠道、利息等对企事业单位进行多向多元化金融支持，减轻单位经济负担，加大低效工业用地出让优惠力度，从而带动低效工业用地再开发项目有序、积极地进行 |
| | | 税收 | 指政府针对性地制定省市县级政府财政计划，适当增大地方财政支持数额与项目范围，直接或间接地增加资金支持，充分鼓励当地加大对低效工业用地再开发的政策宣传工作，提供更好的公共服务政策，积极推进低效工业用地再开发项目运行 |
| | | 出让或经营方式 | 指政府对因资金等原因造成用地低效利用情况的企事业单位，进行约谈，放宽约束条件，选择新的出让或经营方式对土地继续进行利用，确保土地按照合约进行再开发 |

## 二 政策文本编码

大多文本分析软件对于关键词的抓取结果并不理想，没有考虑政策制定大致背景以及政策主题，相近甚至完全相同的内容关键词所运用的时期和针对的具体土地管理项目可能并不属于同一类别。人工提取标注并进行编码能有效避免这一方法的误差性，更加准确地将各内容关键词划分到所属政策工具类别。因此，本章采用人工提取标注的方法，对搜索和筛选的180篇政策文本进行阅读并依次将文本中的内容关键词进行归类，并完成政策文本编码工作。政策文本内容关键词以及编码结果见表5-5、表5-6、表5-7、表5-8。

**表 5-5　　　　　　　　预防型政策工具关键词汇总**

| 对应编码 | 关键词 |
| --- | --- |
| 1-1-1 预防型-公共服务型政策工具-监督检查 | 监督审计；监管判定；检查基层工作；检查；自查自纠；督促检查；抽查；组织互查；检查执行结果；跟踪管理；加强检查验收；加强审查；查清数量；对照检查；评价；加强供后监管；专项检查；综合监管体系；土地利用巡查动态监测；市场监管；检测系统；地价监测系统 |
| 1-1-2 预防型-公共服务型政策工具-部门管理 | 提高认识；重视人才培养；加强联合；全面梳理问题；加强内部管理；加强部门管理；主动汇报；逐级汇报；加强组织领导；制订工作方案；密切配合；提高工作效率；差别化管理；廉政风险排查 |
| 1-1-3 预防型-公共服务型政策工具-工作部署 | 积极参与宏观调控；调整工作部署；统筹协调；严控建设用地规模；推进集约利用；缩短报批周期；严格贷款管理；严格土地出让资格审查；合理安排新增建设用地；构建节约集约消费模式；严格执行土地利用年度计划；严格执行工业用地标准；严控增量优化存量；推进企业兼并重组；严格投资管理；严格要素供给；调整建设用地比例结构；规范招商引资；完善综合投资环境；提高门槛；总量强度双控模式 |
| 1-2-1 预防型-信息型政策工具-公开 | 信息公开；信息共享；公开曝光；公开交易 |
| 1-2-2 预防型-信息型政策工具-登记 | 专项登记；建立诚信档案；统计 |
| 1-3-1 预防型-法律规制型政策工具-数量 | 用地指标限制；限制土地竞买；年度用地数量扣减指标；限制供地；原址改造；严控出让面积；建立健全计划指标体系；总量配置；供需双向调节 |
| 1-3-2 预防型-法律规制型政策工具-地价 | 完善建设用地定额标准；更新基准地价 |

续表

| 对应编码 | 关键词 |
| --- | --- |
| 1-3-3 预防型-法律规制型政策工具-专项机制 | 规划土地审批制度；预审；建立土地评价指标体系；基本农田保护；集约用地国策；完善招拍挂出让制度；耕地保护机制；土地利用总体规划；管控制度；土地利用计划调节制度；建设用地使用标准控制制度；土地资源市场配置制度共同责任制度；遥感监测；一张图；市场配置；产业限制指标目录；先出租后出让；淘汰落后产能；城市开发边界；永久基本农田；生态保护红线；暂停办理农用地转用；开竣工核查检验制度 |

表 5-6　　　　　　　　　　**处置型政策工具关键词汇总**

| 对应编码 | 关键词 |
| --- | --- |
| 2-1-1 处置型-公共服务型政策工具-监督检查 | 加大土地市场治理整顿；强化执法；加大监管力度；分析检查；落实纠正；实地巡查；调查认定；加强动态监测；举报 |
| 2-1-2 处置型-公共服务型政策工具-部门管理 | 规范管理；组织互查；约谈；挂牌督办 |
| 2-1-3 处置型-公共服务型政策工具-工作部署 | 建立健全制度；查清；制定整改措施；加强内涵挖潜；金融政策评估；加强用地整合；加大处置力度；摸清存量底数；提前介入 |
| 2-2-1 处置型-信息型政策工具-公开 | 公开曝光；点名批评；典型；新闻单位跟踪报道；问题通知；网络在线上报；信息抄送金融部门 |
| 2-2-2 处置型-信息型政策工具-登记 | 建立限制宗地档案；纳入风险预警系统 |
| 2-3-1 处置型-法律规制型政策工具-数量 | 修改数据；指标收回；面积核减；禁止竞买；限制土地购置；限制地区新增建设用地指标；关停退出；集中整理；转让或分割转让 |
| 2-3-2 处置型-法律规制型政策工具-价格 | 征收土地闲置费 |
| 2-3-3 处置型-法律规制型政策工具-专项机制 | 制订盘活计划；责任追究处罚；清理；边整边改；园区清理；终止；撤销；注销；延长动工开发期限；调整土地用途；调整规划条件；政府安排临时使用；协议有偿收回国有建设用地使用权；置换土地；纳入政府土地储备；确定新的国有建设用地使用权人；开发利用；恢复耕种；限期整改；生态修复；土地整治 |

表 5-7　　　　　　　　　　**激励型政策工具关键词汇总**

| 对应编码 | 关键词 |
| --- | --- |
| 3-1-1 激励型-公共服务型政策工具-监督审核 | 简化审批流程；资料优先报批；核减报批材料；优先安排 |
| 3-1-2 激励型-公共服务型政策工具-部门管理 | 加强组织领导；工作交流；免费培训；提供公益性岗位；目标责任考核；绩效考核；工作奖惩；积极交流；合作人才引进；人才支撑力度 |

续表

| 对应编码 | 关键词 |
| --- | --- |
| 3-1-3 激励型-公共服务型政策工具-工作部署 | 优先金融支持；优先使用闲置用地；指标倾斜；完善安置补偿政策；放松协议出让条件；一次性挂牌；简政放权；租让结合；先租后让；弹性土地供应；鼓励自行改造；鼓励参与招商；减轻或免除责任；保障重点项目用地；鼓励二次创业转型；改造分类；推进年度实施方案；多渠道筹集资金；预算优先；加大政府资金支持；加大企业资金投入 |
| 3-2-1 激励型-信息型政策工具-宣传 | 加大宣传工具；经验推广；鼓励民间资本参与改造；引导发展；引导企业调动企业员工积极性；经验借鉴；认识重要性；营造良好社会氛围；咨询服务；表彰示范省县 |
| 3-3-1 激励型-法律规制型政策工具-数量 | 增容改造；提高区域平均容积率；相邻土地集中开发；奖励用地指标；放宽建筑限高；立体空间；完善新增建设用地计划指标设置 |
| 3-3-2 激励型-法律规制型政策工具-专项机制 | 加大土地存量挖潜制度；建立金融创新工作机制；融资担保体系建设；试点专项投资；深度开发；健全金融管理制度；建立信息交流机制；建立低效工业用地退出机制；建立土地集约利用经济调节机制；闲置用地工作制度规范；专项指标管理；加大增减挂钩指标；制定回收转让政策；建立存量土地盘活激励机制；建设用地流量管理办法；加强利用存量建设用地规划统筹；政府担保 |
| 3-4-1 激励型-经济型政策工具-金融 | 贷款补助；拓宽融资渠道；贷款贴息；信贷支持；创新金融产品；资产证券化；拓宽融资渠道；多渠道筹集资金 |
| 3-4-2 激励型-经济型政策工具-财政 | 税收减免；价格补贴；财政支持；债券创新；税收分成；政府回购；风险补偿；加大产业类项目支持力度；免收土地价款；追加投资 |
| 3-4-3 激励型-经济型政策工具-出让或经营方式 | 联营；入股；合作；土地置换；协议置换；流转 |

表 5-8　　政策编码汇总（部分）

| 文件编号 | 政策名称 | 政策编码 | | |
| --- | --- | --- | --- | --- |
| | | 预防型 | 处置型 | 激励型 |
| 1 | 《国家土地管理局关于进一步抓好闲置土地清理和各类建设用地检查的通知》 | / | 2-3-3<br>2-1-3<br>2-2-1 2-1-1 | / |
| 2 | 《国家土地管理局关于全面清理非农业建设闲置土地的通知》 | 1-3-3<br>1-1-1 | 2-1-3<br>2-1-2<br>2-3-1 | / |
| …… | …… | …… | …… | …… |
| 178 | 《多措并举盘活存量——西宁经济技术开发区努力提高土地利用效率》 | / | 2-3-2<br>2-3-3<br>2-3-1 | 3-4-3<br>3-2-1<br>3-3-1<br>3-4-2 |
| 179 | 《北京市顺义区人民政府关于印发〈顺义区存量建设用地开发利用指导意见〉的通知》 | / | 2-3-2<br>2-3-3 | 3-1-3<br>3-3-3<br>3-4-3<br>3-4-2 |

续表

| 文件编号 | 政策名称 | 政策编码 | | |
|---|---|---|---|---|
| | | 预防型 | 处置型 | 激励型 |
| 180 | 《新疆维吾尔自治区土地利用总体规划（2006—2020年）调整完善（简版）》 | 1-3-3<br>1-1-1<br>1-1-2 | 2-3-3<br>2-1-3 | / |

## 三　频数统计分析

根据分析单元的定义及编码过程，对收集到的180篇有关低效工业用地再开发文献进行编码，编码频数统计结果如表5-9所示。首先，从前期、中期、后期3个一级分类政策工具频数统计分析入手，比较其各个一级分类中二级政策工具数量以及所占比例，归纳各政策工具特点。然后，类比一级工具政策总量，分析在低效工业用地退出政策中预防型、处置型和激励型政策工具所占比例。最后，将各一级政策工具公共服务型、信息型、法律规制型以及经济型政策工具进行聚类分析，对制度、地价、数量等三级政策工具数量比例情况进行统计，归纳城市低效工业用地退出政策的制定规律。

表5-9　　　　　　　　　　频数统计

| 政策名称 | 政策编码 | 编码数量 | 二级政策工具总计 | 一级政策工具总计 | 比例 |
|---|---|---|---|---|---|
| 前期——预防型政策工具 | 1-1-1 预防型-公共服务型政策工具-监督检查 | 70 | 219<br>（47.61%） | 460 | 36.68% |
| | 1-1-2 预防型-公共服务型政策工具-部门管理 | 92 | | | |
| | 1-1-3 预防型-公共服务型政策工具-工作部署 | 57 | | | |
| | 1-2-1 预防型-信息型政策工具-公开 | 29 | 56<br>（12.17%） | | |
| | 1-2-2 预防型-信息型政策工具-登记 | 27 | | | |
| | 1-3-1 预防型-法律规制型政策工具-数量 | 59 | 185<br>（40.22%） | | |
| | 1-3-2 预防型-法律规制型政策工具-地价 | 85 | | | |
| | 1-3-3 预防型-法律规制型政策工具-专项机制 | 41 | | | |

续表

| 政策名称 | 政策编码 | 编码数量 | 二级政策工具总计 | 一级政策工具总计 | 比例 |
|---|---|---|---|---|---|
| 中期——处置型政策工具 | 2-1-1 处置型-公共服务型政策工具-监督检查 | 65 | 154（39.90%） | 386 | 30.78% |
| | 2-1-2 处置型-公共服务型政策工具-部门管理 | 33 | | | |
| | 2-1-3 处置型-公共服务型政策工具-工作部署 | 56 | | | |
| | 2-2-1 处置型-信息型政策工具-公开 | 60 | 135（34.97%） | | |
| | 2-2-2 处置型-信息型政策工具-登记 | 75 | | | |
| | 2-3-1 处置型-法律规制型政策工具-数量 | 20 | 97（25.13%） | | |
| | 2-3-2 处置型-法律规制型政策工具-价格 | 30 | | | |
| | 2-3-3 处置型-法律规制型政策工具-专项机制 | 47 | | | |
| 后期——激励型政策工具 | 3-1-1 激励型-公共服务型政策工具-监督审核 | 28 | 142（34.80%） | 408 | 32.54% |
| | 3-1-2 激励型-公共服务型政策工具-部门管理 | 62 | | | |
| | 3-1-3 激励型-公共服务型政策工具-工作部署 | 52 | | | |
| | 3-2-1 激励型-信息型政策工具-宣传 | 39 | 39（9.56%） | | |
| | 3-3-1 激励型-法律规制型政策工具-数量 | 27 | 56（13.73%） | | |
| | 3-3-2 激励型-法律规制型政策工具-专项机制 | 29 | | | |
| | 3-4-1 激励型-经济型政策工具-金融 | 27 | 171（41.91%） | | |
| | 3-4-2 激励型-经济型政策工具-财政 | 59 | | | |
| | 3-4-3 激励型-经济型政策工具-出让或经营方式 | 85 | | | |

（一）前期——预防型政策工具频数统计分析

根据图5-4，政府对于城市低效工业用地的预防工作主要体现为公共服务质量提升（47.61%），其中部门管理和监督审核类政策工具尤为突出。在预防低效工业用地产生前期，较为缺乏的是信息型政策工具

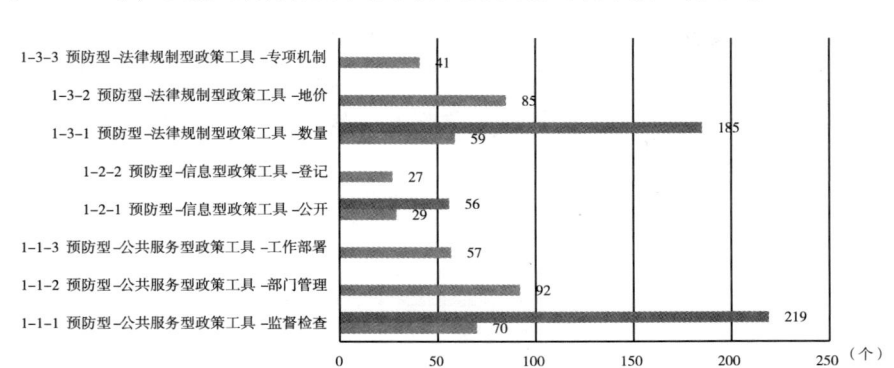

（12.17%），政府运用官方网络平台公开交易等行政方式较少。

```
1-3-3 预防型-法律规制型政策工具-专项机制    41
1-3-2 预防型-法律规制型政策工具-地价        85
1-3-1 预防型-法律规制型政策工具-数量    59    185
1-2-2 预防型-信息型政策工具-登记           27
1-2-1 预防型-信息型政策工具-公开       29  56
1-1-3 预防型-公共服务型政策工具-工作部署    57
1-1-2 预防型-公共服务型政策工具-部门管理        92
1-1-1 预防型-公共服务型政策工具-监督检查   70       219
         0    50   100  150  200  250（个）
              ■二级政策工具总计  ■编码数量
```

**图 5-4　预防型政策工具频数条形统计**

### （二）中期——处置型政策工具频数统计分析

根据图 5-5，政府对于城市低效工业用地的处置工作主要体现为提升公共服务质量（38.90%）和建立信息服务系统（34.97%）。公共服务型政策工具中部门管理类政策工具尤为突出，而法律规制类政策工具中专项机制、价格和数量 3 类三级政策工具频数相差不多，较为缺乏的是政府法律规制工具。

```
2-3-3 处置型-法律规制型政策工具-专项机制    47
2-3-2 处置型-法律规制型政策工具-价格        30
2-3-1 处置型-法律规制型政策工具-数量    20    97
2-2-2 处置型-信息型政策工具-登记             75
2-2-1 处置型-信息型政策工具-公开       60        135
2-1-3 处置型-公共服务型政策工具-工作部署     56
2-1-2 处置型-公共服务型政策工具-部门管理  33
2-1-1 处置型-公共服务型政策工具-监督检查  65  154              386
         0      100     200     300     400    500（个）
         ■一级政策工具总计  ■二级政策工具总计  ■编码数量
```

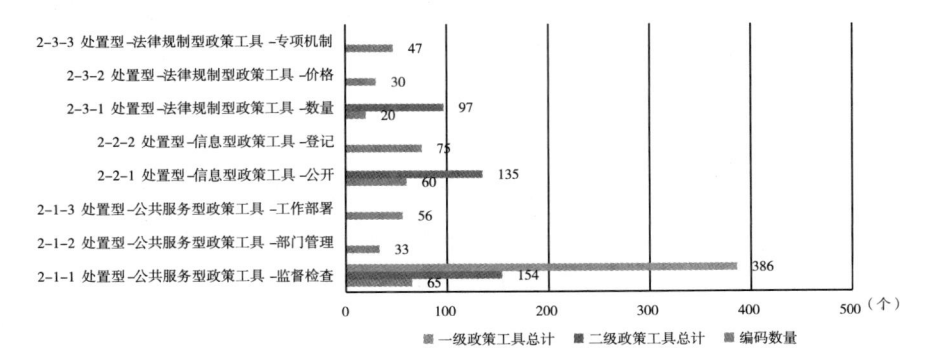

**图 5-5　处置型政策工具频数条形统计**

### （三）后期——激励型政策工具频数统计分析

根据图 5-6，政府对于城市低效工业用地退出的激励在公共服务（34.80%）和经济政策（41.91%）方面表现较为突出，值得一提的是经济型政策工具首次在激励型政策工具大类中出现，以金融优惠、财政补贴，以及改变低效用地出让或经营方式为主。公共服务型政策工具中工作部署类政策工具尤为突出，而法律规制类政策工具中制度、价格和数量3类三级政策工具频数相差不多。较为缺乏的是信息型政策工具（9.56%），对比前两类政策中信息型政策工具降低很多，从一定程度上反映出不同类型的政策工具所包含的二、三级分类具有不同的搭配特点。

| 政策工具 | 编码数量 | 二级政策工具总计 |
|---|---|---|
| 3-4-3 激励型-经济型政策工具-出让或经营方式 | 85 | |
| 3-4-2 激励型-经济型政策工具-财政 | 59 | |
| 3-4-1 激励型-经济型政策工具-金融 | 27 | 171 |
| 3-3-2 激励型-法律规制型政策工具-专项机制 | 29 | |
| 3-3-1 激励型-法律规制型政策工具-数量 | 27 | 56 |
| 3-2-1 激励型-信息型政策工具-宣传 | 30 | 39 |
| 3-1-3 激励型-公共服务型政策工具-工作部署 | 52 | |
| 3-1-2 激励型-公共服务型政策工具-部门管理 | 62 | |
| 3-1-1 激励型-公共服务型政策工具-监督审核 | 28 | 142 |

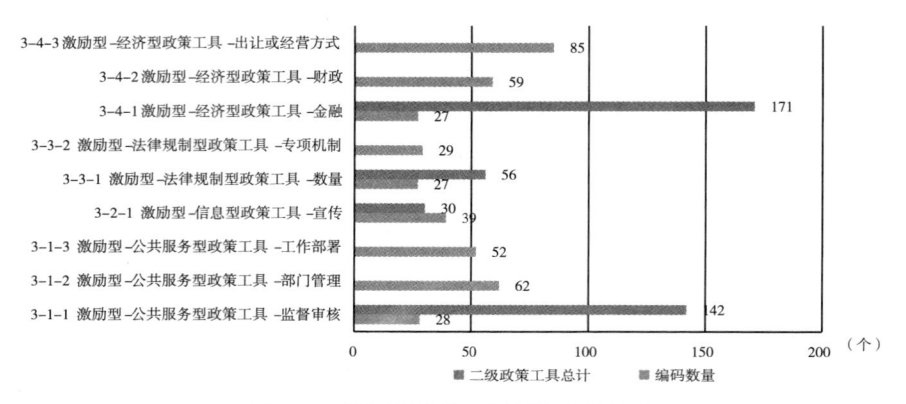

**图 5-6　激励型政策工具频数条形统计**

研究结果表明，政府对于低效工业用地的预防工作主要体现为提升公共服务质量，尤其是加强对国家、省级及地方国土部门内部管理，重视管理创新，严格土地管理过程中关键环节的把控，通过加强对建设用地的出让资格、开发商动工进程以及成果验收等方面的严格把关，确保工业用地出让数量符合当地规划指标，使开发商能在规定时间内动工以达到合同约定标准。前期——预防型政策工具充分发挥了政策执行强制性等特点，相比后两种政策工具来说，公共服务类政策工具数量偏多，且"监督检查""部门管理"和"工作部署"等政策工具类型上数量分布较均衡，三类政策工具基本处于同步推进状态，即政策制定过程中如若包含其中一项，基本就会伴随另外两项同步执行，相互补充。

对于城市低效工业用地的处置工作，主要是对低效工业用地实施动态监管，开放举报热线通道，对不符合合同约定期限开发的企业及时采取处罚措施。在土地审核方面，扩大审核覆盖范围，对工业用地的利用方式、开发商动工进程以及成果验收等方面进行审核，及时纠正违法或不正当行为，从开发项目进程检测入手，全周期监管严控低效工业用地。值得一提的是，政府对延期开发或闲置土地等企事业单位进行出让土地数量限制，情节严重者直接禁止竞买土地，针对闲置土地数量较多的省、市、县级地区，限制新增建设用地指标。根据土地高效利用原则，对各地建设用地审批数量及建设质量进行审查，保障按照合约约定动工时间施工，对盲目出让建设用地、回笼政府资金的国土管理部门实施干预措施。

对于城市低效工业用地退出的激励工作涉及众多利益相关者，是政策执行中较为关键的一环。目前的激励政策工具能够比较合理地分配公共服务型政策工具和法律规制类政策工具比例，其中经济型政策工具作为前两类中没有出现的一个政策工具类型来说，频数已经达到传统政策工具数值，进一步表明政府在不同用地开发阶段政策制定过程中有一定的政策特殊偏向的特点。

## 第四节　本章小结

当前，我国正处于经济发展方式转变和产业结构优化升级的关键阶段，新产业、新业态不断涌现，中央已将降低工业用地比例，调整建设用地结构列为全国深化改革的重要任务，城市中心区低效工业用地退出已由部分试点转入全面推进阶段。城市低效工业用地退出政策涉及土地规划、土地开发、土地供应与利用审批、土地使用监管、用地清退等环节，进一步延伸，还涉及财政、税收等经济杠杆，是以工业用地为载体或切入点的一系列管控工具的集成。因此，应进一步完善城镇低效工业用地退出政策体系，为释放政策红利提供坚实基础。

（一）丰富处置型政策工具，并加强与激励型政策工具衔接

在城市低效工业用地处置过程中存在多种现实问题，例如产权纠纷、历史遗留和规划限制，这些从一定程度上限制了处置效率，并且政策工具较为单一，以公共服务类政策工具和法律规制类政策工具为主。其中数量型和价格型政策工具运用较多，这两种政策工具具有一定的强制性，一旦符合处置标准便收回土地或收缴土地闲置费，缺乏具体情况具体分析的灵活性，与低效工业用地后期再开发工作欠缺一定的衔接性。在制定处置型政策时，应充分考虑低效工业用地再开发的可能性，有序衔接后续工作，积极调动市场，既做到对工业用地利用的违约企事业单位严惩，又加大积极参与低效工业用地再开发企事业单位的政策优惠力度。

例如，目前对土地利用改变用途后是否能归原土地使用权人继续使用存在一定限制，规定工业或经营性用地严格运用"招拍挂"方式出让。采取自行改造或市场实体参与改造等方式，也必须严格按照"招拍挂"方式办理相关手续才能再次供地，这从一定程度上限制了原土地使用权人对于低效工业用地再开发增值收益的分配，降低了原用地企业对工业用地退出的积极性。

值得借鉴的是，广东、辽宁省率先在"招拍挂"出让规则上实现创新，从利益共享角度出发，让利给原土地使用权人，激励原土地使用权人参与低效工业用地再开发。相关政策规定，原国有土地使用权人在符合相关规划的前提下可以申请开展改造，不属于上述情形的，可以协议方式办理出让手续，重新签订土地出让合同，取得新的土地使用权，并按市场价格补缴土地出让金。对现有工业用地改造后不改变用途、提高容积率的，不再增缴土地价款。此外，广东省还规定，需搬迁的国有企业用地由当地政府依法收回后通过"招拍挂"方式出让的，在扣除收回土地补偿等费用后，土地出让纯收益可按不高于60%的比例专项用于支持企业发展。

上述出让规则的改进是对低效工业用地再开发收益分配格局的调整，较大程度地改变了土地增值收益大部分归政府所有而原土地使用权人分享收益较少的局面，体现了利益共享原则，有利于吸引更多社会资本参与改造，充分发挥市场主体的积极作用。

有待改进的是，在出让规则明细中，应加强再开发利益共享政策宣传，运用"后期-激励型-信息型"政策工具，加大对成功退出案例的分享力度，从而增加企事业及地方土地管理部门对新型激励政策的可信度。部门管理人员在政策执行过程中，也应鼓励原土地使用权人对其原有土地进行再开发改造，在适当放宽出让规则的基础上，严格审核再开发权利人的企业资格，以及查阅诚信档案等资料，确保预防和激励政策同行并举。

（二）细化激励型政策工具，并注重与预防型政策工具结合

在城镇化不断推进的大背景下，各地政府纷纷踏进存量用地再开发的洪流当中，盲目放宽用地审批政策，不根据当地实际情况安排用地指标，忽视对于低效工业用地的预防工作。为避免低效工业用地在二次开发后，仍然存在转为低效或闲置用地的可能，各省市县级国土管理部门不能放松对低效工业用地的预防，应继续加强对土地管理部门的内部管理，以及对

市场建设用地数量的实时监控，确保低效工业用地经过开发能顺利转化为高效用地，全程积极贯彻节约集约利用这一基本国策。

目前，我国少数地方自然资源管理部门已开始对符合土地利用规划，但在土地利用方面容积率低和利用效率低下的企业，通过积极鼓励利用地下空间、加层改造和拆建等手段，短期内达到明显的土地容积率提高、利用效率上升的效果，同时在投资强度方面政策给予一定资金支持，根据实际情况进行判定并在财政税收上给予不同程度的减免。鼓励增加工业用地容积率，提高地上地下复合空间利用率等政策，从低效工业用地原土地使用权人入手，在不改变原土地使用权人的基础上，给予政策指引和财政优惠，对提高工业用地利用效率提供政策保障。

值得重点关注的是，政府对于哪类土地开发进行到什么程度，以及容积率和利用效率低到多少，如何实行政策干预等要点在地方政府文件中并没有明确、详细地界定出来。例如企业延迟动工后，审核时间段内项目进度没有达到预期效果，容积率出现自然下降，这个时候政府是否选择放宽容积率限制给该企业政策优惠。政府应重视项目开发过程的全周期监管，即"前期-预防型-公共服务类-监管"类政策工具。对在建项目进行实时监控，配备专业的自然资源管理部门人员，与企事业单位对接，尽量做到政府扎根实地，掌握最真实的项目开发信息，并制定放宽容积率的审批细则，做到"政策优惠给到对的企业"。

（三）推行多元化土地租赁制度

推行先租赁再转让的方法，可以有效解决在城市低效工业用地退出和再开发过程中存在的圈地、占地、囤积和改变土地用途等问题。企业根据经济投资情况，合理定位自身建设投入项目规模，以及提前制定完整的项目开发计划，在计划允许的情况下，企业能够先对工业用地进行租赁获得开发使用权，然后完善土地出让或转让审批程序。政府在严格审核条件下放宽工业用地出让审批规则，既能解决意愿开发单位短期内资金紧张问题，也能在前期开发过程中筛选并完善目标地块开发项目计划。

（四）试行土地分期分批供应

针对大型投资项目，为避免工业用地大幅度浪费或不符合节约集约利用基本原则等问题，政府从前期土地供应方面着手，对项目进行阶段性审批检查，符合阶段性检查标准的开发项目能够继续开发并持续供地，对检查不达标的项目进行严格整顿，并给予罚款处分，从而避免开发投资项目风险，有效控制低效工业用地和闲置工业用地的产生。

（五）完善工业开发项目守信激励和失信惩戒联动机制

为提高工业用地审批效率和工业用地再开发项目质量，应加强公共信息平台建设。建立企业开发项目信息档案，严格统计项目在实施过程中资金到位、工程进度、施工年限，以及有无工程事故等详细信息。不同开发单位和同等规模类型项目建议独立建库，形成专项数据库，为前期项目审批提供良好的信息支持。针对信誉度良好的企业可适当放宽审批程序，对失信企业需严厉惩处，并列入全国档案预警系统，以防失信企业转换投资区域，钻政府缺乏信息互通的空子，从而降低闲置用地风险。

# 第六章　城市中心区低效工业用地退出的主体博弈

城市低效工业用地的退出隐含着参与主体的诉求表达、各方利益的交互博弈，以及各种价值观的复杂碰撞，其外在表征为利益相关主体的行为过程，是各参与主体在其信息掌握基础上权衡收益成本，最终做出的策略选择和实践活动。博弈论是分析复杂环境下多目标行为选择的重要方法，国内外公共管理领域的博弈研究已积累了较稳定的基础，建立了一批经典博弈模型和实践分析模式。政治、社会、经济系统之间及其内部参与主体的博弈过程和博弈策略，对区域公共管理在我国推行的广度和深度起着深层次的决定作用（金太军，2007）。本章以城市中心区低效工业用地退出主体甄别出发，借鉴三方博弈、多重博弈等模型，系统分析中央政府、地方政府、原用地企业、开发商、公众等参与主体在博弈过程中的行为选择，依据博弈路径调控，以期优化公共决策方案。

城市中心区低效工业用地退出的主体博弈分析包含两个基本步骤：一是确立城市中心区低效工业用地退出的利益相关主体，二是探索不同主体参与形式、程度和协作关系及其低效工业用地退出行为结果。具体包括：①调查低效工业用地退出的典型案例区，识别中央政府、地方政府、原用地企业、新用地企业、社会组织、民众等参与主体，分析其在用地退出实践中的利益取向、参与形式和参与程度。②基于博弈理论，构建不完全信息下的演化博弈、动态博弈和合作博弈模型，分析不同主体的行为策略、协作关系及其低效工业用地退出的行为结果。

## 第一节　利益主体的类别

### 一　中央政府

中央政府在低效工业用地退出过程中扮演两种基本角色，第一种角色是宏观管理制度和政策的制定方，应对土地利用效率普遍不高现状与稀缺土地资源条件日益严峻的矛盾关系，围绕提高土地利用效率和加快产业升级的目标，制定工业用地退出的相关法律、制度，指导全国低效工业用地的退出工作；第二种角色是全国土地利用总体规划中建设用地规模指标的制定者，并负责分配各省建设用地指标，对地方政府工业用地退出活动形成直接的指标约束影响。

与地方政府利益追求曲线变化不同，中央政府代表全体国民的综合利益，始终要全面考虑经济利益、国民社会利益和生态环境利益。城市低效工业用地退出的现有实践中，中央政府通过部分行政指令、意见及其他政策指导地方政府工业用地的退出活动，在当前阶段鼓励地方不同退出模式的尝试，并未制定统一的法律规则。中共中央、国务院印发的《国家新型城镇化规划（2014—2020年）》明确划定人均城镇建设用地规模指标，要求严格控制城镇建设用地规模，合理控制城镇开发边界，优化城市内部空间结构，促进城市紧凑发展，提高国土空间利用效率。中央政府通过建设用地规模人均指标、总量指标的划定，对地方政府的用地指标产生直接的约束作用。

## 二 地方政府

目前地方政府开展回购收储是我国工业用地退出的重要实践模式，一方面，地方政府与中央政府在土地管理政策执行上形成现实的委托—代理关系，代表中央政府实施土地出让、利用和退出的监督管理；另一方面，地方政府在工业用地退出的过程中经常直接扮演征收方和出让方两个角色，是退出活动的直接行为主体。因此，在多重角色作用下，地方政府成为特殊的利益主体。

政府是公共利益的集中代表者和体现者，在城市工业用地的退出过程中，地方政府需充分考虑执行与中央政府在土地公共管理方面的委托—代理关系，协调与上级政府之间的关系，需考虑改善居民的居住环境，最大限度地推进城市经济的可持续发展，保障落实经济效益、社会效益和生态效益等综合效益的最大化目标，保障土地再利用的合理化和规范化。地方政府作为基于多重利益考量的特殊利益主体，在实践中活动中需考虑地方利益，尤其是经济利益，还需考虑平衡低效工业用地退出参与主体之间的利益关系。现阶段以经济利益考核为主的地方政府政绩评价体系，导致地方政府倾向于通过土地的征收和重新出让，获得出让金以增加自己的财政收入，提升政绩，拉动城市的经济发展水平，并在一定程度上增加社会就业率。

### 三 原用地企业

土地资源的稀缺性决定了原用地企业是城市中心区低效工业用地退出实践中的关键主体，直接影响低效工业用地的退出进程和退出模式的选择。低效工业用地的退出活动是原用地企业的行为选择，在其自身利益权衡基础上，受地方政府城市规划和工业用地退出政策的约束影响，与地方政府、新用地企业形成博弈关系，主动或被动退出原有工业用地。

原用地企业享有的权益来源于对土地使用权的垄断性占有，这种占有权益一方面受企业自身生产效益的影响，另一方面受工业用地资产社会平均机会成本和政府用地政策调整的影响。在城市中心区低效工业用地退出的宏观调控背景下，与地方政府相比，原用地企业虽在退出决策上不占据主动地位，但仍面临土地收益方式的多元选择，在不同的退出模式下原用地企业是通过土地收储、市场流转实现完全退出，还是通过功能转换、引入合作开发方实现自主改造，会因土地使用权的主体地位不同而保有不同的利益诉求实现路径，也面临各种实现路径中不同的利益关注。一是对于完全退出的原用地企业，希望得到最大限度的土地使用权、地上附着物，以及经营活动的窝工停工期间所造成的成本增加和收入减少的补偿，原用地企业在此路径下更为关注资本或土地资产的经济补偿；二是对于不完全退出的原用地企业，其利益关注焦点在于功能转换后能否直接改善当前的生产经营状况，提高企业生产效益，以及引入合作开发后与新市场主体关于土地使用权、开发权及受益权的利益分配。

### 四 新用地企业

新用地企业在低效工业用地退出过程中扮演的角色比较单一，追求经济利益最大化的利益诉求较为清晰，其目标是在法律允许的范围内，控制成本最小化并获取最大的经济收益。因此开发商决定是否进入城市工业用地更新进程的关键是除去土地出让金和补偿之后的利润额，重新出让后的土地性质、可转让土地面积及与原主体间的土地使用权分配问题是决定新用地企业收益的重要因素。对于旧工业用地重新改造为新的工业用地、公共服务设施，开发商难以获得满意的收益,追逐利益的本能会大大降低开发商的参与度。同时开发商为了追求经济目标往往会通过各种方式影响政府以换取更低的土地出让价格,为了自身的发展忽略社会的可持续发展目标,忽略民众的权利,如何平衡自身利益与和社会公共利益也是应当考虑的重点。

## 五 民众

公共利益是城市中心区低效工业用地退出、城市更新活动的基本出发点,实现社会效益最大化是公共管理活动的核心目标之一。由于在工业用地退出中民众没有主要的决策权和操作权,往往不是直接参与者,民众的利益主体地位多数情况下由地方政府统筹代理,但是其存在又切实影响着每一方主体的决策。民众是城市低效工业用地退出系统监督机制、反馈机制的组成主体之一,随着公共意识的不断增强,公共参与机制的不断完善,民众参与监督和反馈活动的能力得到持续提升,其在公共管理活动中的作用也越发突出。

城市中心区低效工业用地的退出势必会对周围居民造成积极或消极的影响,民众的诉求主要在于用地退出后周围居住质量的提升,以及社会公共设施的不断完善、生活环境的持续优化。因此,民众的态度影响着用地退出的进程和速度。检视国内已有实践案例,受主体定位不清晰和用地退出过程中客观存在的信息不对称等因素影响,民众"被动"的"过程式"参与多,"主动"的"决策式"参与少,民众参与的利益关注明确,但实际参与的渠道、方法少,参与决策的能力有限。

## 第二节 利益主体的成本—收益分析

利益主体的行为是在预期成本和预期收益的综合衡量下实行的决策,成本—收益分析是利益主体博弈的基础,城市中心区低效工业用地退出过程中涉及的各方利益主体进行博弈的根本目的是追求自身效益的最大化,退出各利益主体方的预期成本、预期收益并非是静态不变的,而是在退出的过程中受到其他利益相关方的决策影响,不断调整变化的。由于各利益主体所拥有的资源与权力不同,参与退出活动的方式不同,因此其考量的成本和收益也存在明显差异,识别各利益主体方在低效工业用地退出过程中的成本和收益是博弈分析的基础。

## 一 成本分析

对于中央政府而言，其所需要花费的成本包括进行监管所需要的信息成本，制定相关政策措施的成本。地方政府的成本相对复杂，包括征地补偿、土地整理工程、公共设施建设、环境治理、政策优惠及机会成本。征地补偿主要是针对回购收储模式中，征收工业用地向原企业支付的土地补偿金、企业因搬迁造成的设备搬迁损失费、停产停业损失费。土地整理工程是指对原有土地进行整理，包括原有建筑物拆除费用、土地平整费用、对基础管道设施的建筑费用。公共设施建设是投入在供居民使用的公共服务设施、绿地和道路等公共空间以及基础性服务设施等公益性空间。环境治理是指对工业土地进行的受污染土壤治理和环境设施建设。政策优惠则是指政府为了促进各企业参与工业用地退出而做出的政策让利、补贴及奖励，以吸引市场力量的注入。机会成本则是政府在工业用地用途变更中可能面临的风险及发展损失。

原用地企业的成本包括土地所有权丧失和机会成本。土地所有权丧失包括失去原有产业造成的经济增值损失、搬迁成本以及员工安置费用。机会成本是指原有企业变更用途造成的发展风险。新用地企业的成本包括建设费用、土地出让金及机会成本。建设费用主要是新用地企业对建筑进行改造或重建的费用，以及其他基础设备及设施的投入。补缴土地出让金是指对工业用地性质进行变更时需要向政府补缴的土地用途出让金差价。机会成本则为投资收购面临的风险。

各利益主体的主要成本如表6-1所示。

表6-1　　　　　　　　　　利益主体的成本分析

| 利益主体 | | 主要成本 |
| --- | --- | --- |
| 地方政府 | 规划和前期成本 | 规划组织编制费用、土地征收补偿费、原用地企业财税收入减值、融资成本 |
| | 开发过程成本 | 土地整备和开发统筹协调费、以国资为主体的直接项目投资费、开发过程的资金时间成本、开发过程的环境保护费、对自主改造和新用地企业的财税贴补 |
| | 基础设施、公共设施配套建设成本 | 配套基础设施建设费、公共设施建设费、历史文化和工业遗产保护费用 |
| | 社会成本 | 公众反对、用地退出过程的就业和社会保障等社会风险 |

续表

| 利益主体 | | 主要成本 |
| --- | --- | --- |
| 原用地企业 | 土地成本 | 原用地购买价格、土地契税费用、搬迁新用地购买价格、搬迁新用地土地契税费用 |
| | 原用地生产损失、搬迁费用 | 自主改造费用、搬迁或退出过程的停滞和窝工成本、产出减值、设备搬迁费和安装费 |
| | 用地退出后职工费用 | 职工搬迁安置费、搬至新用地后的职工交通和生活补助费 |
| | 机会成本 | 预期土地市场增值损失、通过市场流转为其他用途的机会预期收益损失 |
| 新用地企业 | 前期费用 | 土地购买价格及契税、规划费用、与原用地企业合作开发的协调费用 |
| | 开发费用 | 新用地建筑、设施建设费用、设备购置及安装费用 |
| 社会公众 | 社会成本 | 退出和更新建设建设期间的环境损害、道路等基础设施干扰 |

## 二 收益分析

成本—收益分析是对参与主体的收支详细分解和汇总测算。城市中心区低效工业用地退出参与主体在支付若干成本之后，往往也对应着各项收益的获得，某项成本的付出可能会收获不同类型的收益。因此，成本—收益分析的另一项关键工作是收益测算，考虑投入成本后对可能出现的收益进行系统分析，根据实际情况确定收益子项。根据城市中心区低效工业用地退出不同的参与主体，识别各方收益包含的主要分项如表 6-2 所示。

表 6-2　　　　　　　　　利益主体的收益分析

| 利益主体 | | 主要收益 |
| --- | --- | --- |
| 地方政府 | 经济收益 | 土地出让金、产业升级带来的经济增长 |
| | 政绩收益 | 完成上级要求，执行国家政策，完成产业升级转型、国家产业结构转变 |
| | 生态收益 | 土壤污染治理、工业污染减少、自然环境优化、土地利用效率提高 |
| | 社会收益 | 社会公共设施增加、居民生活环境改善、公众支持、社会稳定 |
| 原用地企业 | 征地补偿 | 政府征收原有工业用地得到的补偿金、新企业进入开发给予的安置费、搬迁补偿费和设备补偿金 |
| | 发展机会 | 缓解风险、提高自身产业收益、提高利用率、获得发展新机遇 |
| 新用地企业 | 资本扩张 | 扩大新入企业的固定资产量，加大投资，带来更高的经济收益 |
| | 政策优惠 | 政府引导新企业进入给予政策优惠、补偿，以激励其参与 |
| 社会公众 | 公共利益 | 改善居住环境、提高生活质量、增加公共空间及设施 |

## 第三节 中央政府与地方政府的博弈

### 一 利益背景分析

中央政府与地方政府之间围绕城市建设用地控制目标形成"委托—代理"关系，中央政府制定建设用地规模和土地集约利用效率控制指标，地方政府是城市用地政策的实际执行方，两者的关系体现主要是政策执行链的利益关系。土地政策的纵向传递形成由上而下的链状结构，中央政府及地方政府分别处于政策链的上方和下方，由于双方所追求的利益目标差异，必定会在政策执行中开展成本—收益分析，并在此基础上做出行为策略选择。城市中心区低效工业用地退出的政策执行过程中，中央政府利益关切相对比较稳定，较为关注政策制定和监管的成本支出，以及政策执行的综合效益。地方政府是土地政策的具体实施机构，既要贯彻落实中央的土地管理政策，完成中央下达的管理目标，又要综合考虑本地区的具体情况，提高政府的自身的经济收益以维持正常的运行，此外地方政府的决策可能还受到政府管理人员个人寻租（政绩、经济收入寻租）的干扰。因此，与中央政府在政策执行过程中的成本—收益关系相比，地方政府拥有更为复杂的利益关系。

我国工业用地退出的规章制度、法律规范建设仍处于逐步完善的进程中，中央政府在工业用地退出政策执行过程中扮演监管者的角色，在监督地方政府是否下达政策执行、是否存在违规行为的过程中需花费大量的人力、物力及财力，即监督成本。监督成本伴随监督力度的加强而增加。地方政府在土地政策的"委托—代理"关系中承担代理人的职责，同时其他利益目标的影响，为争取自己最大生存及发展空间，在政策的执行过程中可能出现与中央政府要求偏离的行为，且在地方政府与中央政府的交互关系中，普遍认为中央政府实施监管面临成本高昂、精力和人手不足等情况，在实际用地信息的获取方面可能存在不及时、不完全的情况，因此，地方政府的政策效率很难被评估，一些与政策偏离的行为可能难以被查处。地方政府从多种利益目标的综合考虑出发，追求自身综合利益最大化，推行城市中心区低效工业用地退出的实际方案。

## 二 博弈模型构建

（1）在低效工业用地退出中，地方政府为了落实中央下达的用地控制目标，存在两种策略：不违规 $A$ 和违规 $B$。中央政府对政策执行的核心策略选择可定义为：监管 $a$ 和不监管 $b$。

（2）不违规时地方政府获得的收益为 $C$，违规时的收益为 $D$，由于其他经济目标的实现，显然 $D > C$；若地方政府被中央政府发现有违规行为，将会受到中央政府的罚金 $E_1$、经济损失及名誉损失 $E_2$，即此时收益为 $D - E_1 - E_2$，假设 $D - E_1 - E_2 < C$。而中央政府在监管的过程中需要消耗监督成本，总成本记为 $F$。中央政府采取措施后不仅会给自己带来罚金收益 $M_1$，且 $M_1 = E_1$，也会挽回国家资源遭受的经济损失和生态损失 $M_2$，且 $M_1 + M_2 > F$。若中央政府未履行监管职责，并且对自身形象造成不良影响 $N_1$，会使得社会整体利益受损，土地资源遭到破坏，损失记为 $N_2$，$N_2 = M_2$。中央政府与地方政府的行动策略由双方独立作出，不知道对方的选择，在此假设条件下双方的博弈可视为完全信息静态博弈（图6-1）。

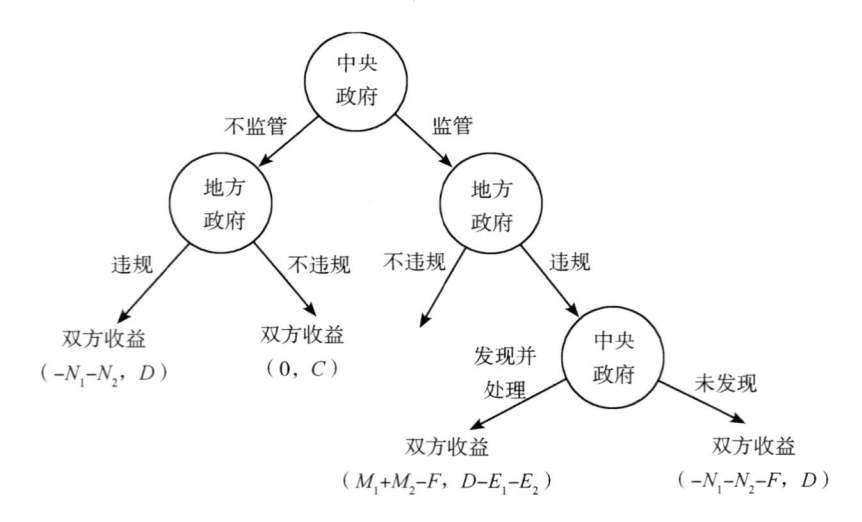

**图6-1 中央政府—地方政府在低效工业用地退出的博弈**

## 三 博弈模型分析

（1）地方政府的最优行为选择。假设中央政府进行用地监管的概率

为 $\alpha$，在履行监管职责时发现违规行为的概率为 $\beta$，则地方政府选择违规行为的预期价值为：

$$U_1 = D \times (1 - \alpha) + (D - E_1 - E_2) \times \alpha\beta + D \times \alpha(1 - \beta) = D - (E_1 + E_2)\alpha\beta$$

地方政府选择不违规行为的预期价值为：

$$U_2 = C \times (1 - \alpha) + C\alpha = C$$

根据效用最大化原则，地方政府是否选择违规取决于 $U_1 > U_2$ 是否成立。即：

$$U_1 > U_2 \Leftrightarrow E_1 + E_2 < \frac{D - C}{\alpha\beta}$$

假设 $U = \frac{D - C}{\alpha\beta}$，则方程 $U$ 就是地方政府选择违规行为的条件。因此可知若要避免地方政府选择违规行为可以从以下几个方面出发：一是增加中央对于地方政府违规行为的处罚力度（即增加 $E_1$ 的数值），或者公示地方政府在低效工业用地退出过程中的行为，使地方政府的行为更加透明、清楚，社会民众能够充分了解政府的行为，以便行使上访和监督的权利，增强地方政府行为与社会的整体关联性；二是中央政府在各地设置直属监管机构（派出机构），节约获得信息所需成本，提高低效工业用地退出信息获取的完全性和及时性，完善相应的监管制度，提高管理效率，加大中央政府的监管力度（提高 $\alpha$ 和 $\beta$ 的数值）；三是规范低效工业用地退出的过程，使得整个过程更加透明，以降低地方政府通过违规行为获得不当收益的可能性。

（2）中央政府的最优行为选择。设地方政府选择违规行为的概率为 $\theta$，中央政府进行监管的预期价值为：

$$V_1 = (-F) \times (1 - \theta) + (M_1 + M_2 - F)\theta\beta + (-N_1 - N_2 - F) \times \theta(1 - \beta)$$

中央政府不进行监管的预期价值为：$V_2 = (-N_1 - N_2)\theta$

根据效用最大化原则，中央政府是否选择监管取决于 $V_1 > V_2$ 是否成立。$V_1 > V_2 \Leftrightarrow F < (M_1 + M_2 + N_1 + N_2)\theta\beta$，假设 $F = (M_1 + M_2 + N_1 + N_2)\theta\beta$，则方程 F 就是中央政府选择监管行为的条件。这意味着，在地方政府违规行为的概率和中央政府发现的概率一定时，中央政府花费的总成本小于监管后果的总付出的 $\theta\beta$ 倍时，中央政府会选择进行监管，否则将

会选择不监管的行动策略。

若要促进中央政府选择监管行为的概率可以从减少中央政府应当支付的信息成本入手。成本的降低在实际操作中是否具有可行性，一方面取决于中央政府的监察工作是否需要大量的时间成本、人力成本及经济成本。虽然在各地方建立中央政府直属的监管机构可以大大提高监管的效率，但其对地方政府的震慑力的作用远大于对成本控制的作用，监管机构的建立在短时间内不能有效地控制成本，反而在前期加重了中央政府的负担，因此对中央政府行为的影响力不足。同时，地方政府违规行为造成的生态损失是固定的，对地方政府的罚金提高只能在经济层面上对地方政府起到一定的刺激作用，中央政府的经济实力强厚，因此此种方法对中央政府的激励可以忽略不计。若想激励中央政府积极进行监管，无形的、精神层面的东西才是应当注重的着眼点。中央政府代表的是全社会的整体利益，$N_1$代表着中央政府的形象在社会舆论受损，因此它更注重能否在社会公众面前树立良好的形象，能否在地方政府面前建立良好的公信力，能否改善民众的生活质量，能否为国家整体带来综合效益。中央政府的声誉受到公众、社会媒体、非政府组织等方方面面的关注，这也突出了工业用地退出过程中涉及的其他利益主体的重要性，他们对于监督政府行为、影响政府声誉起着至关重要的作用，也是提升激励政府的关键一环。

## 第四节　地方政府与原用地企业的博弈

### 一　博弈关系分析

城市中心区低效工业用地退出过程中，原用地企业关注经济利益的最大化目标，地方政府既关注退出活动所产生的土地增值收益、税收收入等经济效益目标，也综合考虑城市和社会发展目标，以及退出改造后的环境效益目标。地方政府是低效工业用地退出政策、方案的制定者，基于综合效益目标会积极鼓励原用地企业实施低效工业用地的退出。然而，其退出活动的实际成效受原用地企业的策略选择影响，原用地企业在应对地方政府的退出政策时，基于经济利益考量，可能存在积极响应（主动对接或及时响应）、消极响应（推迟响应、讨价还价或抗拒响应）两种基本策略选择①。上述的行为交互实质上是地方政府与原用地企业双方的利益博弈。政府为了整改闲置或者利用效率低下的土地会选择收储低效工业用地，以提高工业用地利用效率，缓解城市用地矛盾的问题。而企业主要考虑更新后带来的收益或者土地被征收获得的补偿是否大于保持现有状态的收益。因此双方在此过程中的谈判和博弈将会影响整个更新过程的进行。

地方政府与原用地企业之间的博弈是政企博弈的基本形式。双方的博弈过程受两者的地位和相互之间的关系影响，地方政府作为管理者和土地所有权的行使者，理论上在与原用地企业的关系中处于强势地位。然而，实际执行过程中，原用地企业可能涉及央企或上级政府国资委管辖的国有企业，拥有较强的话语权；此外，原用地企业基于自身的利益考量，可能认为通过工业用地退出能够获得的补偿和收益将明显低于保持现有利用状态的收益，上述情况都可能导致原用地企业在应对地方政府的工业用地退出政策时，采取消极响应（不响应）的策略。相反地，当用地企业认为通过用地退出能够获得的补偿和收益将明显高于保持现有利用状态的收益，将采取积极响应（响应）的策略。

工业用地的退出往往涉及停产、搬迁、员工安置、厂房清退、土地整理等一系列活动，在用地退出的不同阶段，地方政府与原用地企业的主体利益诉求客观上随着决策活动的推进可能出现调整、反复。因此，双方的博弈并非静态博弈，而更符合动态博弈或演绎博弈的形式，博弈主体之间呈现阶段化的交互特征，双方在实际博弈过程中围绕各自的利益目标，表现为"相互试探、讨价还价"的动态调整过程。

## 二　博弈模型构建

### （一）博弈假设

本博弈涉及的土地默认定义为产权明晰，地方政府代表国家行使土地所有权，原用地企业拥有土地使用权的工业用地。

---

① 原用地企业消极响应案例：上海市于2014年3月颁布《关于本市盘活存量工业用地的实施办法（试行）》，鼓励原用地企业主导低效工业用地退出，允许原土地使用权人在政策框架内承担开发主体的角色，根据需要变更土地用途或适当提高建筑容积率，提升土地利益效率。然而，至2015年，绝大多数企业持观望状态，未积极提出更新意向，政策的激励效果有限。

本模型分析的是退出工业用地的所有权人与使用权人的博弈，即地方政府和拥有工业用地使用权的原用地企业之间的博弈。

模型的行动策略为：假设地方政府的策略合集 $S_G$ =（市场方式，传统方式），其中采取市场方式的概率为 $x$，采取传统方式的概率为 $1-x$（$0<x<1$）。原土地使用权人的策略合集为 $S_E$ =（响应，不响应），其采取响应的概率为 $y$，不响应的概率为 $1-y$（$0<y<1$）。其中市场方式是指鼓励原用地企业通过补缴差额土地出让金，改变土地用途或提高容积率，使原工业用地利用效率提升；传统方式是指由地方政府收回工业用地使用权，给予原用地企业相应的土地补偿金；企业的不响应是指企业对地方政府的政策不采取措施，仍然维持工业用地的原状。

## （二）模型构建

$V$——工业用地利用维持现状所获得的收益；

$V_1$——原用地企业作为开发主体进行更新后获得的收益；

$A$——原用地企业作为开发主体需补交的土地出让金；

$A_1$——原用地企业作为开发主体进行更新付出的成本；

$B$——地方政府收储工业用地支付的土地补偿金；

$C$——地方政府通过市场方式实施用地退出获得的收益；

$D$——地方政府通过传统方式实施用地退出获得的收益；

$E$——地方政府通过市场方式实施用地退出所付出的成本；

$E_1$——地方政府通过传统方式实施用地退出所付出的成本。

该模型有四种博弈结果：①（市场方式，响应），在此种情况下，原用地企业完成市场更新所获收益为 $V_1$ 远大于保持原有用途获得的收益 $V$。②（市场方式，不响应），在此种情况下，地方政府与原用地企业无法达成工业用地更新协议，政府的收益为 0，因此决策付出一定的成本 $E$。③（传统方式，响应），地方政府采取传统方式征收工业用地，原用地企业土地被征收后获得土地补偿金 $B$。④（传统方式，不响应），政府在此种情况下付出的成本为 $E_1$。双方的演化博弈矩阵如表 6-3 所示。

表 6-3　　　　　　　　　　演化博弈收益矩阵

| 政府＼企业 | 响应 | 不响应 |
|---|---|---|
| 市场方式（转换） | $C-E$；$V_1-A-A_1$ | $-E$；$V$ |

续表

| 政府＼企业 | 响应 | 不响应 |
|---|---|---|
| 传统方式（征收） | $D-B-E_1$；$B$ | $-E_1$；$V$ |

已知政府采取市场方式的概率为 $x$，原产权所有企业采取同意策略的平均收益为 $U_1$：

$$U_1 = x(V_1 - A - A_1) + (1-x)B$$

原产权所有企业采取不响应策略的平均收益为 $U_2$：

$$U_2 = x \cdot V + (1-x)V = V$$

原产权企业的平均收益为 $\bar{U}_{12}$：

$$\bar{U}_{12} = yU_1 + (1-y)U_2$$

因此原产权所有企业的动态复制方程（"响应"策略采取比例的变化速度）为：

$$F(y) = \frac{dy}{dt} = y(U_1 - \bar{U}_{12}) = y(1-y)(U_1 - U_2)$$

$$= y(1-y)[B - V + (V_1 - A - A_1 - B)x]$$

地方政府采取市场方式更新策略的平均收益为 $U_3$：

$$U_3 = y(C - E) + (1-y)(-E)$$

地方政府采取传统方式更新策略的平均收益为 $U_4$：

$$U_4 = y(D - B - E_1) + (1-y)(-E_1)$$

政府的平均收益为 $\bar{U}_{34}$：

$$\bar{U}_{34} = xU_3 + (1-x)U_4$$

因此政府的复制动态方程（"市场方式"策略采取比例的变化速度）为：

$$F(x) = \frac{dx}{dt} = x(U_3 - \bar{U}_{34}) = x(1-x)(U_3 - U_4)$$

$$= x(1-x)[E_1 - E + y(C - D - B)]$$

从地方政府与原用地企业的工业用地更新演化模型可知，博弈过程可能有五个平衡点：$E_1(0, 0)$，$E_2(0, 1)$，$E_3(1, 0)$，$E_4(1, 1)$，$E_5(p,$

q），其中 $p = \dfrac{E_1 - E}{B + D - C}$，$q = \dfrac{B - V}{B + A_1 + A - V_1}$。

根据演化均衡理论，微分方程描绘的群体动态系统，其平衡点的稳定性可根据该系统推出的雅各比矩阵的局部稳定性分析进行判断。由上述复制动态方程可得系统的雅各比矩阵：$J = \begin{bmatrix} \partial F(x)/\partial x & \partial F(x)/\partial y \\ \partial F(y)/\partial x & \partial F(y)/\partial y \end{bmatrix} = \begin{bmatrix} (1-2x)[E_1 - E + y(C-D-B)] & x(1-x)(E_1 + C - E - D - B) \\ y(1-y)(V_1 - V - A - A_1) & (1-2y)[B - V + x(V_1 - A - A_1 - B)] \end{bmatrix}$ J 的行列式 $\det J = \dfrac{\partial F(x)}{\partial x} \times \dfrac{\partial F(y)}{\partial y} - \dfrac{\partial F(x)}{\partial y} \times \dfrac{\partial F(y)}{\partial x}$，迹为 $\operatorname{tr} J = \dfrac{\partial F(x)}{\partial x} + \dfrac{\partial F(y)}{\partial y}$。

则原所有权企业与政府演化博弈系统均衡点的局部演化稳定性分析如表 6-4 所示：

表 6-4　　　　　　　　演化博弈系统均衡点

| 平衡点 | J 的行列式 $\det J$ | J 的迹 $\operatorname{tr} J$ |
| --- | --- | --- |
| $E_1(0, 0)$ | $(E_1 - E) \cdot (B - V)$ | $E_1 + B - E - V$ |
| $E_2(0, 1)$ | $(E_1 + C - E - D - B) \cdot (-1)(B - V)$ | $E_1 + C + V - E - D - 2B$ |
| $E_3(1, 0)$ | $(E - E_1) \cdot (V_1 - V - A - A_1)$ | $E - E_1 - A - A_1 + V_1 - V$ |
| $E_4(1, 1)$ | $(E_1 + C - E - D - B) \cdot (V_1 - V - A - A_1)$ | $V + A + A_1 + E + D + B - E_1 - C - V_1$ |
| $E_5(p, q)$ | $K_1$ | 0 |

### （三）均衡分析

对于离散系统，当且仅当 $\det J > 0$ 且 $\operatorname{tr} J < 0$ 时，该均衡点为 ESS 稳定。

$V$——工业用地利用维持现状所获得的收益；

$V_1$——原用地企业作为开发主体进行更新后获得的收益；

$A$——原用地企业作为开发主体需补交的土地出让金；

$A_1$——原用地企业作为开发主体进行更新付出的成本；

$B$——地方政府收储工业用地支付的土地补偿金；

$C$——地方政府通过市场方式实施用地退出获得的收益；

$D$——地方政府通过传统方式实施用地退出获得的收益；

$E$——地方政府通过市场方式实施用地退出所付出的成本；

$E_1$——地方政府通过传统方式实施用地退出所付出的成本。

演化博弈收益矩阵及基本决策见表6-5、表6-6。

表6-5　　　　　　　　　演化博弈收益矩阵

| 政府＼企业 | 响应 | 不响应 |
|---|---|---|
| 市场方式（转换） | $C-E$；$V_1-A-A_1$ | $-E$；$V$ |
| 传统方式（征收） | $D-B-E_1$；$B$ | $-E_1$；$V$ |

表6-6　　地方政府与原用地企业的行为条件及博弈的四种基本决策

| 条件 | 状态 | 博弈结果 |
|---|---|---|
| $(E_1-E)\cdot(B-V)>0$<br>$E_1+B-E-V<0$ | 地方政府通过传统方式支付的成本小于通过市场方式支付的成本、企业获得的征地补偿小于维持原有用途获得的收益 | 传统方式（征收）/不响应 |
| $(E_1+C-E-D-B)\cdot(-1)(B-V)>0$<br>$(E_1+C+V-E-D-2B)<0$ | 地方政府通过市场方式获取的收益小于通过传统方式获取的收益、原用地企业获得的土地补偿金比维持原用地企业获得的收益多 | 传统方式（征收）/响应 |
| $(E-E_1)\cdot(V_1-V-A-A_1)>0$<br>$E-E_1-A-A_1+V_1-V<0$ | 地方政府通过市场手段所付成本小于传统手段的成本、原用地企业从中得到的收益无法覆盖其需要补交的土地出让金和更新产业必须负担的成本 | 市场方式（转换）/不响应 |
| $(E_1+C-E-D-B)\cdot(V_1-V-A-A_1)>0$ | 地方政府通过市场方式进行更新获得的收益超过传统方式获得的收益、企业从中得到的收益远大于其需要补交的土地出让金和更新产业必须负担的成本 | 市场方式（转换）/响应 |

命题一：当$E_1-E<0$且$B-V<0$时，可得$(E_1-E)\cdot(B-V)>0$，$E_1+B-E-V<0$，$E_1(0,0)$是系统局部渐进稳定点，该系统的演化稳定策略为（传统方式，不响应）。当此种情况成立时说明地方政府通过传统方式支付的成本小于通过市场方式支付的成本，企业获得的征地补偿小于维持原有用途获得的收益。现实市场中，若原用地企业获得的征地补偿小于维持用地现状获得的收益，意味着企业看不到同意政府的征收政策能为自己带来切实的经济利益，甚至可能在用地退出活动中承受原有用地经济效益的损失，因此，其最终决策是对地方政府的征收行为采取不响应策略。

根据上述原理，对于策略1（传统方式，不响应）的选择，土地仍然维持原有用途，其关键影响因素是地方政府收储土地所支付的补偿金过低。在此影响下，原用地企业作为理性经济人，依据利益的权衡会毫不犹豫地选择继续持有土地。而地方政府由于难以应对城市经济的发展，完成产业的升级，政府无法获得自己的收益，并将承担过程中花费的成本，甚至会加剧城市土地的供需矛盾。2019年版新土地管理法修正案执行后，土地征收的补偿标准进行了较大程度的变革，改变了过去以土地征收原用途来确定土地补偿标准，以征地区片综合地价取代原用地类型土地价格，且另外增加了社会保障费等补偿费用。新版《土地管理法》的执行，综合提升了土地收储的补偿标准，为低效工业用地的退出创造了更有利的环境。

命题二：当 $(E_1 + C - E - D - B) < 0$ 且 $V - B < 0$ 时，可得 $(E_1 + C - E - D - B) \cdot (-1)(B - V) > 0$，$(E_1 + C + V - E - D - 2B) < 0$，$E_2(0, 1)$ 是系统局部渐进稳定点，该系统的演化稳定策略为（传统方式，响应）。

转化上述命题，以地方政府选择传统方式付出的成本 $E_1$ 为基础，设 $E = k_1 E_1$，即政府选择市场方式支付的成本为地方政府选择传统方式成本的 $k_1$ 倍；设 $C = tD$，即政府通过市场方式进行更新获得的收益是地方政府通过传统方式进行更新获得的收益的 $t$ 倍。式子可转化为 $(1 - k)E_1 + (t - 1)D < B$，在工业用地更新的过程中政府花费的成本与其他资金相比可以忽略不计，因此上式变为 $(t - 1)D < B$，即 $\frac{B}{D} > (t - 1)$。因为当地方政府支付的土地补偿金应当比其选择传统方式获得的收益小时，地方政府才会选择传统方式因此 $\frac{B}{D} < 1$，若使上式成立，应当使 $t$ 尽量小，即 $t - 1 < 0$，地方政府通过市场方式实施低效用地退出获得的收益比地方政府通过传统方式实施低效用地退出获得的收益少。

上述命题表明，对于双方主体选择（传统方式，响应）的策略时，首先原用地企业获得的地方政府支付的土地补偿费应当比维持原用地企业获得的收益多，当原用地企业看到有利可图时，才会选择响应的方式，否则企业宁愿继续维持自己原有的产业。对于地方政府，工业用地更新过程中有市场更新和传统更新两种方式，决定地方政府最后采用哪种方式的决定因素是两种条件下获得的收益大小对比。一方面，地方政府选择传统方式实施低效工作用地退出时，必然会向原用地企业支付土地补偿金，当所得收益大于地方政府支出时才可以给地方政府带来财政收入；另一方面，传统方式带来的收益大于市场方式带来的收益，这两个条件对于地方政府选择传统方式更新缺一不可。

命题三：当 $(E - E_1) < 0$ 且 $(V_1 - V - A - A_1) < 0$ 时，$(E - E_1) \cdot (V_1 - V - A - A_1) > 0$，$E - E_1 - A - A_1 + V_1 - V < 0$，$E_3(1, 0)$ 是系统局部渐进稳定点，该系统的演化稳定策略为（市场方式，不响应）。

当上述命题成立时意味着当地方政府选择通过市场方式进行工业用地更新时，无须向原用地企业支付土地补偿金，地方政府也无法通过土地重新出让得到较大数额土地出让金，因此地方政府的利益链比较简单，只需要在更新过程中付出一定的成本。当地方政府通过市场手段所付成本小于传统手段的成本时，则会偏向于选择市场方式，既可以避免原用地企业继续低效利用土地，又可以降低自己的投资风险，在这种选择下，地方政府更多是站在公共管理者的角度出发，更多关心的是社会的整体福利，而不是作为土地使用权人关注土地出让金带来的财政收入。所以，只要当其没有经济损失时，地方政府就会为了社会福利做出努力。同时，当 $V_1-A-A_1<0$，意味着原用地企业从中得到的收益无法覆盖其需要补交的土地出让金和更新产业必须负担的成本，因此原用地企业会选择不响应的策略，继续保持原有产业的运行，等待产业升级发展的新时机。

命题四：当 $(E_1 + C - E - D - B) > 0$ 且 $(V_1 - V - A - A_1) > 0$ 时，$(E_1 + C - E - D - B) \cdot (V_1 - V - A - A_1) > 0$，$V + A + A_1 + E + D + B - E_1 - C - V_1 < 0$，则 $E_4(1, 1)$ 是系统局部渐进稳定点，该系统的演化稳定策略为（市场方式，响应）。

转化上述命题，以地方政府选择传统方式付出的成本 $E_1$ 为基础，设 $E = k_2 E_1$，即地方政府选择市场方式支付的成本为政府选择传统方式成本的 $k_2$ 倍；设 $C = t_2 D$，即地方政府通过市场方式进行更新获得的收益是通过传统方式进行更新获得的收益的 $t_2$ 倍。上式可以变为 $(1 - k_2)E_1 + (t_2 - 1)D > B$，在工业用地更新的过程中地方政府的行动与其他成本和收益相比可以忽略不计，因此可以视为 $\frac{B}{D} < (t_2 - 1)$。由于在此条件无法确定

地方政府需支付的土地补偿金和通过传统方式获得的收益的大小,所以在此分情况讨论:当 $B<D$ 时,只需 $t_2$ 大于1,也就是说只要市场方式获得的收益更大即可;当 $B>D$ 时,地方政府会直接放弃采用传统方式,选择市场方式,以避免巨额的土地补偿金。同时,当 $V_1-A-A_1<0$,意味着原用地企业从中得到的收益大于其需要补交的土地出让金和更新产业必须负担的成本,因此原用地企业会毫不犹豫地选择响应政府的政策。在地方政府的政策支持下,原用地企业可以通过产业升级转型或者改变土地用途,吸引大量资金,不仅可以提高自身的生产效率,创造更大的产业收益,并且可以借助地方政府的帮助吸引更多资金的注入。

根据上述模型可知,影响地方政府和原用地企业进行工业用地退出的主要因素是经济利益。然而,对于地方政府而言,地方政府并不仅仅扮演着土地所有人的角色,同时也行使着公共管理职能,主导经济调节、社会管理和公共服务,须考虑社会福利的增值。因此,地方政府为了实现城市产业的升级转型,提高城市土地的利用率,会选择进行工业用地更新,促使城市中心区低效工业用地有效退出。当政府选择传统的收储模式时,能更好地按照土地整体利用规划决定土地的用途,进行城市土地优化调整、产业结构调整与产业布局调整,以及协调三者的关系,同时可以更好地兼顾公共利益,保证城市公共服务空间的建设。因此,在使用传统方式(征收)的情况下,决定原企业是否响应的关键因素是征地补偿。因此在收购补偿方面,一方面应当按照土地的市场价值给予补偿,另一方面不仅支付征收补偿,且支付原用地企业因搬迁造成的设备搬迁损失费、停产停业损失费,以及退出企业人员的社会保障。

地方政府选择市场方式进行低效工业用地退出时,能够调动市场的积极性,促进各方的进入。根据上述的博弈分析,市场方式可以减少地方政府所付的征收补偿这一财政支出,减少地方政府的投资风险,但也可能由此造成公共利益受损。地方政府可通过制定政策保证公共利益,例如《城市国有土地使用权出让转让规划管理办法》规定,受让方在符合城市规划设计条件外,为公众提供公共使用空间或设施的,经城市规划行政主管部门批准后,可给予适当的容积率提高的补偿。如广东省制定的《关于加强"三旧"改造规划实施工作的指导意见》,对于提供公共服务设施、市政基础设施等公益性设施,或提供城市公共空间、保障性住房、历史文物保护的"三旧"改造项目，可奖励企业相应的建筑面积，即容积率奖励政策。上述方法既可减少地方政府的顾虑，也可以通过容积率增加提高原用地企业的经济效益，促进原用地企业对地方政府关于低效工业用地退出政策的响应。因此，采用市场方式实施工业用地退出，应重点关注原用地企业的收益变化，关注公共利益的保护和提升。

### 三　武汉硚口古田工业区用地退出案例分析[①]

武汉硚口区古田工业区历经8年，至2016年完成百家化工企业搬迁。一批传统制造企业，在原用地方式退出中没有关门清算，而是破茧成蝶，转型升级，成为行业龙头。在一系列政府主导下的古田工业区政策实践，被称为工业用地改造的"古田现象"，受到国家发改委等中央管理部门的高度肯定。工业用地退出、改造后的古田片区也被定义为汉江湾生态新城，与杨春湖、鲁巷、四新共同构成武汉城市副中心的四极。

20世纪50年代以来，武汉市硚口区先后布局建设了武汉制氨厂、制药厂、内燃机厂、柴油机厂等百余家"武"字头企业，诞生了新中国第一台手扶拖拉机。至20世纪90年代，硚口古田片区聚集了220家工业企业，培育出多家国内上市工业企业。古田片区工业企业的规模聚集曾为国内外输出了大量品质领先的工业产品，是硚口区乃至武汉市工业经济的重要力量。然而，2000年以来，随着市场经济的进阶升级，古田地区也遇到了与国内其他老工业基地同样的发展瓶颈，大批公有制企业机制僵化、厂房破旧、设备老化、工艺落后、效益滑坡。此外，受化学工业和机械工业生产性质影响，加之设备和工艺落后，以及企业快速滑坡的经济效益难以支撑起大规模的环保改造，出现严重的环境污染问题和生态安全隐患。2007年底，古田工业区有99家化工企业，每年主要污染物排放量1500吨，占全区排放总量的95%以上。工业区内的化工企业均位于武汉宗关水厂取水口上游1000米范围内，饮水安全隐患大。2008年，为解除污染和安全隐患，应对工业用地效率持续下降的局势，武汉市委市政府决定对古田工业区实施全部搬迁政策。

---

① 搜狐网：古田老厂区改造腾笼换鸟 功能分区将提升区位价值 [EB/OL]，https://www.sohu.com/a/129384420_414986，2017-03-20。

## （一）武汉市政府与古田工业区原用地企业动态博弈的实践模型

武汉市古田工业区原用地退出的模式选择上，与国内一些城市工业企业的整体搬迁，或者完全的市场方式自主改造均存在显著差异，原用地形式的退出依据不同企业发展情况进行分类梳理，选择完全退出、异地搬迁和生产功能分离条件下的就地升级利用三种不同的退出模式。三种模式的实施，实际上既包含传统方式的土地使用权收回、置换，也包含了市场方式的用地方式转变、升级。上述双方在工业用地退出中的博弈关系模型如表6-7所示。

$V$——工业用地利用维持现状所获得的收益；

$V_1$——原用地企业作为开发主体进行更新后获得的收益；

$A$——原用地企业作为开发主体需补交的土地出让金；

$A_1$——原用地企业作为开发主体进行更新付出的成本；

$B$——地方政府收储工业用地支付的土地补偿金；

$E$——原用地企业搬迁、重建和异地运营增加的成本。

表6-7　　　　　　古田工业区低效工业用地退出博弈关系模型

| 地方政府 | 原用地企业 | 表现形式 | 模式类型 | 基本条件 |
| --- | --- | --- | --- | --- |
| 土地使用权收回 | 关停 | 完全退出 | 传统方式 | $(B-V)>0$ |
| 土地使用权置换 | 搬迁 | 异地搬迁 | 传统方式 | $(B-V-E)>0$ |
| 用地类型或用地方式调整 | 改造升级 | 就地升级 | 市场方式 | $(V_1-V-A-A_1)>0$ |

在博弈过程中，武汉市政府收储工业用地支付的土地补偿金$B$、古田工业区原用地企业作为开发主体进行更新后获得的收益$V_1$两项起到了关键性的作用。依据表6-7博弈关系模型所示，选取多元化模式的复杂工作，差异化的方案实施，并没有成为阻碍古田工业区用地退出进程的因素。与国内外一些城市对比，武汉市政府能够在较短的8年时间内，对古田工业区全部用地实施退出和改造，实现原用地企业与地方政府的博弈平衡，通过低效工业用地退出推动城市的更新和用地效益增值，其支撑主要来源于全面覆盖的补偿和收益分配机制、搬迁过程中的公共利益坚守，以及分类梳理前提下实施的差异退出政策。

## （二）全面覆盖的补偿和收益分配机制

地方政府与原用地企业的博弈理论模型显示，实施政府主导的低效工业用地整体退出的关键是突破资金瓶颈和合理收益分配。为解决古田工业区搬迁改造资金和收益分配难题，武汉市制定了一系列扶持政策，如：土地增值收益全额返还、企业异地建厂税费减免、设立新兴产业扶持资金、基础设施建设政府配套等。硚口区成立土地储备事务中心和国有资产经营有限公司，工业用地退出模式采取传统方式实施土地收储，并采取信托融资、社会融资、质押贷款等资金融入方式，融资41亿元，专款用于企业搬迁和居民拆迁。搬迁工业企业退出前用地与新用地的土地级差收益，通过政府主导的收益返还分配政策得到放大，成为搬迁实践快速实施的关键支撑。此外，在资金的融入、使用过程中，政府采取分期支付补偿款方法，将补偿总额阶段性分拨，与企业异地购地、厂房新建、设备购置等节点相衔接，让资金效益最大化。通过土地开发和搬迁专项融资，工业区搬迁进展迅速。至2016年，历时8年时间，仅仅用国内其他地区一家企业的搬迁时间，基本完成古田工业区101家工业企业的搬迁和改造。根据2016年硚口区经信委公开数据显示，古田工业区搬迁改造的101户企业中，有51家焕发生机。其中，远大医药公司年利税超过4亿元，武汉第二电线电缆公司（简称武汉二线）年利税达1.8亿元，10多家公司跃升全省行业龙头。

## （三）搬迁过程中的公共利益坚守

首先，古田工业区搬迁以公共利益的关切为出发点，化解企业和用地的低效率难题，治理和修复受工业污染、破坏的中心城区土地和生态环境，这也是实施老工业区改造的初衷。在低效工业用地退出过程中，将原企业人员的搬迁安置问题和职业发展需求作为关键工作，搭建政府、企业、职工三方对话平台，主动对接群众诉求，对随企业外迁的职工，政府部门与企业在用地规划建设方案中充分考虑其居住、生活需求，增加生活设施配套，2300余职工实现了随迁上岗。此外，依托土地开发引进的各类企业，安置23800余人就业；转岗社区服务4550人，退休5900余人，通过优惠政策扶持灵活就业3390人，政府提供公益岗位安置50余人。经政府部门协调，企业将自管房所占房产比例，全部让利给职工。通过社区公议、街道审核，政府对特困户每户给予2万元困难补助。政府部门通过优化拆迁政策，增大保底户安置房源面积。搬迁片区内 2112 户居民乔迁新居，户均居住面积由原来 30 平方米，增加到 70 平方米。对不愿和不能随企业外迁的职工，社保部门在武汉首次出台化工企业个性化退休政策，解决千余名职工安置问题。由于依法依规有情操作，自拆迁启动至今，古田工业区没有发生一起群体性事件，搬迁企业轻装上阵，平稳实现转型升级。

### （四）分类梳理前提下实施差异退出政策

低效工业用地退出的根本目标是盘活存量用地，提高土地利用效率，激活企业经营思维，提升企业市场竞争力。硚口古田工业区没有对原用地企业实施"一搬了之"的粗放政策，而是在企业分类梳理的前提下实施差异退出政策，对技术含量低、环境污染重的 30 家小化工企业，就地关停淘汰；对有一定前途的 20 家中小企业，引导到其他工业区集聚发展；对具有市场优势的企业，则支持其留驻总部，只将生产环节外迁异地、改造升级。通过生产外迁，远大医药、武汉二线、航天电工、力诺双虎等企业留驻总部，并新建营销和研发中心，带动 100 多家工业服务企业在硚口集聚。利用腾退的空间，硚口引进店联网、酒仙网等电商企业 200 多家。2016 年 1 月至 9 月，硚口财政收入增长 26%，增幅名列武汉各城区第二。政府通过改造和搬迁激活古田工业区原用地企业活力，其实践经验可以归结为三方面：同步实施部分公有制企业改制，产权清晰、机制灵活，改良企业人才队伍结构，优化内生动力；通过土地级差地租收益分配，疏解企业发展资金瓶颈，推动企业设备更新和技术引进、创新；优化搬迁过程和搬迁后的企业服务配套，为企业平稳过渡、持续发展营造了有利环境。

## 四 南京电炉厂的低效工业用地退出案例分析

在南京市中心城区低效工业用地的退出过程中，南京电炉厂与南京市政府形成了多阶段"拉锯式"的利益动态博弈。从 1997 年列入南京市政府改造计划到 2007 年开始搬迁，耗时十余年，南京电炉厂最终才完成老厂区工业用地的退出。南京电炉厂退出历时长，地方政府与原用地企业在利益摩擦的过程中发生阶段性调整决策行为，符合动态博弈的基本模式。

## （一）南京市政府与南京电炉厂动态博弈适用的理论模型

$V$——工业用地利用维持现状所获得的收益；

$B$——地方政府收储工业用地支付的土地补偿金第一轮报价；

$B_2$——原用地企业对工业用地收储土地补偿金的第二轮报价；

$B_3$——地方政府收储工业用地支付的土地补偿金第三轮报价；

$D$——地方政府通过传统方式实施用地退出获得的收益；

$\beta$——双方谈判因信息损耗和谈判费用导致价值损失后的残值率。

假设地方政府通过低效工业用地的退出可期获取的收益为 $D$，工业用地退出的计划出自政府主导，双方的博弈过程始于地方政府提供的用地退出方案的执行，即采取土地使用权收回方案或指导原用地企业改造的方案，可视为政府的初始出价 $B$。应对政府的出价，原用地企业做出响应或不响应的决策，若原用地企业选择响应，则第一回合的博弈结束，地方政府与原用地企业获得的收益分别为 $D-B$ 和 $B$；若原用地企业选择不响应，双方无法达成合作，进入第二回合博弈，因原用地企业不接受地方政府在第一轮博弈的出价，第二轮博弈的出价 $B_2$ 由其释出，当地方政府在第二轮博弈中预期各自通过本轮博弈所获收益不少于下一回合对方的出价时，地方政府会选择接受原用地企业的报价 $B_2$ 以结束谈判。然而，随着谈判次数的增加，双方谈判的信息损耗和谈判费用增加，残值率为 $\beta$，则双方通过两轮谈判达成协议的预期收益为 $\beta B_2$ 和 $D-\beta B_2$，以上述模型类推，双方通过三轮谈判达成协议的预期收益为 $\beta^2 B_3$ 和 $D-\beta^2 B_3$，地方政府与原用地企业在动态博弈过程中的收益如图 6-2 所示。假设双方谈判的信息损耗和谈判费足够小，即 $\beta$ 列值率接近于 1，双方多轮谈判的损耗足够小，则双方谈判可能将继续直至第 $n$ 轮达成协议。

## （二）南京市政府与南京电炉厂动态博弈的实践模型

南京电炉厂工业用地的退出由南京市政府的主导推动开启。为实现整体退出更新，南京市政府选择以传统方式（使用权收回或置换的方式）实施。在应对政府的传统方式退出决定时，南京电炉厂虽没有表现出直接的抵触或拒绝的态度，然而以现实的拖延、消极姿态对待，实际上其行为属于阶段性的不响应，即在动态博弈的第一阶段，南京市政府与南京电炉厂的决策选择分别为：传统方式退出、不响应。双方的行为条件满足：企业获得的征地补偿小于维持原有用途获得的收益（表 6-2）。

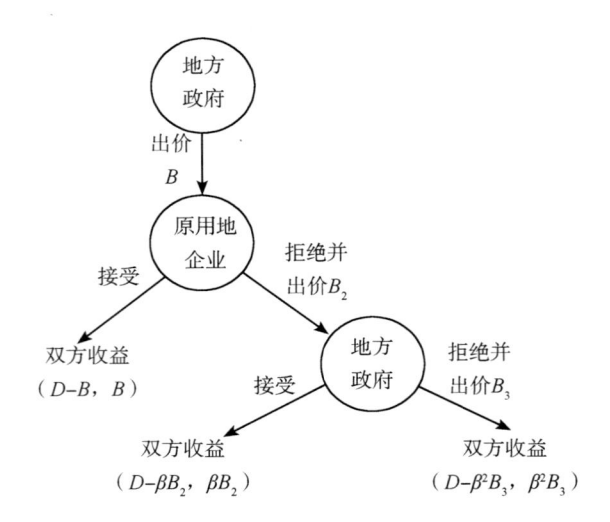

```
                    ┌──────┐
                    │ 地方 │
                    │ 政府 │
                    └───┬──┘
                     出价│
                        B
                    ┌───▼──┐
                    │ 原用地│  拒绝并
              接受  │ 企业 │  出价B₂
           ┌────────┴──────┴────────┐
           │                        │
        双方收益                 ┌──▼───┐
        (D-B, B)         接受   │ 地方 │  拒绝并
                      ┌─────────┤ 政府 ├──── 出价B₃
                      │         └──────┘          │
                  双方收益                      双方收益
                 (D-βB₂, βB₂)               (D-β²B₃, β²B₃)
```

**图 6-2　地方政府与原用地企业在动态博弈过程中的收益**

双方博弈第一阶段条件：

$(B - V) < 0$

双方博弈第二阶段条件：

$(\beta B_2 - V) < 0$

双方博弈第三阶段条件：

$(\beta^2 B_3 - V) < 0$

……

双方从第一轮报价到第二轮报价、第三轮报价，报价主体出现交替，土地使用权收回补偿金的第一轮报价由政府提出，在原用地企业不接受的条件下，由原用地企业提出补偿金的第二轮报价。第三轮报价则可视为地方政府在不接受企业的报价前提下给出的折衷方案。此外，在第三轮方案未达成一致的情况下，还可能存在第四轮报价，第五轮报价……直至双方利益权衡达到博弈的平衡点。上述南京市政府与南京电炉厂的工业用地退出博弈案例中，经过多轮博弈后，虽然最终也完成了低效工业用地的退出，但是在时间效率上已经出现了大幅度的流失。

实际交涉过程中，作为地方政府的南京市政府与原用地企业南京电炉厂，其工业用地退出决策既有共同的利益追求，又存在诉求内容的分歧，双方的共同利益是追求土地利用的价值剩余，即级差地租产出的经济激励，双方的主要分歧是工业用地退出的成本和风险，以及土地增值收益的分配。诉求分歧导致双方决策很难一蹴而就达成共识，双方利益曲线在经历缓慢变化后呈现相向收敛，直至曲线相交达成动态博弈的平衡状态，其间经历的几个主要时间节点：①1997年，《南京市政府关于城区重点污染企业2000年前限期搬迁治理的通知》（宁政发〔1997〕282号），决定对南京电炉厂等23家重点污染企业于2000年前限期进行搬迁治理；②1998年，南京金基房地产开发有限公司获得原南京电炉厂地块土地使用权，但南京电炉厂方面仍未腾退土地；2003年，列入搬迁改造的其他企业已基本完成工业用地退出、改造，南京电炉厂因厂方和职业对收益分配及补偿方案不满意，延缓搬迁行动，依然未搬迁退出原工业用地，为此，各方为加快用地搬迁，上级主管单位南京机电集团为南京电炉厂原职工建设安置住房80套，将人均住房面积提高至原标准的250%，达25平方米及以上。南京市政府以低于市场价平均水平的价格将江宁空港工业园内超过2万平方米工业用地使用权出让予南京电炉厂；③2007年，南京电炉厂全厂搬迁至江宁区新厂房；④2008年3月，金基集团终接手原南京电炉厂地块后正式开工建设金基月亮湾住宅和商业项目；⑤2011年1月，月亮湾项目交付使用，原南京电炉厂地块完成所有退出、更新活动。

## 第五节 地方政府、原用地企业及新用地企业的三方博弈

### 一 利益背景分析

在城市中心区低效工业用地退出实践中，地方政府往往受到财力限制，不具备对工业用地进行再开发的全部资本，且受资本和技术限制，企业难有足够的能力自主完成更新改造，或者两者在此过程中没有足够的利益吸引力，因此政府以公共管理的形式引导原工业用地退出，协调新用地企业与原用地企业合作，对低效工业用地进行重新利用，或者引入新用地企业完成升级更新。部分低效工业用地退出的利益主体涉及地方政府、原用地企业，以及新用地企业三方。低效工业用地三方利益主体的出现，使

参与主体之间的利益博弈关系趋于复杂,以简单的双方博弈模型难以准确分析参与主体之间的相互影响关系,难以界定参与各方的决策选择路径。因此,引入三方博弈模型,是分析工业用地退出主体行为的客观选择。其中,地方政府、原用地企业及新用地企业之间的三方博弈是工业用地退出主体博弈的常见形式。

城市中心区低效工业用地退出博弈过程中,上述三方参与主体关注的利益既有共同部分,也存在差异化内容,三方均追求通过低效工业用地退出、改造获得经济激励。作为公共利益管理者,地方政府须综合考量经济、社会和环境综合目标的达成;作为自由竞争的市场经济参与方,原用地企业、新用地企业的价值诉求则较为单一,即通过低效工业用地退出或改造所获得的"地租剩余"。

## 二 博弈关系分析

地方政府、原用地企业,以及新用地企业三方在工业用地退出实践中形成两两相互博弈关系。然而,其中任意两方的博弈均不是独立存在的,其策略选择又会影响到第三方的决策,因此,三方博弈关系并非简单的两方博弈的统合,而是形成相互联结、相互作用的整体关系。例如,在引入新企业合作进行改造,原用地企业会根据双方博弈平衡条件下预期的获利情况,选择是否响应地方政府对低效工业用地退出所采取的市场方式,以及响应的程度。

地方政府对工业用地的退出存在"传统方式"与"市场方式"两种基本策略选择,其中"传统方式"意味着地方政府直接主导工业用地退出,以收回或置换的方式,获得土地使用权,并以土地使用权出让引入竞争市场的新用地企业进行土地开发。"市场方式"由地方政府引导,推动原用地企业实施低效工业用地退出,或引导新用地企业与原用地企业合作,实施用地的升级利用。以上两种路径,都将形成工业用地的退出利益多元主体格局。上述多元主体博弈下的行为选择中,原用地企业应对地方政府的行动策略为"响应"或"不响应",与新用地企业间的博弈策略为"合作"或"不合作"。同样地,新用地企业应对地方政府的行动策略为"响应"或"不响应",与原用地企业间的博弈策略为"合作"或"不合作"。三方博弈策略如表6-8所示。

表 6-8　　　　　　　　　　　三方博弈策略

| 博弈主体 | 地方政府 | 原用地企业 | 新用地企业 |
| --- | --- | --- | --- |
| 地方政府 |  | 传统方式/市场方式 | 传统方式/市场方式 |
| 原用地企业 | 响应/不响应 |  | 合作/不合作 |
| 新用地企业 | 响应/不响应 | 合作/不合作 |  |

地方政府的行动策略：若原用地企业不响应地方政府的工业用地退出政策，则政府无法实施任何方式的工业用地退出，在此种情况下，地方政府会考虑提高补偿标准或让渡收益分配来提升原用地企业的参与意愿。若土地收储的成本过高，无法实施传统方式，地方政府会选择通过市场方式实施低效工业用地退出，即由原用地企业自主改造或由原用地企业与新用地企业合作开发。

原用地企业的行动策略：若原用地企业没有用地退出的意愿，则此过程无法完成。只有原企业选择参与，才能引发之后过程中新用地企业与地方政府的策略抉择。原企业参与也有两种形式，一种是退出土地使用权由地方政府收储后开发，即传统方式，另一种是市场开发方式，即自主改造或与新用地企业合作开发。原用地企业为了获得更大的经济效益，在分别与地方政府、新用地企业的博弈过程中不惜增加时间成本与地方政府、新用地企业进行谈判。

新用地企业的行动策略：若地方政府收储原工业土地的成本过高，转移形成新用地企业的土地开发成本过高时，企业不会选择响应政府的土地出让活动；若通过开发地方政府收储的原工业用地可获取足够的价值增值，新用地企业会选择响应政府采取的传统方式；若低效工业用地退出采取市场方式，原用地企业又无足够的资本完成项目开发，新用地企业根据预期合作开发可获取收益分配，选择与原用地企业合作开发。新用地企业为了获得更大的经济效益，在与地方政府的博弈过程中倾向于尽可能压低地方政府的土地出让金，或者在与原用地企业的博弈过程中倾向于提高已方的开发收益分成。

### 三　博弈模型构建

$V$——工业用地利用维持现状时原用地企业所获得的收益；

$V_1$——原用地企业作为开发主体进行更新后获得的收益；

$A$——原用地企业作为开发主体需补交的土地出让金；

$A_1$——原用地企业作为开发主体进行更新付出的成本；

$B$——地方政府收储工业用地支付的土地补偿金；

$C$——地方政府通过市场方式实施用地退出获得的收益；

$D$——地方政府通过传统方式实施用地退出获得的收益；

$E$——地方政府通过市场方式实施用地退出所付出的成本；

$E_1$——地方政府通过传统方式实施用地退出所付出的成本。

$F$——新用地企业购买政府收储土地支付的土地出让金；

$M$——新用地企业以传统方式开发退出土地的项目成本（除去土地成本）；

$M_1$——新用地企业以市场方式参与合作开发付出的成本；

$N$——新用地企业以传统方式开发退出土地的项目收益；

$N_1$——新用地企业以市场方式开发退出土地的项目收益。

命题一：当 $E_1 - E < 0$ 且 $B - V < 0$，可得 $(E_1 - E) \cdot (B - V) > 0$，$E_1 + B - E - V < 0$，$E_1(0, 0, 0)$ 是系统局部渐进稳定点，该系统的演化稳定策略为（传统方式，不响应，不响应）。当此种情况成立时说明地方政府通过传统方式支付的成本小于通过市场方式支付的成本，原用地企业获得的征地补偿小于维持原有用途获得的收益，原用地企业不响应地方政府的工业用地退出政策，新用地企业无法通过进入土地改造活动获取利益。

根据上述原理，对于策略1（传统方式，不响应）的选择，土地仍然维持原有用途，其关键影响因素是地方政府收储土地所支付的补偿金过低。受此影响，地方政府为推动低效工业用地退出，会考虑提高土地使用权收回的补偿价格，并将土地使用权收回成本向新用地企业转移，通过提高土地出让金，获得支出成本的补偿。然而，受市场经济影响，土地出让金的提升也会有上限，过高的土地出让金会让再利用的成本上升，迫使新用地企业放弃参与退出工业用地的再开发。

命题二：当 $(E_1 + C - E - D - B) < 0$ 且 $V - B < 0$，$V_1-A-A_1-B<0$，$N-F-M<0$ 时，$E_2(0, 1, 0)$ 是系统局部渐进稳定点，该系统的演化稳定策略为（传统方式，响应，不响应）。

上述命题表明，对于三方主体选择（传统方式，响应，不响应）的策略时，首先原用地企业获得的地方政府支付的土地补偿费应当比维持原用地企业获得的收益多，当原用地企业看到有利可图时，才会选择响应传统方式的用地退出，否则企业宁愿继续维持自己的产业。对于地方政府，工业用地更新过程中有市场更新和传统更新两种方式，决定地方政府最后采用哪种方式的决定因素是两种条件下获得的收益大小对比。一方面，地方政府选择传统方式实施低效工业用地退出时，必然会向原用地企业支付土地补偿金，当所得收益（再开发的增值收益）大于地方政府支出时才可以给地方政府带来财政收入；另一方面，传统方式带来的收益大于市场方式带来的收益，这两个条件对于地方政府选择传统方式更新缺一不可。对于新用地企业，预期对退出土地进行开发可获取的收益，低于其土地购置费和项目建设费用的总和，新用地企业将选择不响应地方政府的土地再开发。上述命题条件下，最终地方政府只能选择收回土地使用权后持有直至用地价格市场行情上涨，等待新用地企业进入土地再开发。

命题三：当 $(E_1+C-E-D-B) < 0$ 且 $V-B<0$，$V_1-A-A_1-B<0$，$N-F-M>0$ 时，$E_3(0,1,1)$ 是系统局部渐进稳定点，该系统的演化稳定策略为（传统方式，响应，响应）。

上述命题表明，对于三方主体选择（传统方式，响应，响应）的策略时，首先原用地企业获得的地方政府支付的土地补偿费应当比维持原用地企业获得的收益多，选择响应传统方式的用地退出。对于地方政府，工业用地更新过程中有市场更新和传统更新两种方式，一方面，地方政府选择以传统方式开展低效工业用地退出，其条件是所得工业用地退出收益（再开发的增值收益）大于地方政府支出成本，才可以给地方政府带来财政收入；另一方面，传统方式带来的收益大于市场方式带来的收益，这两个条件对于地方政府选择传统方式更新缺一不可。对于新用地企业，预期对退出土地进行开发可获取的收益，高于其土地购置费和项目建设费用的总和，新用地企业能够购入土地并开发获得收益，将选择响应地方政府的退出政策。上述命题条件下，博弈三方均可通过传统方式的工业用地退出获得明显收益，用地退出进程顺利。

命题四：当 $(E_1+C-E-D-B) > 0$ 且 $V_1-A-A_1-B<0$，$N-F-M<0$ 时，$E_4(1,0,0)$ 是系统局部渐进稳定点，该系统的演化稳定策略为（市

场方式，不响应，响应）。

当上述命题成立时意味着当地方政府选择通过市场方式进行工业用地更新时，无须向原用地企业支付土地补偿金，也无法通过土地重新出让得到较大数额土地出让金，因此地方政府的利益链比较简单，只需要在更新过程中付出一定的成本，当地方政府通过市场手段所付成本小于传统手段的成本时，则会偏向于选择市场方式，既可以避免原用地企业继续低效利用土地，又可以降低自己的投资风险。对于原用地企业，预期从以更新利用为特征的市场方式中可获得的收益无法覆盖其需要补交的土地出让金和更新产业必须负担的成本，因此原用地企业会选择不响应的策略，继续保持原有产业的运行，等待新产业发展的新时机。对于新用地企业，预期对退出土地进行开发可获收益，低于其参与原用地企业实施的更新改造所获得的收益分成，新用地企业将选择不响应地方政府的工业用地退出政策，不参与原用地企业的用地改造。上述命题博弈平衡状态的结果是工业用地的退出由原用地企业自主改造完成。

命题五：当 $(E_1 + C - E - D - B) > 0$ 且 $V_1-A-A_1-B>0$，$N-F-M<0$ 时，$E_5(1,1,0)$ 是系统局部渐进稳定点，该系统的演化稳定策略为（市场方式，响应，不响应）。

当上述命题成立时，地方政府通过市场手段所付成本小于传统手段的成本，获得的收益高于传统方式时，倾向于选择市场方式实施低效工业用地退出，既可以避免原用地企业继续低效利用土地，又可以降低自己的投资风险，并获得一定的目标收益。对于原用地企业，预期从以更新利用为特征的市场方式中可获得的收益超过其补交的土地出让金和更新产业必须负担的成本，因此原用地企业会选择响应地方政府的改造策略，调整土地利用方式，实现产业升级和土地利用效率提升。对于新用地企业，预期对退出土地进行开发可获收益，低于其参与原用地企业实施的更新改造所获得的收益分成，新用地企业将选择不响应地方政府的工业用地退出政策，不参与原用地企业的用地改造。上述命题博弈平衡状态的结果是工业用地的退出由原用地企业自主改造完成。

命题六：当 $(E_1 + C - E - D - B) > 0$ 且 $V_1-A-A_1-B>0$，$N-F-M>0$ 时，$E_6(1,1,1)$ 是系统局部渐进稳定点，该系统的演化稳定策略为（市场方式，响应，响应）。

当上述命题成立时，地方政府通过市场手段所付成本小于传统手段的成本，获得的收益高于传统方式时，倾向于选择市场方式实施低效工业用地退出，既可以避免原用地企业继续低效利用土地，又可以降低自己的投资风险，并获得一定的目标收益。对于原用地企业，预期从以更新利用为特征的市场方式中可获得的收益超过其补交的土地出让金和更新产业必须负担的成本，因此原用地企业会选择响应地方政府的改造策略，调整土地利用方式，实现产业升级和土地利用效率提升。对于新用地企业，预期对退出土地进行开发可获收益高于其土地购置费和项目建设费用的总和，新用地企业将选择响应地方政府政策，以合作方的角色参与原用地企业对低效用地的更新改造。上述命题博弈平衡状态的结果是工业用地的退出以市场方式开展，新用地企业以资本和技术等条件参与原用地企业对低效用地的更新改造，博弈三方均可通过传统方式的工业用地退出获得明显收益，用地退出进程顺利。

## 第六节　本章小结

城市低效工业用地退出的成功与否，取决于各利益主体在退出博弈过程中能否协调实现各自的利益目标。城市中心区低效工业用地博弈的变动过程和状态，需基于各方利益主体的"成本—收益"分析。低效工业用地退出过程中的利益主体是指与工业用地进行变更的核心经济利益相关，直接关系目标实现的所有个人、群体和组织，其核心组成包括中央政府、地方政府、原用地企业、新用地企业等。追求利益最大化是各利益主体参与此过程的初始动力，也是各主体行为决策的根本目标。由于此活动过程复杂，参与主体多样化、各方的利益诉求偏差显著，以及土地资源具有的稀缺性特征影响，在多方利益整合、利益分配及再分配中存在着复杂的利益矛盾及冲突。因此，工业用地的退出的博弈分析需基于各利益主体的"成本—收益"分析。低效工业用地退出进程中，各利益主体分别拥有对退出实践产生影响的资本要素及权力工具，受不同利益谈判筹码的影响，各利益主体在用地退出过程中的互动关系无法完全对等，需要与其他主体进行利益博弈，以实现自身综合效益的最大化。

中央政府与地方政府之间围绕城市建设用地控制目标形成"委托—

代理"关系，中央政府制定建设用地规模和用地集约利用效率控制指标，地方政府是城市用地政策的实际执行方，地方政府在执行代理人角色、贯彻中央的政策过程中，存在自身的利益诉求。中央政府和地方政府之间差异化的目标追求，客观形成了低效工业用地退出过程中两者的博弈关系：地方政府为了落实中央下达的用地控制目标，存在两种策略：不违规 $A$ 和违规 $B$。中央政府对政策执行的核心策略选择可定义为：监管 $a$ 和不监管 $b$。中央政府与地方政府的博弈模型显示，若要避免地方政府选择违规行为可从三方面着手调控：一是增加中央对于地方政府违规行为的处罚力度，或者公示地方政府在低效工业用地退出过程中的行为；二是中央政府在各地设置直属监管机构（派出机构），节约获得信息所需成本，提高工业用地退出信息的获取完全性和及时性，完善相应的监管制度，提高管理效率，加大中央政府的监管力度；三是规范工业用地退出的市场，使得整个过程更加透明，以降低地方政府通过违规行为获得不当收益的可能性。若要促进中央政府选择监管行为的概率可以从减少中央政府应当支付的信息成本入手。

地方政府与原用地企业的博弈关系中，地方政府是低效工业用地退出政策、方案的制定者，基于综合效益目标积极鼓励原用地企业实施低效工业用地的退出，然而，其退出活动的实际成效受原用地企业的策略选择影响，原用地企业在应对地方政府的退出政策时，基于经济利益考量，可能存在积极响应（主动对接或及时响应）、消极响应（推迟响应、讨价还价或抗拒响应）两种基本策略选择。地方政府与原用地企业间的博弈模型演化有四种博弈平衡状态：①（市场方式，响应），在此种情况下，原用地企业完成市场更新所获收益大于保持原有用途获得的收益。②（市场方式，不响应），在此种情况下，地方政府与原用地企业无法达成工业用地更新协议，政府的无收益且须付出一定的政策成本。③（传统方式，响应），地方政府采取传统方式征收工业用地，原用地企业土地被征收后获得土地补偿金。④（传统方式，不响应），政府在此种情况下付出一定政策制定成本。

部分低效工业用地退出的利益主体涉及地方政府、原用地企业，以及新用地企业三方。三方博弈模型的引入，是分析工业用地退出主体行为的客观选择。其中，地方政府、原用地企业及新用地企业之间的三方博弈是工业用地退出主体博弈的常见形式。三方参与主体关注的利益既有共同部分，也存在差异化内容，三方均追求通过工业用地退出、改造获得经济激励，但作为公共利益管理者，地方政府需综合考量经济、社会和环境综合目标的达成。作为自由竞争的市场经济参与方，原用地企业、新用地企业的价值诉求则较为单一，即通过工业用地退出或改造所获得的"地租剩余"。地方政府、原用地企业、新用地企业在三方博弈过程中存在6种基本的博弈平衡状态：$E_1(0, 0, 0)$，三方博弈稳定策略为（传统方式，不响应，不响应）；$E_2(0, 1, 0)$，三方博弈稳定策略为（传统方式，响应，不响应）；$E_3(0, 1, 1)$，三方博弈稳定策略为（传统方式，响应，响应）；$E_4(1, 0, 0)$，三方博弈稳定策略为（市场方式，不响应，不响应）；$E_5(1, 1, 0)$，三方博弈稳定策略为（市场方式，响应，不响应）；$E_6(1, 1, 1)$，三方博弈稳定策略为（市场方式，响应，响应）。

# 第七章　城市中心区低效工业用地退出的效果测度

城市中心区低效工业用地退出是一个典型的复杂动态系统，系统内部各因素相互联系、相互制约，且随时间和空间变化而不断演化，并且该演化过程会对城市空间发展造成重大影响。从空间视角研究城市中心区工业用地时空演变将有助于厘清城市中心区工业用地空间结构、行业特征，以及工业用地退出的演变格局，而从理论层面分析低效工业用地退出的系统结构和因果关系将有利于阐释城市中心区低效工业用地退出的路径，在此基础上构建指标体系，测度城市中心区低效工业用地退出成效，能为城市规划、工业区规划和土地资源优化配置提供参考和借鉴，从而优化、协调和提升城市工业空间结构。本章在分析武汉市中心区工业用地时空演变的基础上，运用系统动力学模型揭示城市中心区低效工业用地的退出路径，构建包括5个维度的低效工业用地退出成效测度指标体系，利用粗糙集和灰色理论组合赋权综合评价法，对城市中心区低效工业用地退出效果进行测度。

## 第一节　城市中心区工业用地的时空格局

不同类型工业在城市各区域的演变，其形成、集聚和扩散过程不仅反映了地区工业经济活动及其实体要素的空间分布关系，也决定了地域经济空间的主体格局及未来变化的基本方向（丁俊和王开泳，2018）。党的十八大报告中明确要求，实现生产空间集约高效是优化国土空间开发格局的重要内容，而推进工业转型升级，加快经济结构战略性调整更是加快转变经济发展方式的主攻方向（仇方道等，2015）。因此，产业结构升级能够进一步发挥工业在城市经济发展中的支撑和带动作用，而这一过程必然导致工业用地空间呈现剧烈变化。在此背景下探讨工业用地总体格局、工业用地时空演变的特征、行业分类下工业用地的布局差异和影响因素,对于促进工业用地的合理空间布局及工业经济持续健康发展有着指导性的作用。

目前国外对于工业空间演变的研究主要集中在以下方面:第一,早期的工业空间集聚区位论,探求各成本因素对工业区位选择和布局的影响(Fan and Scott, 2003);第二,基于本国工业空间格局的探索,如工业逐渐向郊区转移,呈现明显的郊区化趋势(Howland, 2010; Leigh and Hoelzel, 2012);第三,在全球化和信息化的背景下探讨工业结构优化、工业空间重组以及工业跨国迁移研究(Tang and Ho, 2015; Dana et al., 2007)。国内对于工业空间的研究相对较晚,研究内容主要集中于工业空间的综合布局(朱传耿等, 2017)、演变模式(郑艳婷等, 2018)、动力机制(江飞涛等, 2014)及优化策略(张琳等, 2018)等方面;研究尺度则经历了从宏观到微观的尺度变换(曹玉红等, 2015)。由于城市空间发展深受工业空间的影响,研究工业用地时空演变将有助于优化、协调和提升城市工业空间结构,并为城市规划、工业区规划和土地资源优化配置提供参考和借鉴(德力格尔等, 2014)。

## 一 数据获取与研究方法

武汉市地处江汉平原东部,是我国中部中心城市、长江经济带核心城市和全国重要的工业基地。在 2018 年底召开的湖北省经济工作会议上,提出了"一芯驱动,两带支撑,三区协同"的高质量发展区域和产业战略布局。武汉市作为湖北省省会,需要充分发挥自身优势,带动区域要素资源的合理配置,促进产业合理布局,这对于城市空间发展提出了更高的要求。武汉市下辖 7 个中心市区和 6 个郊区共 13 个行政区,市域总面积 8494.41km$^2$,2018 年常住人口 1108.1 万人,地区生产总值 1.48 万亿元。2018 年,武汉市第二产业增加值 6377.75 亿元,同比增长 5.7%。全部工业增加值 5076.21 亿元,增长 5.9%。规模以上工业企业主营业务收入 13696.0 亿元,同比增长 2.5%。武汉市工业发展态势良好、潜力巨大,未来将加快建设智慧园区,培育一批产业特色鲜明和综合配套完备的产业集聚区。

本节选取 2010—2018 年作为研究期,基于武汉市工业用地出让成交数据,分析武汉市工业用地时空变化,为合理引导和规划工业用地发展提供科学决策依据,揭示工业用地变化与城市空间发展、产业发展政策的关联规律。研究期界定基于三方面原因：对比上轮城市总体规划方案，武汉市主城区规划范围在现行方案中做出了调整，为避免因规划区变动前后统计数据的空间口径不一致，以 2010 年为起点，在同一规划期内分析工业用地出让时空变化，以保证工业用地出让数据效力的统一；工业用地时空演化受城市规划的变动影响显著，若依托不同规划期的工业用地变化数据，将容易产生信息变化的"奇点"，影响数据的平滑度，对于检视城市用地规划实施效果存在干扰；2010 年起，武汉市国土部门开始对工业用地出让进行系统统计，至 2018 年，形成了相对完整、连续的工业用地出让数据。

因此，本节选择武汉市作为研究区域，研究所用数据来自武汉市国土资源与规划网 2010—2018 年武汉市工业用地出让结果公告的基本信息，包括土地位置、出让面积、土地级别、容积率上下限、出让年限、供地方式、出让时间、受让单位、成交价格等，共获取样本点 2165 个。以《国民经济行业分类与代码（GB/T4754—2017）》的细分行业为基础，对照所获取的武汉市出让工业用地企业类别，进行工业类别的综合划分，并结合《国家高技术产业（制造业）分类（2017）》从各行业筛选出相关细分行业组成高新技术工业，最终将武汉市工业用地的行业类型归为七大类（表 7-1），其中所属采掘工业的工业用地宗数在研究区域内为 0，故不纳入考虑。

表 7-1　　　　　　　　　　　　　行业分类

| 行业归类 | 行业定义 | 具体行业名称及代码 |
| --- | --- | --- |
| 食品轻纺业 | 主要提供生活消费品和制作手工工具的工业 | 农副食品加工业（13）；食品制造业（14）；酒、饮料和精制茶制造业（15）；烟草制品业（16）；纺织业（17）；纺织服装、服饰业（18）；皮革、毛皮、羽毛及其制品和制鞋业（19）；家具制造业（21）；造纸和纸制品业（22）；印刷和记录媒介复制业（23）；文教、工美、体育和娱乐用品制造业（24）；其他制造业（41） |
| 采掘工业 | 对固体（如煤和矿物）、液体（如原油）或气体（如天然气）等自然产生的矿物的采掘的工业 | 煤炭开采和洗选业（06）；石油和天然气开采业（07）；黑色金属矿采选业（08）；有色金属矿采选业（09）；非金属矿采选业（10）；开采专业及辅助性活动（11）；其他采矿业（12） |

续表

| 行业归类 | 行业定义 | 具体行业名称及代码 |
|---|---|---|
| 原材料工业 | 向国民经济各部门提供基本材料、动力和燃料的工业 | 木材加工和木、竹、藤、棕、草制品业（20）；石油、煤炭及其他燃料加工业（25）；化学原料和化学制品制造业（26）；化学纤维制造业（28）；橡胶和塑料制品业（29）；非金属矿物制品业（30）；黑色金属冶炼和压延加工业（31）；有色金属冶炼和压延加工业（32）；金属制品业（33） |
| 加工工业 | 对工业原材料进行再加工制造的工业 | 通用设备制造业（34）；专用设备制造业（35）；汽车制造业（36）；铁路、船舶、航空航天和其他运输设备制造业（37）；电气机械和器材制造业（38）；废弃资源综合利用业（42）；金属制品、机械和设备修理业（43） |
| 高新技术工业 | 国民经济行业中R&D投入强度相对高的制造业行业 | 医药制造业（27）；航空、航天器及设备制造业（374）；计算机、通信和其他电子设备制造业（39）；仪器仪表制造业（40）；医疗仪器设备及器械制造（358）；文化用信息化学品制造（2664）；医学生产用信息化学品制造（2665） |
| 工业配套生产生活服务业 | 为保持工业生产过程的连续性、促进工业技术进步、产业升级和提高生产效率提供保障服务的服务行业 | 建筑业（E）；金融业（J）等 |
| 电力、热力、燃气及水生产和供应业 | | 电力、热力生产和供应业（44）；燃气生产和供应业（45）；水的生产和供应业（46） |

首先，从武汉市城市中心（几何中心点）出发，以此为圆心，5km为半径作外推的环带，一共16个圈层，每一个圈层可看成一个区域，基本覆盖研究范围。按照武汉市发展现状，将研究范围划分为内城区、近郊区和远郊区三个地域层次来进行研究（王智勇等，2012）。根据工业用地环带特征的划分方法，将以几何中心点为圆心，半径15km以内（三环线以内）的地域称为内城区，15—35km半径（三环线与外环线之间）的地域称之为近郊区，而35km半径以外（外环线以外）的地域划分为远郊区。经统计对2010—2018年各圈层工业用地开发量进行分析和研究。

其次，分别引入Global Moran's I指数，核密度估计测度工业用地空间关联特征。空间自相关是指某一变量在相邻分布区内的观测数据之间潜在的相互依赖性，通常用于考察点数据的集聚特征（马晓冬等，2018），空间自相关计算Moran's I指数，计算公式如下：

$$I = \frac{N \sum_i \sum_j w_{ij}(x_i - \bar{x})(x_j - \bar{x})}{(\sum_i \sum_j w_{ij}) \sum_i (x_i - \bar{x})^2} \quad (1)$$

式中，$N$ 是研究空间单元总数；$w_{ij}$ 是空间权重；$x_i$ 和 $x_j$ 分别是区域 $i$ 和 $j$ 的属性；$\bar{x}$ 是属性的平均值。Moran's I 的值为 [-1, 1]，在给定显著性水平时，当其值接近 1 时表明工业用地在区域内呈现空间集聚态势，即成空间正相关；当其值接近 -1 时表明工业用地在区域内呈现空间差异性，即成空间负相关；当其值接近于 0 时，表示属性随机分布或不存在空间自相关性。

采用核密度估计对出让工业用地集聚中心进行分析，计算公式如下：

$$\int h(x) = \frac{1}{nh^d} \sum_{i=1}^{n} K(\frac{x - x_i}{h}) \quad (2)$$

式中，$K\left(\frac{x-x_i}{h}\right)$ 为核函数（非负、积分为 1，符合概率密度性质，并且均值为 0），$h > 0$ 为一个平滑参数，称作带宽；$n$ 为带宽范围内的点 $i$ 的点数；$d$ 为数据的维度。以出让工业用地面积作为权重指标，采用自然断裂点分类法，将其分成高、较高、中等、较低和低密度区五级，用以分析武汉市出让工业用地集聚分布特征和各行业受让工业用地空间集聚态势。

最后，在探讨武汉市出让工业用地的圈层分布特征时，采用区位熵法衡量行业分布的比较优势。区位熵在测度特定区域内产业的相对集中程度和专业化水平方面，是一个很有意义的指标（Lanaspa and Sanz, 2003），计算公式如下：

$$LQ_{ij} = (q_{ij}/q_j)/(q_{ir}/q_r) \quad (3)$$

式中，$LQ_{ij}$ 为 $j$ 区域内 $i$ 行业的区位熵；$q_{ij}$ 代表 $j$ 区域内 $i$ 行业的出让工业用地面积；$q_j$ 代表 $j$ 区域内所有行业的出让工业用地面积之和；$q_{ir}$ 为 $j$ 区域所在大区域 $r$ 内 $i$ 行业的出让工业用地面积；$q_r$ 为大区域内所有行业的出让工业用地面积之和。$LQ_{ij}$ 值越大，表示该行业在该区域专业化程度越高；$LQ_{ij}$ 值小于 1，则相反；$LQ_{ij}$ 值等于 1，表示该部门企业在该区域的分布状况接近总体水平。

## 二 城市中心区工业用地总体格局分析

通过对 2010—2018 年武汉市工业用地出让结果进行分析，结合 GIS 空间统计，研究武汉市工业用地总体格局，如图 7-1 所示。从发展规模来看，2010—2018 年武汉市共出让工业用地 2165 宗，面积共计 11220.97hm²。其中各行业出让工业用地规模差异显著，加工工业、高新技术工业和工业配套生产生活服务业出让工业用地面积分别为 3785.45hm²、2656.64hm² 和 2442.96hm²，占出让工业用地总面积比率分别为 33.73%、23.68% 和 21.77%，合计 79.18%，而其他行业出让工业用地面积合计占比仅 20.82%。由此可见，武汉市在发展以加工工业为支柱的产业基础上，重视高新技术产业化和工业配套设施的建设，食品轻纺业和原材料工业等发展规模相对较小。

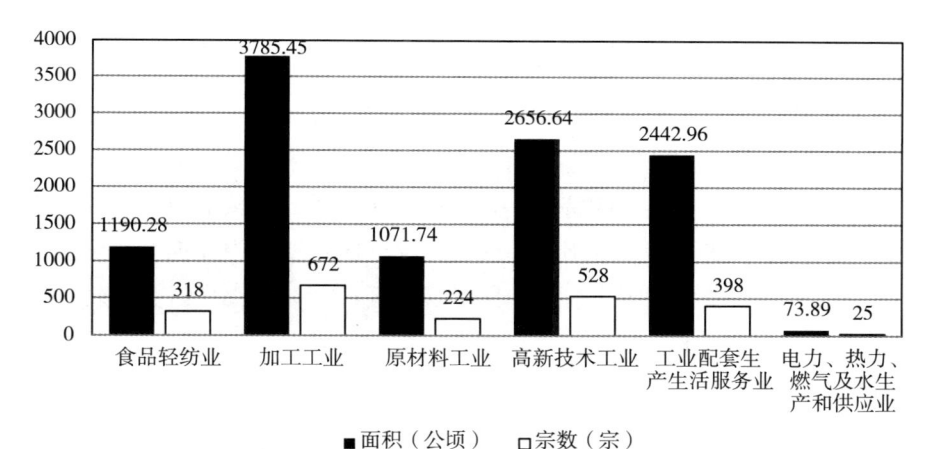

图 7-1　武汉市 2010—2018 年各行业受让工业用地规模

圈层的分布并不均衡，其中近郊区指向性显著（图 7-2）。总体来看，武汉市工业用地出让面积和出让宗数在圈层系统中，随距武汉市几何中心点距离的增加而先增后减，在第五圈层（20—25km）形成了极大值，出让工业用地面积达到了 3088.82hm²。经过数据统计，在近郊区（15—35km）出让工业用地面积占出让总面积的 77.42%（8687.24hm²），内城区（0—15km）出让工业用地面积占出让总面积的 11.63%（1304.82hm²），之后的远郊区（35—80km）出让工业用地面积占出让总面积的 10.95%（1228.91hm²）。近郊区成为武汉市工业用地扩展的主要区域，而在远郊区圈层（55—60km）处形成了较小峰值，未来工业用地可能进一步向远郊区转移。

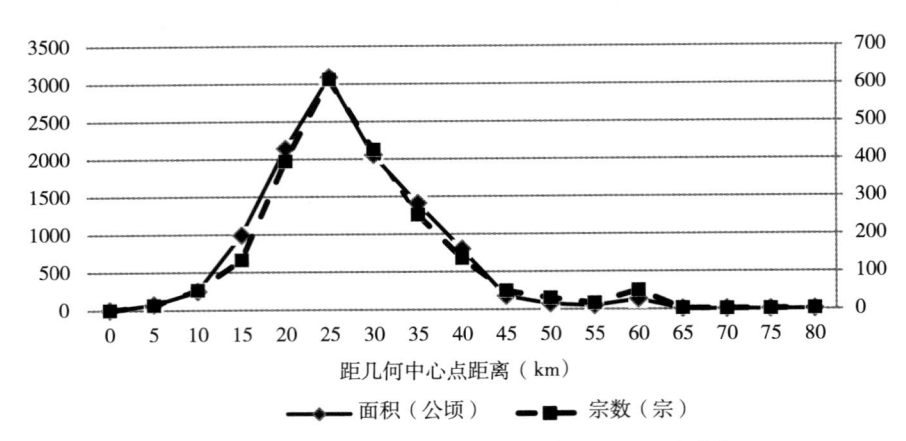

图 7-2　武汉市 2010—2018 年各圈层出让工业用地分布

此外，为了更加清晰地展现工业用地的空间分布，对空间矢量数据进行了核密度分析，结果如表 7-2 所示。2010—2018 年武汉市出让工业用地在研究区域内呈环状集聚的特征，并且在空间上形成环城工业带和多个集聚中心。其中，武汉市工业用地集聚的高密度区主要集中在四个区域，一是布局武汉经济技术开发区、蔡甸区、汉阳区黄金口、江夏区金港新区以及洪山区青菱等区域；二是依托东湖高新区、江夏区和洪山区；三是依托武汉化工区，新洲区、黄陂区、青山区和东湖高新区的部分区域；四是布局东西湖区（武汉临空港经济技术开发区）和黄陂区。总体来看，武汉市出让工业用地集聚的高密度区与"大车都""大光谷""大临港""大临空"四大工业板块的规划区域基本相吻合。

表 7-2　　武汉市 2010—2018 年出让工业用地集聚情况

| 工业聚集区 | 武汉市城区 |
| --- | --- |
| 高密度区 | 蔡甸区 |
| 较高密度区 | 江夏区、汉阳区、新洲区、黄陂区 |
| 中等密度区 | 东西湖区、汉南区、洪山区 |
| 较低密度区 | 硚口区、江岸区、青山区 |
| 低密度区 | 江汉区、武昌区 |

基于上述分析，在发展规模上，武汉市工业发展以加工工业为支柱产业，并重视高新技术产业化，这与现行城市总体规划中"促进装备和机电

制造、高新技术、汽车及零配件生产等主导产业的发展"的产业发展战略保持一致。而在空间分布上，近郊区成为武汉市工业用地扩展的主要区域，并且在空间上形成环城工业带和多个工业用地集聚中心，体现了城市总体规划中"以重点镇及产业集中建设区承担中心城区人口和产业转移，并吸纳远城区人口和产业集聚"的产业布局方案，其中重点镇及产业集中建设区按总体规划要求是城镇空间拓展、产业集中布局的重点地区，范围以武汉绕城公路周边地区为主。由此可见，武汉市出让工业用地总体格局按规划要求实施且效果良好，预期能够达到规划目标。

## 三 城市中心区工业用地时空演变的整体特征

2010—2018年武汉市工业用地总体格局信息反映的是工业用地的整体静态面貌。而从时空演变的视角来分析工业用地的变化，对于认识工业用地格局的空间特征和形成过程有着重要意义，同时也能检验城市用地规划的实施效果。图7-3可以看出其规模变化：工业用地出让规模在2010—2011年有所增长，而自2011年开始，武汉市工业用地出让宗数和出让面积整体呈下降趋势。工业用地出让宗数由2011年的345宗下降为2018年的136宗，减少了60.58%，年均减少率为7.57%；工业用地出让面积由2011年的1990.53hm$^2$降为2018年的652.10hm$^2$，减少了67.24%，年均减少率8.41%。

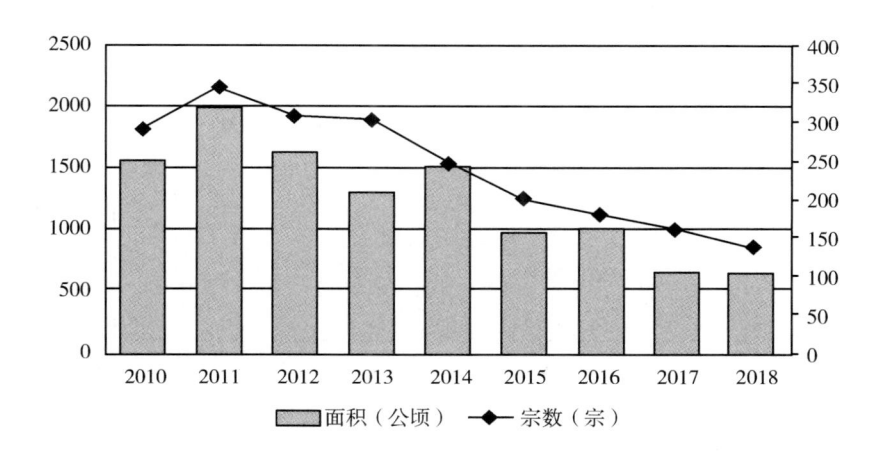

图7-3 武汉市2010—2018年出让工业用地规模变化

在出让工业用地规模变化的特征基础上，选择城市总体规划时间段的中点，将其划分为2010—2015年和2015—2018年两个时期进行研究，通过分析不同时期工业用地出让情况，反映武汉市出让工业用地时空演变的布局特征。其中出让重心是描述工业用地开发空间分布的一个重要指标，可用以城市空间发展、土地开发变化的研究，利用GIS获取武汉市出让工业用地2010年、2015年和2018年的出让重心。由图7-4可以看出，2010—2015年间，武汉市出让工业用地转移重点是东北方向，主要受武汉钢铁公司所推动的青山工业区大规模开发的影响，同时受以东湖新技术开发区的关东、关南和庙山为主构成的关山工业区的作用，重心落在武昌区北部；2015—2018年间，武汉市工业用地出让重心呈现较大的空间变化，整体向西南方向转移，以武汉经济技术开发区构成的沌口开发区为工业重点发展区，重心落在汉阳区的北部边缘。从出让重心阶段性变化可以看出，武汉市工业空间的变化呈现由东北向西南方向转移，其变化情况体现了城市总体规划的调控作用，与《武汉市城市总体规划（2010—2020年）》中建设工业重点发展区的布局基本相吻合。

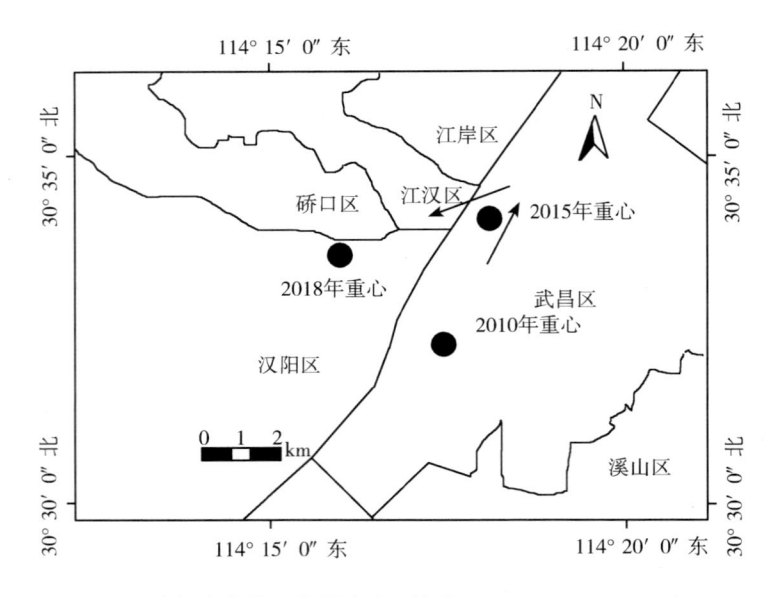

图7-4 武汉市出让工业用地重心转移（2010、2015、2018年）

通过对2010年、2015年和2018年3个年份的Moran's I指数进行测算，并结合核密度图，重点探讨出让工业用地集聚特征的时空变化。从表7-3

可以看出，2010年武汉市出让工业用地Moran's I指数未通过Z检验，该模式与随机模式之间的差异并不显著，不存在空间自相关性。而2015年和2018年出让工业用地都通过了Z检验，且Moran's I指数均为正，表明工业用地在区域内呈现空间集聚态势，即成空间正相关。换言之，武汉市出让工业用地模式由随机模式转向聚类模式，工业用地分布的集聚趋势加强。此外，随不同年份的变化，武汉市出让工业用地的空间集聚状况呈现由内向外转移的态势。具体而言，2010年出让工业用地集聚的高密度区多在内城区的汉阳区周围，而2015年蔡甸区、新洲区和江夏区等近郊区地带成为工业用地的集聚中心，2018年出让工业用地集聚状况则显示，以东西湖区为代表的武汉市外围区域成为工业用地集聚的高密度区。总体来看，武汉市出让工业用地分布的空间变化基本呈现由内城区到近郊区的集聚变动趋势，近年来存在从近郊区向远郊区转移的倾向（表7-4）。

表7-3　武汉市出让工业用地Moran's I指数（2010、2015、2018年）

|  | 2010 | 2015 | 2018 |
| --- | --- | --- | --- |
| Moran'sI | 0.020589 | 0.116221 | 0.115278 |
| Z值 | 1.411349 | 4.201687 | 3.748327 |
| P值 | 0.158142 | 0.000026 | 0.000178 |

表7-4　武汉市出让工业用地集聚变化（2010、2015、2018年）

| 工业聚集区 | 2010 | 2015 | 2018 |
| --- | --- | --- | --- |
| 高密度区 | 汉阳区、蔡甸区 | 汉阳区、蔡甸区、新洲区、江夏区 | 东西湖区 |
| 较高密度区 | 江夏区、黄陂区 | 黄陂区、洪山区、汉南区 | 蔡甸区、新洲区、江夏区、汉南区、青山区 |
| 中等密度区 | 东西湖区、新洲区、汉南区 | 东西湖区、青山区 | 汉阳区、黄陂区 |
| 较低密度区 | 硚口区、洪山区 | 硚口区、江汉区 | 硚口区 |
| 低密度区 | 江岸区、江汉区、青山区、武昌区 | 武昌区、江岸区 | 江岸区、江汉区、武昌区 |

## 四　城市中心区工业用地时空演变的行业特征

从不同行业受让工业用地时空变化趋势来看，2010—2018年各行业受让工业用地面积总体上呈下降趋势,并且不同行业受让工业用地面积随时间变化差异明显(图7-5)。食品轻纺业、原材料工业、加工工业、高新技术工业、工业配套生产生活服务业和电力、热力、燃气及水生产和供应业在研究期内分别降低了 48.27%、71.63%、76.66%、15.32%、60.72%和77.71%,其中高新技术工业受让工业用地面积相对下降幅度最小。

此外,随时间的变化,武汉市工业结构逐渐调整,重点体现在加工工业、高新技术工业和工业配套生产生活服务业三大行业变化上,2010年其受让工业用地面积分别为 493.51hm²、268.04hm²和502.30hm²,占当年受让工业用地总面积比 31.88%、17.32%和32.45%。而到 2018 年,其受让工业用地面积分别为 115.18hm²、226.97hm² 和 197.32hm²,占比 17.66%、34.81%和30.26%。可以看出在工业配套生产生活服务业占比相对稳定的情况下,主导产业由加工工业演变为高新技术工业。

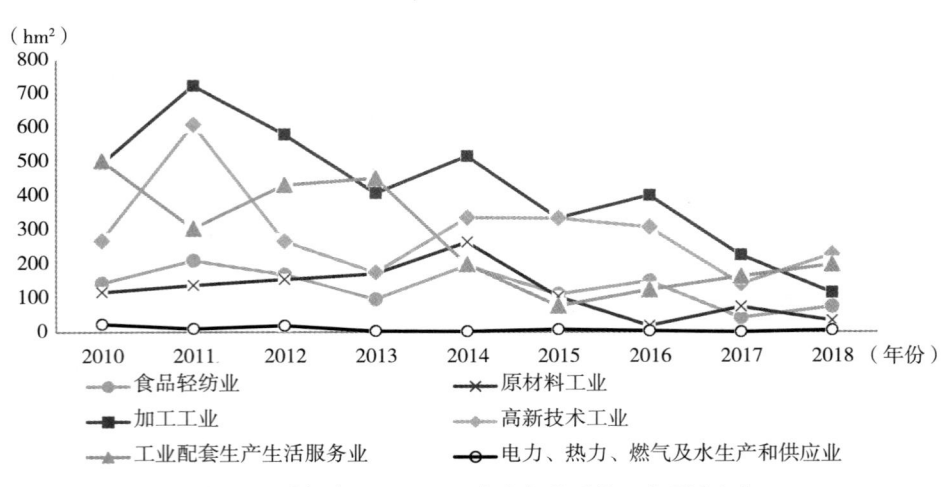

**图7-5　武汉市2010—2018年各行业受让工业用地变化**

在研究不同行业空间分布过程中,通过区位熵衡量行业分布的比较优势,*表示圈层中没有该类出让工业用地,结果显示不同行业空间分布形态各异,不同圈层相对优势产业各异(表7-5)。就各产业而言：①食品轻纺业的市场指向性明显,与日常生活息息相关,是城乡居民生活消费品的主要来源,表现为其在 0—10km 圈层内具有分布优势,同时相对其他产业,其在远郊区也具有相对优势,突出了轻工业的原料指向性。②加工工业作为武汉市工业转型升级的主体,受城市规划影响,其分布范围逐渐向外扩展，表现为其在35—40km圈层的分布优势最大，同时加工工业多属劳动密集型产业，为获取廉价劳动力，降低成本，产业趋向于郊区分布，表现为其在近郊区具有相对优势。③原材料工业产品体量较大，运输量大，故在布局上通常受资源和交通条件限制，主要集中分布于40—45km圈层中。④高新技术工业以智力密集和开放环境条件为依托，是武汉市工业园区建设中扶持的重点新兴产业，因此在近郊区各圈层都具有分布优势，并且受前沿科学和尖端技术的影响，主要集中在大光谷工业板块。⑤工业配套生产生活服务业趋向于分布在人力和产业集聚的地区，且在城市中心地带有一定发展优势。⑥电力、热力、燃气及水生产和供应业由于受让工业用地规模小，特征并不明显，在城市郊区零散分布。

就各圈层而言：内城区（0—15km）圈层的比较优势产业为工业配套生产生活服务业；近郊区（15—35km）圈层以高新技术工业和加工工业的相对优势较大；35km以外的远郊区以食品轻纺业和原材料工业为主导优势，同时电力、热力、燃气及水生产和供应业在该范围的布局倾向更大。

表7-5　　　　　　　　　　各行业圈层区位熵

| | 圈层（km） | 食品轻纺业 | 加工工业 | 原材料工业 | 高新技术工业 | 工业配套生产生活服务业 | 电力、热力、燃气及水生产和供应业 |
|---|---|---|---|---|---|---|---|
| 内城区 | 0—5 | 2.72 | 0.44 | * | 0.78 | 1.74 | * |
| | 5—10 | 1.19 | 0.49 | 1.61 | 0.79 | 1.26 | 13.87 |
| | 10—15 | 0.83 | 1.37 | 0.36 | 0.55 | 1.30 | 0.24 |
| 近郊区 | 15—20 | 0.77 | 0.92 | 1.09 | 0.97 | 1.23 | 0.92 |
| | 20—25 | 0.93 | 1.03 | 0.89 | 1.20 | 0.81 | 1.01 |
| | 25—30 | 1.30 | 0.97 | 1.17 | 1.09 | 0.76 | 0.06 |
| | 30—35 | 0.59 | 0.51 | 0.92 | 1.38 | 1.59 | 0.50 |
| 远郊区 | 35—40 | 0.79 | 2.03 | 0.92 | 0.41 | 0.20 | 0.44 |
| | 40—45 | 0.76 | 0.47 | 4.59 | 0.33 | 1.11 | * |
| | 45—50 | 3.24 | 1.19 | 1.14 | * | 0.45 | 7.42 |
| | 50—55 | 0.77 | 0.51 | 0.13 | 1.66 | 1.12 | 14.43 |
| | 55—60 | 6.35 | 0.17 | 0.24 | 0.21 | 0.23 | 0.84 |
| | 60—65 | 2.18 | * | * | * | * | * |
| | 65—70 | 9.43 | * | * | * | * | * |
| | 70—75 | 9.43 | * | * | * | * | * |
| | 75—80 | 7.91 | * | 1.69 | * | * | * |

## 第二节 城市中心区低效工业用地退出的路径

### 一 研究方法

城市中心区低效工业用地退出是一个典型的复杂动态系统。城市中心区低效工业用地受经济发展、社会需求、环境控制、地方管理和政策约束等多方面因素影响，退出政策的力度和目标又与城市中心区低效工业用地转换率密切相关，各因素相互联系、相互制约，且随时间和空间变化而不断演化，形成一个复杂的动态系统。系统中不仅存在具有明确相互关系的要素，还存在一些难以用传统数学方法描述的随机因素和延迟因素，具有非线性的特点。因此，采用系统动力学方法研究城市中心区低效工业用地退出并进行仿真模拟具有可行性。

本节借助 Vensim 软件进行系统建模分析。根据系统分解原理，基于系统动力学的建模过程主要包括以下几个步骤：

第一，明确建模目的，确定系统边界。本研究的建模目的是研究城市中心区低效工业用地退出路径。系统边界以建模目的为基础，对研究主体加以限制，确立了系统边界才能寻找合适的变量。

第二，分析系统结构。将所研究的整个系统 $S$ 按研究目的划分为 $p$ 个相互关联的子系统 $S_i$ ($i=1, 2, \cdots, p$)，则 $S = \{S_i \mid i=1, p\}$。本研究围绕城市中心低效工业用地退出系统，分析各个子系统对低效工业用地退出的影响。

第三，绘制因果分析图及流程图。依据具体研究内容，通过对调研数据和统计数据的分析，刻画系统内部各变量之间的因果关系，然后根据建模目的和系统边界，设定每个子系统内部的状态变量、速率变量和辅助变量，形成子系统的基本单元和反馈回路。

第四，定义模型参数方程。在系统流图和框图的基础上，运用专用符号表达各因素之间的关系，通过嵌入参数和变量方程，进一步量化各因素间关系，从而刻画城市中心区低效工业用地退出系统的作用机制。

第五，构建 SD 模型和模型检验。在对系统整体以及各子系统具体分析的基础上，通过构建 SD 模型直观刻画城市中心区低效工业用地退出的系统结构。

第六，模型模拟仿真。通过建立计算机仿真模型的流图和构造方程式，并验证模型的有效性，在此基础上实行计算机仿真试验，为优化现实结构提出政策建议、为战略与决策的制定提供依据，为城市中心区低效工业用地退出的实际工作提供具体指导。

整体研究思路如图7-6所示。

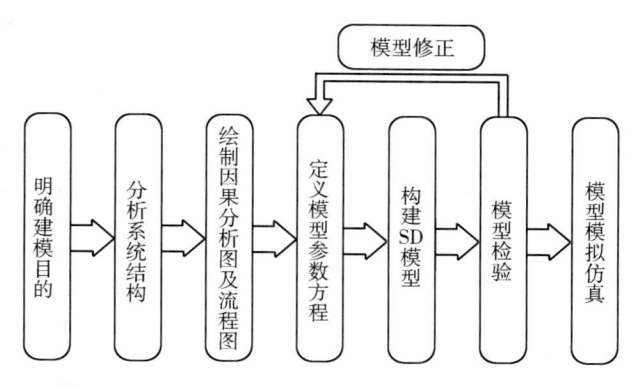

**图 7-6　系统动力学仿真思路**

## 二　城市中心区低效工业用地退出的影响要素

结构是指一组环环相扣的行动或决策规则所构成的网络，这一组结构决定了组织行为的特性。城市中心区低效工业用地退出是一个典型的动态复杂系统，受到多方面因素的影响，要对系统中的关键要素做具体分析。

近几年来，城市中心区低效工业用地退出在实际操作中面临不少问题，例如企业参与积极性低、退出谈判难、退出资金短缺等，导致低效工业用地退出容易陷入僵局。为此，需要详细分析退出过程中各子系统的关键要素，以便掌握系统结构，提升城市中心区低效工业用地退出效果。下面从经济、社会、环境、管理和政策五个方面对影响城市中心区低效工业用地退出的关键要素进行分析。

### （一）经济要素

低效工业用地的退出受到多种要素的影响，其中经济要素是主要的影响要素之一，而在经济发展中，政府和市场两大主体发挥了关键性作用。一方面，低效工业用地的退出与地上工业企业的迁移密切相关，而影响工业企业迁移决策的主要因素是市场要素。通过市场激励手段，能够对工业企业发展造成直接影响，而良好的市场秩序更是保持经济平稳健康发展的关键所在，稳定的市场环境既能促进工业企业经济效益的提高，又能对工业用地利用效率产生积极影响。

另一方面，在城市中心区低效工业用地退出过程中，政府常常作为收购主体，对拟征收的工业企业进行补偿，为此地方政府需要支付一定的补偿成本及退出谈判的交易成本，同时为了完成与工业企业的谈判，还得给予工业企业一定的利益空间，合理分配工业用地退出后的增值收益。因此，现今的退出补偿标准不再只按现状用途补偿，工业企业往往还可以获得较大份额的土地增值收益，但这无疑会加剧政府的资金压力，对地方财政支出提出更高的要求。此外，地方经济发展与当地人口有着紧密的联系，投入劳动力和社会劳动生产率是其重要的组成部分，工业用地生产效率的提高和功能结构的转换能够带动产业升级和经济增长。

（二）社会要素

城市中心区低效工业用地退出效率受到社会需求的影响。近年来，城市用地需求快速上涨，与城市土地供给的有限性产生冲突并导致土地供求矛盾激化。为了缓解这类矛盾，城市管理者将低效用地退出、转换和再开发作为实现土地资源合理配置的方法之一。目前社会需求主要来源于政府用地需求、企业用地需求和居民用地需求三个方面。

城市中心区工业用地的重新配置能够产生巨大的级差效益，有效缓解政府土地财政方面的压力。同时政府作为城市土地的提供者，在土地供应计划中担当重要角色，通过低效工业用地退出，才有更多的土地用于开发配置和城市更新，缓解土地供应压力。城市中心区土地是企业一项重要的固定资产，企业发展、厂房建设、企业拥挤和竞争压力都需要获取更多的土地资源。并且，随着城市化的快速发展，大量青壮劳动力涌入城市，土地资源的合理配置能够为居民提供必要的住房空间，尤其是在人口向城镇转移规模大量增加的背景下，居民用地需求进一步加剧。

（三）环境方面

环境污染导致工业生产的负外部性，对于周围环境造成了严重的负面影响，也是促使工业用地退出的重要原因。目前来看，工业用地环境污染主要体现在土壤污染、空气污染、固体废弃物污染等方面，除了会对周围的环境造成难以修复的破坏，还会对居民的人身健康和城市环境造成巨大的威胁。而工业生产负外部性很大程度上是企业盲目追求经济效益的后果，忽略了对环境的必要治理，并且部分城市管理者缺乏对工业企业环境污染的监督管制，以至于由环境污染导致的低效工业用地周围城市环境持续恶化。

针对这类工业用地，在环境治理和土地利用结构调整的压力下，政府应提高环境保护标准，加强环境保护宣传力度，通过建设专门的污染物收集和治理场地对污染物进行集中处理。此外，通过增加城市绿化面积、提升企业污染治理水平、严格把控工业企业环境污染指标等都可以改善城市环境质量。目前由环境污染引起的低效工业用地退出问题应受到城市管理者的高度重视。

（四）管理方面

城市中心区的低效工业用地退出成为地方政府重点考虑的城市发展内容，然而诸如退出成本上涨、企业不配合、政府调控手段低效等问题往往使城市中心区低效工业用地退出受到阻碍，需要加强部门监督管理对低效工业用地退出的治理作用，可以从前期预防、中期处置和后期激励三个方面展开。

前期预防工作主要是为了防止低效工业用地的产生，确保土地资源能够得到合理的开发利用。通过土地信息的有效登记来保证土地交易的公开透明，对工业企业实施严格的指标限制，以及规范地价标准促使土地不会大量流入市场而造成土地闲置现象。中期处置工作主要是加强低效工业用地退出的执行力度，一方面，通过建立工业用地退出过程中的监督反馈机制，包括政府内部之间的监督反馈、政府与企业之间的监督反馈和城市居民对政府和企业两个参与主体的监督机制，用来规范政府在退出过程中的实践标准，同时解决企业不配合、拖延的消极现象。另一方面，低效工业用地的退出模式不再只是传统的政府主导，需要采取多元化的退出模式，根据城市发展要求和社会需要的多方结合，在低效工业用地退出中实现综合效益最大化。后期激励工作主要用于工业用地再开发，通过政府财政优惠和再开发经验的实施推广，确保退出后再开发的土地在最短时间内投入使用。

### (五) 政策方面

为了实现城市中心区工业配置效率的最大化，政府制定相关政策和规划，发挥导向作用，促使工业企业将低效利用的土地流转到利用效益更高的使用主体。

一方面，在实施低效工业用地退出措施的时候，要注意退出补偿政策的连续性、权威性和时效性等，确保退出模式是在已有政策规定上进行深化和扩展，并及时解决政策实施过程中出现的问题。同时，退出政策要根据低效工业用地退出的实际情况适时调整，在继承以往政策可取部分的同时，要对新政策的适用范围和时期做明确说明，防止出现政策前后标准不一致导致的社会不稳定因素。

另一方面，规划是政府调控工业用地退出的有效工具，拟退出的工业项目只有在规划确定的范围内有序退出，才能够避免出现低效无序的状态，从而控制工业用地退出的盲目性，保证重点退出项目的优先展开，提高低效工业用地的退出效率。并且，工业用地怎么退，退出后改造为何种用途，工业用地退出的各个参与者均可以从规划中获知，从而有效降低工业用地退出的不确定性，减少交易成本。所以，要重视政策和规划在城市中心区低效工业用地退出中的作用。

## 三 城市中心区低效工业用地退出的路径分析

根据对系统关键要素的阐述，本节设定城市中心区低效工业用地退出系统由经济发展子系统、社会需求子系统、环境控制子系统、地方管理子系统和政策约束子系统构成，其中城市中心区低效工业用地退出效果是系统的核心，各子系统围绕城市中心区低效工业用地退出效果展开，通过详述各实体间的反馈机制，形成各种各样的反馈回路和完整的反馈环，以达到对低效工业用地退出产生影响的目的。将建模目的设定为城市中心区低效工业用地退出的效果，用低效工业用地转化率表征低效工业用地退出的效果，找出各个子系统中关键要素的作用路径，以提供直观表达，为选择或开辟有效的政策传输路径提供具体化和科学化的指导。

城市中心区低效工业用地退出的因果关系如图 7-7 所示。经济发展系统对社会需求系统有正向影响，即经济发展越好，社会对于用地的需求增加，对于推进低效工业用地的退出就越积极，同时经济发展意味着有更多资金可以投入环境保护,控制由工业企业导致的环境污染问题;地方管理系统对于政策约束系统和经济发展系统有正向影响,对环境控制系统有负向影响,地方政府通过在工业用地管理中的管控作用,推动相关政策的实施并促进经济发展,同时加强对环境污染的控制;政策约束系统对社会需求系统有正向影响,通过政策文件通知、公告等方式对工业企业开发利用土地实施严格的指标限制,从源头防止低效工业用地的出现。社会需求系统、地方管理系统和政策约束系统都对城市中心区低效工业用地转换率有正向影响,三个系统越完善,城市中心区低效工业用地转换率越高。

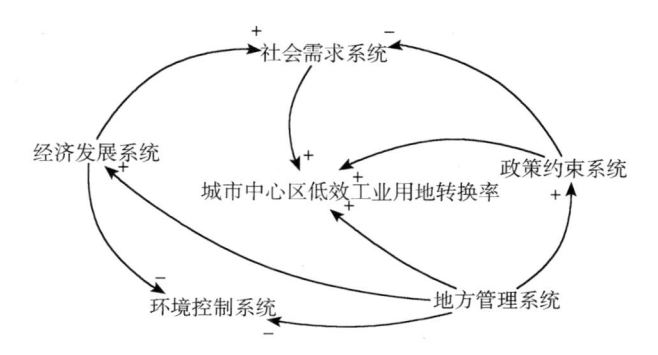

图 7-7 城市中心区低效工业用地退出效果的因果关系

在分析城市中心区低效工业用地退出的因果关系的基础上,构建包括经济子系统、社会子系统、环境子系统等在内的城市中心区低效工业用地退出系统动力学模型,如图 7-8 所示,选择投资强度、地均产出、工业污染等作为约束政策变量,选择时间滞后性和空间外部性作为中介变量,选择土地利用(工业用地利用效率)、经济贡献(工业产值)、产业集聚(引领相关产业的力度)、环境控制(土壤污染、空气污染及固体废弃物污染)等作为期望目标变量,分析城市中心区低效工业用地退出的路径,模拟不同政策对城市中心区低效工业用地退出的影响作用。

(1)经济发展子系统与经济增加量紧密联系,不同地方经济发展速度具有明显差异,主要取决于当地的生产资料生产部门和消费资料生产部门,其中良好的市场秩序对经济发展能够起到促进作用。而地方经济发展与地方财政有着直接联系,地方财政收支不平衡,导致地方财政压力增加,政府用于城市建设的资金减少,经济发展速度因此放缓。此外,人口要素也是地方经济发展的重要组成部分,受到投入劳动力数量和社会劳动

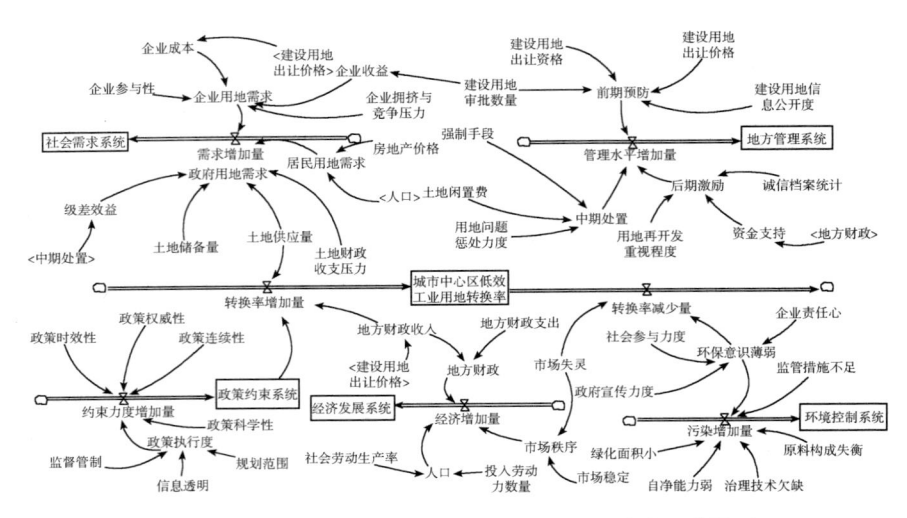

**图 7-8　城市中心区低效工业用地退出的系统动力学模型**

生产率的影响，劳动力数量的增加和劳动生产率的提高，往往推动经济发展速度加快。地方经济发展越好，用于低效工业用地退出的资金就越充足，退出效果就越好（图 7-9）。

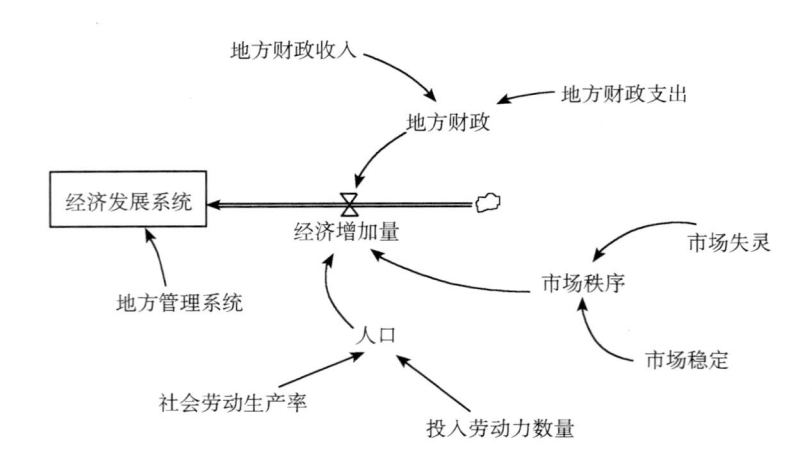

**图 7-9　经济发展系统**

（2）社会需求子系统的核心在于城市土地供求矛盾的结构性失衡，为了缓解此类矛盾，在一些发达地区，紧张的城市土地供求结构性矛盾促使城市管理者加快推动低效工业用地的退出。具体来看，企业发展、市民居住和政府管理都需要进一步调节土地供求结构，提升城市用地的服务功能和居住功能。其中影响企业用地需求的指标包括企业参与性、企业成本、企业收益、企业拥挤和竞争压力，而在居民用地需求方面，主要是人口和房地产价格带来的压力，政府方面则需要对土地的使用进行更合理的调配，平衡好土地供应量和土地储备量，并在用地退出中获得级差效益。因此，随着社会用地需求的增加，低效工业用地退出的需要就越发迫切，城市中心区低效工业用地转换率得到提高（图7-10）。

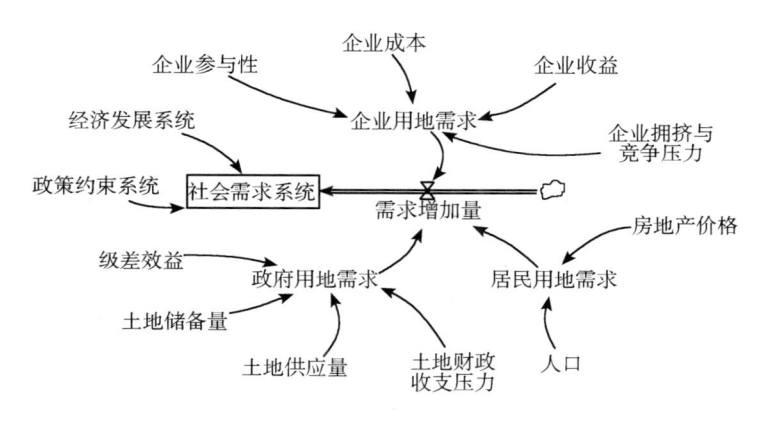

**图7-10 社会需求系统**

（3）环境控制系统结构下，工业企业普遍的环境污染和土地利用效率低下问题成为城市土地利用结构调整的首要处置对象。目前可持续发展理论对于环境污染问题有着严格的治理要求，工业发展绝不能以牺牲环境为代价，提高环保意识对于防治污染有着重要作用，具体构成包括政府宣传力度、企业责任心和社会参与力度。此外，污染加剧的原因也是人们关注的重点对象，包括城市绿化面积不足、污染治理技术欠缺、企业净化污染能力薄弱和原料构成失衡等因素交叉在一起，这些都需要相关部门加强监督管理并提供技术方面的指导。通常地方经济发展越好，地方管理水平越高，对于环境治理的要求也就越严格（图7-11）。

（4）地方治理系统中，政府部门的监督管理在城市中心区低效工业用地退出中发挥主导作用，包括工业用地使用前期的预防工作，主要通过明确建设用地审批数量、建设用地出让资格、建设用地出让价格和建设用地信息公开度来保证出让土地能被合理使用，实现土地资源的有效配置；

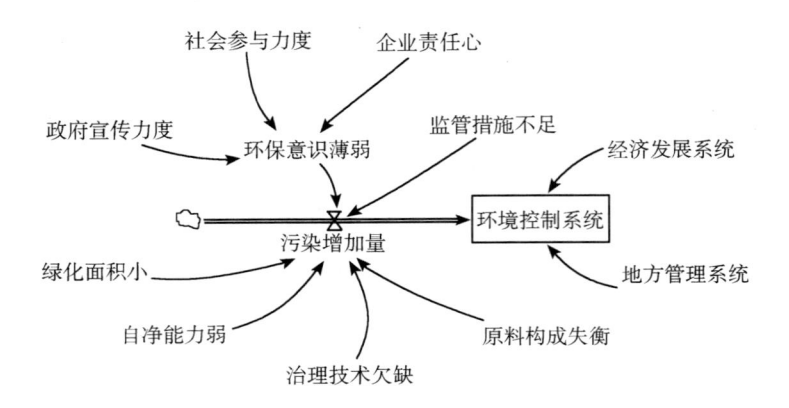

图 7-11 环境控制系统

面对低效工业用地对城市发展产生的不利影响，根据多元退出模式选择针对性的退出方式，加大用地问题的惩处力度并征收土地闲置费，同时对于不予配合的部分企业，政府部门根据法制规定实施强制退出；最后在低效工业用地退出的基础上，要保证低效工业用地再开发的顺利进行，在短时间内使得更多的土地投入使用，通过后期激励的手段推进低效工业用地再开发项目运行（图 7-12）。

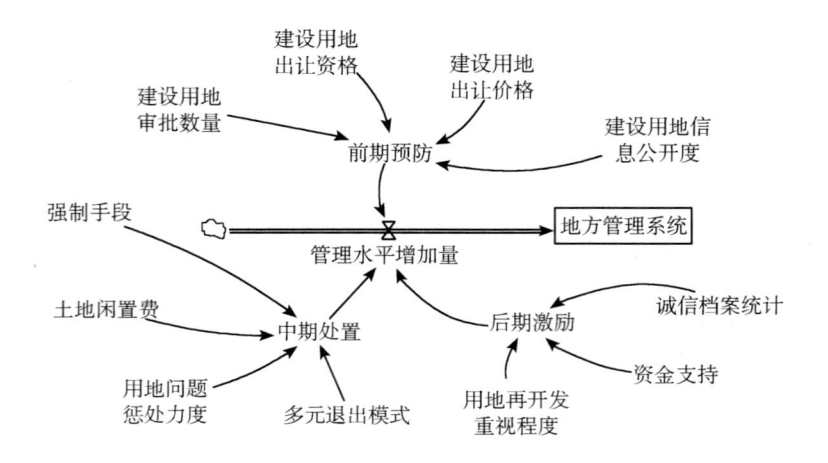

图 7-12 地方治理系统

（5）政策约束系统是地方政府为开展城市中心区低效工业用地退出

工作而制定的一系列明确法规，能够起到防范补救的作用。为了提高政策的约束力度，需要落实低效工业用地退出政策的科学性、连续性、时效性、权威性和执行度，以此来对退出工作起到基础的制度政策保障作用。政策约束系统会受到地方管理系统的影响，确保一旦展开低效工业用地退出工作，各方会依据制度规划有效完成工作，政策治理系统越完善，城市中心区低效工业用地退出效果就越好（图7-13）。

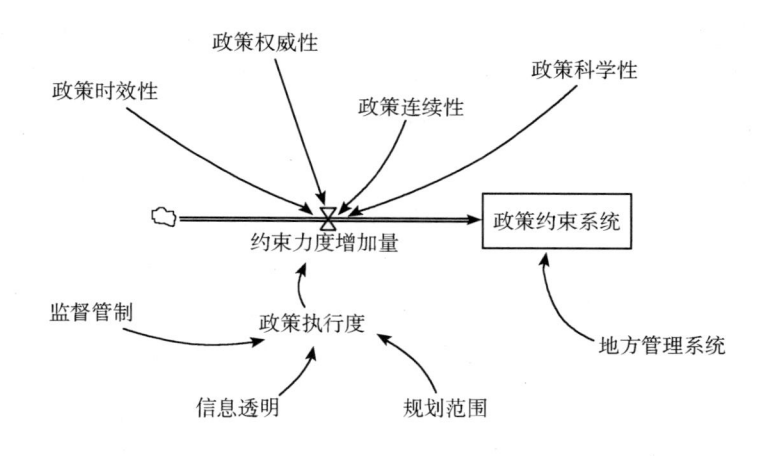

图 7-13 政策约束系统

## 第三节 城市中心区低效工业用地退出的成效

### 一 指标体系构建

城市工业用地作为工业经济发展的载体和城市空间的重要组成部分，低效用地退出既是产业转型升级的规律，又有用地效率的要求，并且兼顾经济、环境及社会三方面的效益。城市中心区低效工业用地退出的直接效果体现为工业用地"转型"。近年来在经济转型方面，包括发展方式转型、发展主体转型和结构转型等"转型"问题一直是学者们探讨的重点。围绕新时代下创新、协调、绿色、开放、共享的工业发展理念，工业用地"转型"兼具经济效益目标、环境效益目标和社会效益目标。而考虑到城市土地资源的稀缺性，工业用地"转型"更多需要依靠对现有土地的挖潜，通过传统产业改造和新兴产业开发，以实现产业结构转变和用地形态升级。基于此，本文认为低效工业用地退出是工业用地发展方式改变的一种渐进式结构转型，是以提高工业用地综合利用效益为根本目标，以工业产业结构升级和工业污染有效治理为引导，促进工业用地利用效率提升，加快工业发展要素密度调整，提高工业劳动力知识能力水平，健全工业用地基础设施体系，推动工业生产实现高质量发展。

目前，学术界关于工业用地转型的研究主要集中在以下方面：一是对转型背景下工业用地利用效率进行评价，谢花林等（2015）分析了主要经济区城市工业用地利用效率的空间差异，发现珠三角和长三角经济区城市工业用地利用效率较高；Yuan Meng 等（2008）分产业评价了北京顺义区工业用地效率。二是对推动工业用地转型的方法路径展开探讨，尚勇敏和曾刚（2014）以上海宝山区为例，提出产业结构转型与用地结构转型的优化路径；Sigman（2010）以美国工业城市为例，指出工业用地的整治与再开发是工业用地转型的基础。三是对影响工业用地转型的驱动因素做出分析，仇方道等（2015）指出资源禀赋、技术创新、贸易需求、区域政策是造成江苏工业转型时空分异格局演化的主要驱动力；Chen 和 Golley（2014）指出绿色发展对中国工业用地转型的重要性，并对各工业行业的绿色生产率增长指数进行测算和比较。其中，对转型背景下工业用地利用效率研究的文献相对更多，研究方法上常采用评价指标体系进行测度，但大多数学者从单一视角出发，对工业用地转型成效的类别划分关注不够，鲜有从集成经济、环境、效率等不同视角分维度测度工业用地转型成效。

城市中心区低效工业用地退出效果体现为工业用地改变原有发展方式、渐进式结构调整所获得的效果。联系工业用地转型的具体要求和当前新的发展方式，低效工业用地退出涉及经济规模、产业结构、社会就业、科技创新、环境影响等多个方面，本节从绿色发展视角，综合考虑经济、社会、环境影响，构建包括5个维度、17个量化指标的评价体系对工业用地转型成效进行测度，用以表征低效工业用地退出效果，如表7-6所示。

（1）工业用地发展度。反映一个地区工业用地经济发展的规模，主要突出其经济总量和对地区发展的贡献程度。

（2）工业用地转型度。反映转型过程中工业用地产业结构升级的特征，体现其技术化、协调化、低耗能化及更高的管理水平。

（3）工业用地就业度。反映工业用地转型的社会带动性，结合工业用地转型和工业就业的相互影响，突出转型过程中工业就业的前景和专业化程度。

（4）发展条件支撑度。反映支撑工业用地转型的条件水平，主要包括科研技术支撑和基础设施支撑两个方面。科研技术是工业用地转型升级的原动力，基础设施是现代工业产业发展的先驱条件和基础。

（5）环境污染控制度。通过工业"三废"的排放情况，反映工业用地转型对生态环境的影响，体现工业用地绿色发展的重要性。

表 7-6　　城市中心区低效工业用地退出效果评价指标体系

| 总体层 | 分维度层 | 指标层 | 指标计算 |
| --- | --- | --- | --- |
| 城市中心区低效工业用地退出效果 | 工业用地发展度 | 工业用地经济密度 $X_1$ | 工业总产值/工业用地面积 |
| | | 工业用地增长密度 $X_2$ | 工业增长值/工业用地面积 |
| | | 工业产业贡献度 $X_3$ | 工业增长值/地区生产总值（GDP） |
| | 工业用地转型度 | 工业产业技术化比重 $X_4$ | 高新技术产业主营业务收入/工业企业主营业务收入 |
| | | 工业产业综合能耗指数 $X_5$ | 能源消耗总量/工业增加值 |
| | | 工业产业比较劳动生产率 $X_6$ | 工业产业产值比重/工业产业劳动力比重 |
| | | 外资（含港澳台资）企业产值比重 $X_7$ | 外资企业工业总产值/工业总产值 |
| | 工业用地就业度 | 工业用地就业密度 $X_8$ | 工业从业人员数/工业用地面积 |
| | | 工业就业专业化指数 $X_9$ | 工业企业研发机构人数/工业从业人员数 |
| | | 工业产业就业弹性 $X_{10}$ | 就业增长率/产值增长率 |
| | 发展条件支撑度 | 工业用地基础设施投入 $X_{11}$ | 工业固定资产投资额/工业用地面积 |
| | | 工业产业技术研发投入 $X_{12}$ | 工业企业 R&D 经费支出/工业企业主营业务收入 |
| | | 工业用地科研机构密度 $X_{13}$ | 工业企业研发机构数量/工业用地面积 |
| | | 工业科技人员素质 $X_{14}$ | 工业企业科研机构人员硕士研究生以上学历比重 |
| | 环境污染控制度 | 工业废水排放 $X_{15}$ | 工业废水排放量/工业用地面积 |
| | | 工业烟（粉）尘排放 $X_{16}$ | 工业烟（粉）尘排放量/工业用地面积 |
| | | 工业二氧化硫排放 $X_{17}$ | 工业二氧化硫排放量/工业用地面积 |

## 二 数据来源和研究方法

东部地区是我国社会主义经济最发达的区域，拥有更好支撑低效工业用地退出和工业用地转型的要素条件（于洋等，2019）。近年来，东部地区为进一步推动工业发展，先行实施转型和改革，测度其低效工业用地退出效果具有显著性。本节以东部地区（不包括港澳台），包括北京市、天津市、河北省、上海市、江苏省、浙江省、福建省、山东省、广东省、海南省10个省（市）为研究样本，以2008—2017年为研究区间。研究数据来源于2009—2018年《中国工业统计年鉴》《中国统计年鉴》《中国城市统计年鉴》《中国区域经济统计年鉴》《中国能源统计年鉴》及《中国环境统计年鉴》等。

（1）粗糙集理论赋权。粗糙集理论是一种刻画不完整性和不确定性的数学工具，能有效地分析不精确、不一致、不完整等各种不完备的信息（王耀斌等，2012）。依赖原始数据，应用粗糙集理论对工业用地转型成效指标体系进行赋权，能够比较不同指标在体系中的重要程度，得到指标权重 $w_{1i}$（张文修，2000）。

（2）灰色关联理论赋权。灰色系统理论是关于信息不完全或不确定的系统的控制理论，由我国控制论专家邓聚龙教授于1982年创立的，应用此理论对低效工业用地退出效果指标体系进行赋权。

第一步：对数据做均值化处理，使其无量纲化。

$$X'_i(k) = X_i(k) / \frac{1}{n}\sum_{k=0}^{n} X_i(k)_i, \quad i=1, 2, \cdots, m; \ k=0, 1, \cdots, n \quad (1)$$

第二步：求参考序列与比较序列的绝对差。

$$\Delta i(k) = | X_i(k) - X_i(0) | \quad (2)$$

第三步：计算两极最大差与最小差。

$$\Delta_{max} = \max_i \max_k \Delta i(k), \ \Delta_{min} = \min_i \min_k \Delta i(k) \quad (3)$$

第四步：计算关联系数。

$$r_i(j) = \frac{\Delta_{min} + \zeta\Delta_{max}}{\Delta i(k) + \zeta\Delta_{max}} \quad (4)$$

式中，$\zeta$ 为分辨系数，它的取值影响关联系数的大小，不影响关联序，一般取0.5。

第五步：求得关联度。

$$R(k) = \frac{1}{n} \sum_{i=1}^{m} r_i(k) \tag{5}$$

计算各指标的因子关联度，归一化处理得到各指标灰色关联权重值 $w_{2i}$。

（3）综合权重确定及转型得分计算。

$$W_i = \eta w_{1i} + (1 - \eta) w_{2i} \tag{6}$$

式中，$W_i$ 为第 $i$ 个指标的综合权重；$\eta$ 为调整参数。

基于综合权重，利用加权线性和法，用于衡量转型成效的高低及不同省份的差异性。

$$Z_j = \sum_{i=1}^{n} W_i y_i \tag{7}$$

式中，当 $i$ 的取值为全部指标时，$Z_j$ 表示第 $j$ 个省市区工业用地退出效果综合得分；当 $i$ 的取值为分维度全部指标时，$Z_j$ 表示第 $j$ 个省市区分维度转型综合得分；$y_i$ 表示指标对应的数据标准化值。

（4）核密度估计。核密度估计是常用的描述经济分布运动的非参数估计方法，它不需要事先对数据分布形式附加假定，而是从数据本身出发，研究数据的整体分布特征。假设随机变量 $X_1$，$X_2$，…，$X_i$ 同分布，其密度函数为 $f(x)$，其经验分布函数为：

$$F_n(y) = \frac{1}{N} \sum_{i=1}^{N} I(z)(X_i \leq y) \tag{8}$$

式中，$N$ 为观测值数目；$I(z)$ 为指标函数；$z$ 为条件关系式。当 $z$ 为真时，$I(z)$ 等于 1，反之则为 0。取核函数为均匀核：

$$\eta_0(x) = \begin{cases} 1/2 & -1 \leq x < 1 \\ 0 & \text{其他} \end{cases} \tag{9}$$

则核密度估计形式为：

$$f(x) = \frac{1}{hN} \sum_{i=1}^{N} \eta\left(\frac{X_i - \bar{X}}{h}\right) \tag{10}$$

式中，$h$ 为带宽，$\bar{X}$ 为均值，$\eta$ 为核函数。本文借助 Stata 14.0 软件进行拟合作图，绘制出核密度曲线二维图，通过对变量分布位置、形态和延展性等信息的观察，分析城市中心区低效工业用地退出效果。

## 三  结果分析

### （一）工业用地转型成效得分

通过粗糙集理论和灰色关联理论赋权，采用加权线性合法测度东部地区 10 省份低效工业用地退出效果，求出工业用地转型成效分维度得分（表 7-7）及工业用地转型成效综合得分（表 7-8），反映低效工业用地退出过程中各省份的差异和具体变化情况。总体来看，北京、上海、广东、江苏工业用地转型成效显著，居于领先地位；福建、河北、浙江工业用地转型成效较好，发展潜力巨大；天津、山东、海南工业用地转型不显著，待进一步提升。

此外，从得分均值来看，东部地区工业用地转型成效整体呈上升趋势，其中在"十二五"规划开局之年，即 2011 年起转型成效提升尤为突出（表 7-8），究其原因是以质量为主的经济发展方式转变和新增长模式的初步建立，推动低效工业用地退出和工业用地转型，这反映了国家政策导向的积极作用。2009 年和 2015 年工业用地转型得分出现短暂下降，其中，2009 年主要受国际金融危机的影响，短期工业产出能力下降；2015 年出现转型成效下降的原因是该年为我国集中进行工业治理的"去产能、去库存"大年，受此影响，工业转型成效的提升进程相对停滞。

表 7-7  2008 年、2017 年东部地区 10 省份工业用地转型成效分维度得分

| 维度<br>地区\年份 | 工业用地发展度 | | 工业用地转型度 | | 工业用地就业度 | | 发展条件支撑度 | | 环境污染控制度 | |
|---|---|---|---|---|---|---|---|---|---|---|
| | 2008 | 2017 | 2008 | 2017 | 2008 | 2017 | 2008 | 2017 | 2008 | 2017 |
| 北京 | 0.0298 | 0.0581 | 0.2208 | 0.2960 | 0.0964 | 0.1246 | 0.1463 | 0.2733 | 0.1034 | 0.2887 |
| 天津 | 0.2075 | 0.1885 | 0.2070 | 0.1864 | 0.1207 | 0.0625 | 0.0846 | 0.1701 | 0.0186 | 0.0476 |
| 河北 | 0.1960 | 0.2793 | 0.1232 | 0.0785 | 0.1170 | 0.1480 | 0.0644 | 0.2091 | 0.0035 | 0.0043 |
| 上海 | 0.1031 | 0.0894 | 0.2683 | 0.2891 | 0.0838 | 0.1036 | 0.2316 | 0.2961 | 0.0620 | 0.1384 |
| 江苏 | 0.1752 | 0.2258 | 0.1931 | 0.1725 | 0.1311 | 0.1763 | 0.0918 | 0.2374 | 0.0083 | 0.0236 |
| 浙江 | 0.1766 | 0.1969 | 0.0969 | 0.1014 | 0.1637 | 0.1811 | 0.0834 | 0.2055 | 0.0069 | 0.0212 |
| 福建 | 0.1769 | 0.2701 | 0.2150 | 0.1488 | 0.1709 | 0.1521 | 0.0710 | 0.1694 | 0.0018 | 0.0125 |
| 山东 | 0.2011 | 0.2052 | 0.0948 | 0.0759 | 0.1299 | 0.1219 | 0.0870 | 0.2278 | 0.0094 | 0.0216 |
| 广东 | 0.1594 | 0.1670 | 0.2721 | 0.2318 | 0.1428 | 0.1853 | 0.1624 | 0.2104 | 0.0142 | 0.0567 |
| 海南 | 0.0444 | 0.1091 | 0.2873 | 0.2418 | 0.0795 | 0.0874 | 0.0648 | 0.0835 | 0.1301 | 0.0801 |
| 均值 | 0.1470 | 0.1789 | 0.1979 | 0.1822 | 0.1236 | 0.1343 | 0.1087 | 0.2083 | 0.0358 | 0.0695 |

表 7-8　2008—2017 年东部地区 10 省份工业用地转型成效综合得分

| 年份<br>地区 | 2008 | 2009 | 2010 | 2011 | 2012 | 2013 | 2014 | 2015 | 2016 | 2017 |
|---|---|---|---|---|---|---|---|---|---|---|
| 北京 | 0.5966 | 0.6392 | 0.6445 | 0.6900 | 0.6815 | 0.6933 | 0.7357 | 0.7838 | 0.8535 | 1.0408 |
| 天津 | 0.6385 | 0.6432 | 0.6457 | 0.7174 | 0.7550 | 0.7835 | 0.7617 | 0.7466 | 0.7045 | 0.6551 |
| 河北 | 0.5041 | 0.4942 | 0.5205 | 0.5906 | 0.6816 | 0.7313 | 0.7444 | 0.6830 | 0.6697 | 0.7192 |
| 上海 | 0.7488 | 0.6662 | 0.6885 | 0.6855 | 0.6929 | 0.7164 | 0.7178 | 0.7548 | 0.7898 | 0.9165 |
| 江苏 | 0.5994 | 0.6186 | 0.6380 | 0.6737 | 0.7860 | 0.8065 | 0.8047 | 0.7982 | 0.8179 | 0.8355 |
| 浙江 | 0.5275 | 0.5135 | 0.5384 | 0.5769 | 0.6173 | 0.6219 | 0.6205 | 0.6557 | 0.6935 | 0.7061 |
| 福建 | 0.6356 | 0.6307 | 0.6507 | 0.6601 | 0.6946 | 0.7141 | 0.7307 | 0.7420 | 0.7848 | 0.7528 |
| 山东 | 0.5223 | 0.5324 | 0.5398 | 0.5626 | 0.5921 | 0.6176 | 0.6005 | 0.5846 | 0.6352 | 0.6525 |
| 广东 | 0.7508 | 0.7061 | 0.7264 | 0.8194 | 0.8387 | 0.8018 | 0.7693 | 0.7922 | 0.8035 | 0.8513 |
| 海南 | 0.6062 | 0.5595 | 0.6154 | 0.6773 | 0.6743 | 0.8082 | 0.8312 | 0.6085 | 0.5893 | 0.6018 |
| 均值 | 0.6130 | 0.6004 | 0.6208 | 0.6654 | 0.7014 | 0.7295 | 0.7317 | 0.7150 | 0.7342 | 0.7732 |

根据工业用地转型成效综合得分，利用核密度估计绘出主要年份 2008、2011、2014 和 2017 年东部地区 10 省份工业用地转型成效分布图 (图 7-14)，纵坐标为核密度，其值的高低代表集中程度，结合横坐标工业用地转型成效综合得分，能够解释东部地区 10 省份低效工业用地退出效果：

（1）从位置上看，4 个年份核密度曲线的期初值、期末值都表现出 "向右移动" 的变化态势，即核密度曲线整体右移程度明显，说明东部地区 10 省份工业用地转型成效逐渐提高。与 2008 年相比，2017 年核密度曲线的中心位置移动显著，且横轴方向上转型成效变化区间明显增加，说明在工业用地转型成效总体上升的同时，地区间转型成效差距也有所扩大。

（2）从形状上看，核密度曲线整体呈单峰分布，呈现出相对较高水平的集聚，其中 2008 年和 2014 年核密度曲线出现轻微的双峰分布，说明在 2008 年和 2014 年出现轻微的两级分化态势。2008 年、2011 年、2014 年核密度曲线整体分布呈现为坡度陡峭状，即为高密度集中状态。此外，核密度曲线集中分布于转型成效的中、低值区域，表明在此期间，各地区转型成效普遍不高。2017 年核密度曲线整体分布呈现为坡度缓和状，密度显著降低，地区工业用地转型成效集中于中高值区域，转型成效显著上升。此外，2008年的第一波峰对应的核密度高于第二波峰，而2014年的第一波峰对应的核密度低于第二波峰，表明随时间变化，工业用地转型成效总体水平相对较高省份所占的比重逐渐大于相对较低水平省份所占的比重。

（3）从峰度上看，研究期内核密度曲线分布表现出由"尖峰"形向"宽峰"形变化的态势，2008年、2011年呈现尖峰形状，说明工业用地转型低值分布较为集中，转型成效较低。到2014年，核密度曲线表现出明显的尖峰特征，且与2008年和2011年相比，波峰更为陡峭，但呈现向高值转移的趋势，说明地区工业用地转型呈好转趋势，转型有所进展。到2017年，波峰高度明显下降，整体呈宽峰形状，说明各省份工业用地转型成效整体较为均衡，总体水平得到提高。

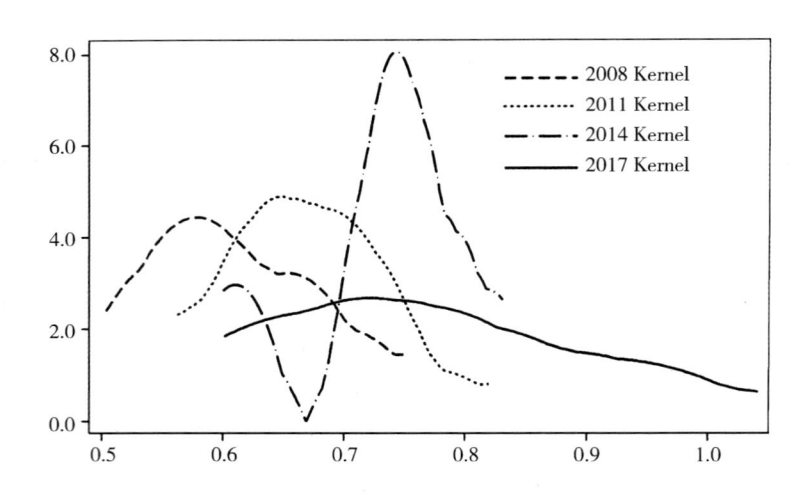

**图 7-14  2008年、2011年、2014年、2017年工业用地转型成效的核密度估计**

从5个分维度来看东部地区10省份低效工业用地退出效果和工业用地转型成效，在地理空间上表现出一定的规律特征，如表7-7所示。

（1）工业用地发展度。2008年至2017年，工业用地发展度在空间上呈现出较好的发展态势。在转型背景下，东部地区工业用地整体经济发展趋势较好，其中河北、福建、江苏、山东居于领先地位，地区工业作为推动经济发展的增长极，一直以来保持较好的发展态势。北京、上海、广东工业用地经济发展放缓，主要由于地区工业发展进入减量集约、创新发展的新阶段，城市功能定位的调整促使工业企业向外迁移，工业用地退出或再开发趋势明显。天津和浙江工业用地经济发展平稳，整体变化幅度不大。海南工业用地经济基础相对薄弱，但在政策扶持下工业用地发展度总体保持了较高的增长水平。

（2）工业用地转型度。2008年至2017年，工业用地转型度差异在空间格局上变化不显著。北京、上海、广东工业用地转型程度明显上升。北京是中国高技术产业发展的先驱，随着北京工业发展不断优化产业结构，大幅减少高耗能工业产业，工业用地转型成效显著。上海一直以来都是我国最为国际化的大都市，外贸依存度显著高于全国平均水平，产业转型基础良好，产业结构优化水平很高。广东加快推进战略性新兴产业项目建设，不断提高先进制造业和高技术产业投资占比，为工业用地转型提供有力支撑。海南利用海南自贸区政策发展现代工业，抓住国家南海资源开发战略，大力发展外向型的工业基地，促使工业用地转型实现"弯道超车"。天津加快建设全国先进制造研发基地，推动产业结构调整再升级，工业用地转型有良好的产业基础。江苏、福建、浙江的工业用地转型度变化较小，转型过程中没有突出成绩。山东和河北的工业用地转型度处于较低水平，传统工业企业占比高居不下。

（3）工业用地就业度。2008年至2017年，工业用地就业度在空间上呈现出较好的发展态势。从整个东部地区来看，目前工业发展依旧在国民经济增长中起主导作用，这对于工业用地就业度的拉动是非常明显的。诸如战略性新兴产业的兴起，能够提供更多的工作岗位。但是，在工业用地转型过程中，工业发展的要素结构也有所变化，资本和科技的相对含量不断增大，劳动力含量逐渐下降，表现为劳动密集型工业产业逐渐向资本技术密集型工业产业转变，相应地提高了对工业就业的知识能力要求，其中天津、福建、山东工业用地就业度呈现降低态势，在一定程度上减少了工业产业的就业弹性。

（4）发展条件支撑度。2008年至2017年，工业用地发展条件支撑度差异在空间格局上有显著变化。在转型背景下，基础设施建设水平和技术进步水平对城市工业用地利用效率有影响显著（郭贯成等，2014），河北、山东、江苏工业用地发展条件支撑度由2008年的较低水平转变成2017年的较高水平，说明地区重视工业基础设施建设，加大工业研究与试验发展经费投入，为工业用地转型提供更好的发展条件。北京、上海、广东工业用地发展条件支撑度一直保持较高水平，其中上海2017年工业科技人员素质水平位居东部地区各省份第一位，人才储备丰富；广东集聚大量工业企业研发机构，科技力量雄厚；北京依托众多高校，教育资源密集，工业创新能力突出。浙江、天津、福建工业用地发展条件支撑度稳步提高，发展潜力较大。海南工业用地发展条件改善相对较慢，一直处于较低水平，转型过程中发展条件没有突出成绩。

（5）环境污染控制度。2008年至2017年，工业用地环境污染控制度差异在空间格局上没有显著变化。虽然各省工业用地环境污染控制度总体水平有所增加，但增加幅度小，省际差异大表明工业用地绿色发展整体还处于起步阶段。北京和上海对工业用地污染治理的投入最为突出，通过提升工业企业环境污染治理水平，严格把控工业企业环境污染指标来改善城市工业用地环境质量，在转型过程中工业用地环境污染控制度位居前列。广东、天津、江苏、山东、浙江、福建工业用地环境污染控制度稳步提高，工业污染治理取得成效。相对于其它地区，海南工业用地的环境污染控制度分值较高，表明受重工业程度较低的产业类型影响，其污染控制对工业用地效率贡献度较大，但却是唯一一个在时间上呈现反向变化的省份，说明地区工业用地发展带来一定的环境负面影响。2017年河北工业用地环境污染控制度处于最低水平，与其他省份存在较大差距，表明其工业用地发展面临较严峻的环境污染问题。

## 第四节　本章小结

本章首先基于2010—2018年武汉市工业用地出让数据，借助GIS技术，综合运用空间自相关分析、核密度分析和区位熵等方法，在研究武汉市工业用地总体格局的基础上，探讨了其时空演变的整体特征和行业特征。结果表明：（1）武汉市出让工业用地空间分布的近郊区指向性明显，且在研究区域内呈现环状集聚的特征；（2）2010—2018年武汉市出让工业用地整体规模呈下降趋势，出让重心沿"东北—西南"方向转移，且空间变化呈现由内城区到近郊区的集聚变动趋势；（3）行业分类下，工业用地受让单位以加工工业为主，但随时间变化，主导产业由加工工业演变为高新技术工业，且不同行业空间布局存在差异：食品轻纺业在内城区和远郊区具有分布优势;加工工业和原材料工业趋向于近郊区分布;高新技术工业主要集中在大光谷工业板块;工业配套生产生活服务业多布局在人力和产业集聚区;电力、热力、燃气及水生产和供应业在城市郊区零散分布。

其次,在分析城市中心区低效工业用地退出影响要素的基础上,运用系统动力学原理,构建包括经济子系统、社会子系统、环境子系统等的城市中心区低效工业用地退出系统动力学模型,选择投资强度、地均产出、工业污染等作为约束政策变量,选择时间滞后性和空间外部性作为中介变量,选择土地利用(工业用地利用效率)、经济贡献(工业产值)、产业集聚(引领相关产业的力度)、环境控制(土壤污染、空气污染及固体废弃物污染)等作为期望目标变量,分析城市中心区低效工业用地退出的路径,模拟不同政策对城市中心区低效工业用地退出的影响作用。

最后,基于2008—2017年中国东部地区10个省份统计数据,构建包括5个分维度的低效工业用地退出效果评估指标体系,采用粗糙集和灰色理论组合赋权综合评价法,对低效工业用地退出效果进行测度。结果表明:(1)北京、上海、广东、江苏工业用地转型成效居于领先地位;福建、河北、浙江工业用地转型成效较好;天津、山东、海南工业用地转型成效稍有不足;从得分均值来看,工业用地转型成效与国家政策导向密切相关。(2)从整体层面来看,东部地区工业用地转型呈现较好的发展态势,但不同省份转型成效差距始终存在,且转型成效差距随时间变化有所扩大。(3)从维度层面来看,工业用地发展度和工业用地就业度在空间上呈现较好的发展态势;工业用地转型度和环境污染控制度在空间格局上没有显著变化,但多数省份处于较低水平;发展条件支撑度在空间上呈现明显的正向变化趋势。

# 第八章　城市中心区低效工业用地退出的机制构建

产业升级和城市化进程推动我国城市土地利用的持续变化，城市中心区土地利用普遍面临功能转换的现实需求，提升土地利用效率是城市中心区土地利用功能转换的核心目标之一，中心城区低效工业用地的实践将持续促进土地利用效率提升的目标实现。新时代城市用地空间发展新进程、土地利用周期新变化、经济发展新阶段，以及"功能和设施型城市"向"美丽城市"过渡发展的新要求，决定了全面提升工业用地综合效益须从根源上改变原有片面化、静态截面化、经济效益与社会失衡、经济效益与生态环境效益失衡、重总量轻结构的价值缺陷，重构工业用地退出的价值体系，立足新价值体系内容，结合我国实际情况，构建城市中心区低效工业用地退出决策管理机制，以政府引导、市场促进、公众助推、利益共享为总体思路，建立约束、激励、监管相结合的驱动系统，从规划、监管、收益分配等关键节点提出保障措施和政策建议。

## 第一节　重塑城市低效工业用地退出的价值目标

### 一　城市低效工业用地退出的价值重构决定更新实践成败

我国城市工业用地退出经多年的摸索已形成有偿回购收储、功能转换、自主改造以及市场流转四种基本模式，但实践决策的价值观仍表现出明显的单一性和截面化特征，在更新价值考量上重经济效益、重总量、轻结构，截面化的价值观导致城市低效工业用地退出的实践模式机械复制、追求短期效益。在单一化、截面化价值考量主导下，我国城市更新实践中多选取亩均实际投资强度、经济密度、税收密度等经济和财政总量指标，片面划定退出标准，并以阶段运动形式考评各产业、企业在短周期内的指标表现，造成更新实践对社会劳动收入、就业、社会保障、景观和环境保护效益的考量不足，且难以体现城市和产业动态发展的变化需求。在盘活城市存量土地资源效率，实现供给体系升级的现实需求下，城市低效工业用地退出制度体系的设计、更新实践目标和方案内容的制定，都离不开更新价值的重构。城市低效工业用地退出的价值重构是更新实践的战略起点，社会主义新时代应该重构低效工业用地退出的价值考量，以改变传统实践价值观，形成新的价值考量内涵，进而推动更新目标和更新路径的系统改革。

## 二　城市低效工业用地退出价值重构兼顾全局效益与动态效益

城市低效工业用地退出是对工业用地过程矛盾关系的调处，其矛盾关系在不同阶段、不同城市呈现出不同表征，更新实践应顺应用地过程矛盾关系的动态变化。城市工业用地过程矛盾关系既表现出阶段动态变化的特征，又存在矛盾关系的形式差异，表现为经济矛盾关系、社会矛盾关系、景观矛盾关系和环境矛盾关系等具体形式。城市低效工业用地退出机制、更新路径的设计应统筹调处各种矛盾关系，更新实践应契合全局效益的考量。因此，城市低效工业用地退出应由传统的单一性、截面化的价值考量转向全局性、动态性的价值考量。应对城市、工业的全面可持续发展，城市低效工业用地退出价值的重构应坚持系统性和动态性原则，遵循中国特色社会主义建设主旨，围绕"盘活存量、优化结构、提升综合效益"目标，兼顾规模、结构和效率，以结构优化促竞争力提升，综合经济效益、社会福利、景观和环境效益进行全局动态考量，重构城市低效工业用地退出的价值内涵体系。

## 三　城市低效工业用地退出价值重构中经济效益是基础

工业作为城市职能的支撑产业，工业经济效益的持续产出支撑城市的升级发展。脱离经济效益追求社会福利、景观和环境效益的城市管理必然是无源之水和空中楼阁。城市生态系统与自然生态系统的本质区别在于系统的经济效益产出，经济效益应始终作为城市低效工业用地退出考量的基础价值。城市低效工业用地退出重构价值内涵体系中，经济效益有别于传统更新实践所追求的经济总量，既对产出规模、产出水平进行持续关注，又反映工业更新税收产出效益，以及产业结构竞争力的提升，是兼顾低效工业用地退出后产出规模与产业结构效益提升的综合经济效益。其中，产出规模、产出水平的考量源于城市经济体量扩大的需求，反映了城市经济职能发展的要求；城市公共管理集约化决定其所依托的税收产出与城市管理水平存在正相关关系，税收产出效益提升直接影响城市的公共服务能力提升，低效工业用地退出中对税收产出效益的考量体现了促进城市公共服务发展的使命；产业结构竞争力是城市经济持续发展的原动力，城市产业结构调整表征为土地利用进程中用地类型结构、布局的动态变化。因此，城市低效工业用地退出中对产业结构竞争力的考量，体现的是对动态经济效益的长期追求。

## 四　城市低效工业用地退出价值重构中社会福利是本体

中国特色社会主义始终关注广大国民社会福利的提升，新时代城镇化发展服务于改革成果的广泛分享。城市低效工业用地退出所追求的综合效益提升不能以实现少数群体福利增长、牺牲广大人民群众利益为代价，而应坚持社会福利整体提升为价值本体，在退出和更新实践中推动社会福利增长，惠及广大人民群众。城市低效工业用地退出重构价值内涵体系中，社会福利考量突破传统更新实践中对企业或政府福利的片面追求，是更新价值重构的重要标志。社会福利考量关注劳动收入增长效益、社会就业效益和社会保障能力提升的综合效益，兼顾人民群众收入水平和保障能力的全面提升。其中，劳动收入增长效益的考量源于新时代社会矛盾关系发展，是解决人民日益增长的美好生活需要与不平衡不充分发展之间矛盾的当务之急，城市低效工业用地退出应坚持以提高广大人民群众的劳动收入水平作为实践的价值取向；社会就业效益、社会保障能力是社会福利的关键内容，当劳动收入水平的提升仅在少数群体中实现，且住房、医疗、养老等社会保障停滞不前时，无法实现社会福利的整体提升。城市低效工业用地退出中对社会就业效益、社会保障能力提升效益的考量，体现了更新实践中建设新时代福利社会的使命。

## 五　城市低效工业用地退出价值重构中景观和环境效益是延伸

美丽城市是新时代社会主义生态文明建设的重要形式。新时代城市的美是设施完善、功能齐备、景观和环境优美的综合之美。西方发达国家在城市建设进入成熟阶段后产生了某种趋同性，即城市化转入调整更新时共同面临经济、社会、环境相互间的协同问题，城市建设中纯粹的功能主义、结构主义难以满足城市持续发展的要求，而转向寻求生态主义、人本主义基础上对城市景观和环境价值的关注。我国城市已逐步迈入转型发展时期，城市生态系统的协调已成为城市升级发展的新需求，城市功能、结构维度的矛盾关系已逐步上升为景观、环境维度的矛盾关系，解决工业建筑设施老化、工业用地闲置、工业污染所带来的景观和环境质量下降问题，应坚持人本主义、生态主义理念，从满足人民群众日益增长的优美环境需要出发，在城市低效工业用地退出价值重构中注重景观和环境效益的考量，加快退出和更新实践中工业用地的景观改造、环境修复，实现更新价值体系延伸发展。

我国城市转型时期用地现状决定了低效工业用地退出是城市更新应长期坚持的重要路径，城市低效工业用地退出是当前我国城市发展的关键难题。低效工业用地退出的制度设计和路径选择面向城市经济的对外竞争，面向城市内部的系统性公共管理，面向城市生态系统功能和结构的复杂协同，简单的城市实践模式筛选、更新考评内容和指标的构建难以应对城市间存在的个性问题，难以形成科学适用的更新方案。城市低效工业用地退出机制、更新路径的设计应以更新价值的系统梳理为前提，建立经济效益、社会福利、景观和环境效益的综合价值考量体系，为城市可持续更新实践奠定基础。

## 第二节　构建城市低效工业用地退出的决策管理机制

城市低效工业用地退出路径选择的现实障碍，并非由路径、模式本身的不合理引致，而是源于路径决策管理的系统性不足，导致路径与价值考量、与决策管理目标不匹配，最终形成执行过程中的现实障碍。选择合理的低效工业用地退出路径，并在执行过程中进行动态调整，应遵循系统管理原理、动态管理原理和人本管理原理，建立系统的决策管理机制。如表8-1所示，在动态循环系统当中构建一套"1+3+N"（一条总体思路+三大驱动系统+若干关键节点）的决策管理机制，以政府主导、市场促进、公众助推、利益共享为总体思路，建立约束、激励、监管相结合的驱动子系统，根据驱动子系统之间的关联关系，确定决策管理机制的关键节点。

表 8-1　　　　　城市低效工业用地退出的决策管理机制

| 构成 | 具体内容 |
| --- | --- |
| 总体思路（"1"） | 政府主导、市场促进、公众助推、利益共享 |
| 驱动子系统（"3"） | 约束系统、激励系统、监管系统 |
| 关键节点（"N"） | 更新综合目标制定、激励、过程监督与反馈、目标检视与调整 |

## 一　管理原理

（1）系统管理原理。城市低效工业用地退出管理活动面向工业用地利用过程中的复杂关系，差异化的问题表征、多元化的参与主体和多环节的更新流程都决定了退出和更新管理须坚持系统原理。系统原理的运用要求确定城市低效工业用地退出的综合目标，分析管理主体关系和管理系统运行规律，建立目标约束系统、激励系统、监管系统等子系统，开展过程控制。

（2）动态管理原理。应对管理系统的内外环境因素变动，管理活动随内外环境因素变动而作适应性调整的原理，即动态管理原理。动态原理体现在管理活动的不同阶段、管理目标、管理机制，以及管理措施的适应性调整等具体形式上。动态管理原理要求目标任务化后制订的计划与控制措施应留有余地，保有必要的弹性空间。动态管理原理要求通过完善的监督和反馈机制构建促进管理系统循环。

（3）人本管理原理。低效工业用地退出是城市发展面临的公共管理问题。新时代坚持以人民为中心的执政理念，要求在城市低效工业用地退出进程中始终坚持人本管理原则，突破用地和项目层面的经济效益目标局限，从民众最广泛利益需求出发实施更新管理，确定实现城市民众利益最大化的管理目标，通过社会与环境目标约束、民众参与、利益共享等机制，推动公共利益最大化的实现。

## 二　总体思路

城市低效工业用地退出涉及政府、用地使用权人、公众等多方主体。

由于我国土地公有制和低效用地退出活动的公共特性，退出和更新实践须坚持政府主导地位。多元主体参与活动的持续推进，离不开以合理的利益共享为用地退出动力。低效工业用地退出本质上是用地要素的流转再配置，充分利用市场对资源配置的高效作用，是保障更新活动效率的基本前提。在政府主导基础上提高公众参与度有利于完善低效用地退出活动的监督、反馈体系，促进利益共享机制的形成。据此，建立"政府主导、市场促进、公众助推、利益共享"的工业用地退出总体思路。

## 三 驱动子系统

城市低效工业用地退出"1+3+$N$"决策管理机制中，驱动子系统为更新活动产生、维持和调整提供持续动力。驱动子系统是支撑政府的更新管理行为，协调各参与主体，促进低效工业用地退出目标实现的保障，如图8-1所示。从管理目标制定到过程控制，再到反馈调整，依次形成相互关联的三个子系统：约束子系统、激励子系统和监管子系统。

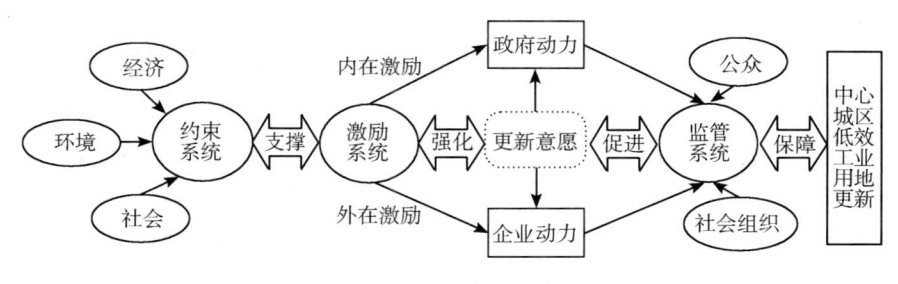

**图 8-1 驱动子系统**

（1）约束子系统。综合城市低效工业用地退出的经济目标、社会目标和环境目标，建立约束子系统，确保指令和行为沿正确的初始方向推进，当用地退出行为充分暴露于监督、反馈环境后，约束子系统将主导指令和行为的调整。通过约束子系统主导指令和行为的初始方向，调整方向，使城市低效工业用地退出循环系统的整体功能实现螺旋式上升。

（2）激励子系统。激励子系统的主要功能是促进管理目标任务化，加快指令向行为的转化，为城市低效工业用地退出意愿转化为行为提供动力支撑。该子系统的激励对象既有更新实践中发挥主导作用的政府，也包括参与更新活动的原用地企业和新用地企业。其中，从公共管理的系统视角定义，对政府的激励是内在激励的形式，对企业的激励是外在激励的形式。

（3）监管子系统。监管子系统的主要功能是对指令的执行、行为的开展实施监督、评估和反馈，为城市低效工业用地退出系统实现动态循环提供必要的连接体系。监管子系统的多元参与主体包括政府、企业、公众、社会组织，利用监管系统检视系统目标是否达成，通过监管系统捕获信息并反馈至约束系统，完成更新系统循环回路的搭接，实现管理决策的动态调整。

## 四 关键节点

"1+3+$N$"决策管理机制中"$N$"是关键节点，是保障系统持续、循环运行的连接点。以管理活动的前后时序划分，具体包括以下几项：城市低效工业用地退出综合目标制定、激励、过程监督与反馈、目标检视与调整。关键节点的建设是"1+3+$N$"城市低效工业用地退出决策管理实践的重点工作。

（1）城市低效工业用地退出综合目标制定。依据重构的城市低效工业用地退出价值和决策管理机制原理，更新决策的综合目标为约束子系统提供多目标的约束条件，在起始阶段，通过指标化后形成的经济、社会和环境约束指标指引决策指令的制定。更新决策的综合目标为检视决策管理机制运行效率、调整更新提供实践方案，指引政策指令的调整。

（2）激励。行为学理论认为在需求向动机、行为转化的过程中，激励所带来的行为动力起着关键作用。城市低效工业用地退出激励的作用体现在两个方面：强化更新意愿、促进各主体参与监管。该关键节点的建设首先应考虑完整的对象激励，即对政府实施内部激励，对企业、参与的民众和社会组织实施外部激励。其次应考虑激励形式的多元化，即经济激励、职级升迁激励，以及精神荣誉等全方位激励。

（3）过程监督与反馈。过程监督与反馈促进城市低效工业用地退出决策循环机制的形成，使更新实践指令的执行过程不再是直线形式，通过多元主体参与监管与反馈，推动退出和更新实践的调整升级。该关键节点建设成效体现在监督能力、反馈有效性两个方面，节点建设的重点工作首先是增强社会组织、公众参与监督的能力，以社会治理能力建设有效补充政府监管的不足。

（4）目标检视与调整。城市低效工业用地退出决策管理的目标是动态、综合目标，目标的检视与调整促进退出和更新实践由阶段运动式向循环演进式转化。该关键节点建设依赖于两方面工作：首先是建立决策机制运行效果评估，系统评估更新成效与目标的偏离情况；其次是完善政府公共管理指令的修正体系，真正实现管理指令修正工作的常态化，提高决策的主动修正能力。

## 第三节 完善城市低效工业用地退出的保障措施

### 一 "道""术"结合的更新管理体系设计

新时代城市低效工业用地退出的价值体系是"道"，低效工业用地退出的路径是"术"，"道"为体，"术"为用。为突破我国城市低效工业用地退出普遍存在的现状问题导向、用地项目导向等单一目标导向问题，更新管理机制构建应坚持系统的更新价值考量，立足更新实践路径的决策机制建设，做到"道""术"的有机结合。

以"道"驭"术"，把握低效工业用地退出的价值本源，要求在更新路径执行过程中应系统体现价值考量内容。改变片面追求经济效益的价值考量，综合经济效益、社会福利、景观和环境效益目标，设定约束子系统的指标，指引更新实践的初始方向，并为后续评估更新管理成效，调整更新指令提供目标约束。

以"术"行"道"，保障低效工业用地退出实践的实施成效，更新路径的选择须与价值考量相呼应。城市再开发、城市更新已成为我国城市长期面临的现实问题，低效工业用地退出势在必行，更新实践路径选择的"术"，是进行价值考量"道"的具体形式。"以术行道"要求遵循管理原理，系统构建决策管理机制，协调各方主体，完善更新活动的驱动系统，重点加强决策管理机制的关键节点建设。

### 二 差异化的退出模式设计

城市低效工业用地退出的差异化模式设计，源于决策管理目标的差异性,以及决策管理机制运行环境的差异性。差异化特征决定了城市在选择退出路径、确定退出模式时不能采取直接复制,或简单的模式选取、拼凑形式,而应根据城市发展的现实情况,综合价值考量,基于现有实践模式合理要素的组合,进行差异化的更新模式设计,创新城市低效工业用地退出路径。一方面,差异化的退出模式设计应根据决策条件和决策环境的不同,制订城市之间个体模式的差异化内容;另一方面,应对持续更新的阶段变化需求,反映在退出过程中执行模式的动态调整。

差异化的退出模式设计须借鉴现有城市实践的经验,以系统的决策管理机制分析已有城市实践的经验和教训,吸收现有退出模式的政策工具,在借鉴现有退出模式时关注其政策选择重点,以突破主要制度瓶颈:系统收储模式的政策选择重点是完善工业用地出让制度,明晰回购条款的设置,完善不同类型的工业用地出让、出租年限;功能转换模式的政策选择重点应完善公开出让制度;自主改造模式的政策选择重点是完善土地资源优化配置及市场价格机制,以市场促进主体参与能力提升;市场流转模式的政策选择重点应依托城市规划、供地管理、土地利用监管、用地过程评估及退出标准的政策完善,提高政府引导水平。

## 三 完善的政策工具储备

政策工具的储备、应用能力能够直观反映政府的公共管理能力。政府公共管理在城市低效工业用地退出实践中起主导作用,在规划、行政、法律、金融财税等政策工具的运用方面具备天然优势。我国城市低效工业用地退出管理活动中政策工具不足、政策工具的不匹配,成为现阶段制约更新效益提升的重要因素。完善的政策工具箱储备须充分考虑决策管理系统的循环需求,依托约束、激励、监管综合驱动系统,结合决策管理运行的关键节点建设,进行政策工具设计,并根据决策管理运行阶段安排好各阶段政策工具的衔接,如表8-2所示。

表8-2　城市低效工业用地退出的主要政策工具

| 关键工作阶段 | 主要政策工具类别 | 政策工具内容 |
| --- | --- | --- |
| 更新综合目标制定 | 规划、行政 | 规划组织、编制和审查,行政协调、决定指令发布 |

（续表）

| 关键工作阶段 | 主要政策工具类别 | 政策工具内容 |
| --- | --- | --- |
| 激励 | 行政、法律、金融财税 | 行政绩效考核，岗位权责设定与追踪，融资激励，收益分配，财税优待，财政投资 |
| 过程监督与反馈 | 行政、法律 | 内部监管政策，外部监察政策，多元社会主体参与监管的社会治理政策，阶段重点监管和日常动态监管政策 |
| 目标检视与调整 | 行政、法律、规划 | 成果的验收、评估政策，模式梳理研究，规划修编 |

更新综合目标制定的主要政策工具是规划、行政政策工具，包括系统规划的组织、编制和专业审查，行政协调、决定指令发布等政策工具，依法为城市低效工业用地退出目标的制定提供保障。激励工作围绕形成内部动力和外部动力，促进更新意愿向更新行为的转化，主要政策工具是行政、法律和金融财税政策工具，如内在激励的行政绩效考核、岗位权责设定与追踪、内在激励与外在激励结合的融资激励、收益分配、财税优待、财政直接投资等政策工具。过程监督与反馈工作围绕形成内部监管、外部督察结合的政府监管体系，以及建设社会治理体系，主要政策工具是行政、法律政策工具，包括内部监管政策、外部监察政策、多元社会主体参与监管的社会治理政策、阶段重点监管和日常动态监管政策等。目标检视与调整工作围绕形成更新系统的持续循环，主要政策工具是行政、法律和规划政策，包括对退出路径执行成果的验收、评估政策，以及对退出路径调整的模式梳理研究、规划修编政策等。

## 四 "以人为本"的全过程保障政策建设

城市低效工业用地退出活动的公共管理属性，以及公有土地制度，决定了退出行动服务的最终目标是人民群众。"以人民为中心"的城市低效工业用地退出行动，要求在退出系统运行的全过程中实施"以人民为中心"的保障政策建设，即在低效工业用地退出的目标设置、机制建设、过程控制和结果评估考核等阶段，实施"以人民为中心"的保障政策。"以人民为中心"的退出保障政策具体转化为退出路径选择决策时，应坚持应对更广泛民众参与的市场化退出路径，坚持应对福利社会建设的人本化退出路径，坚持应对景观和环境质量提升的城市生态化退出路径，全面增强人民群众在城市低效工业用地退出活动中的参与度、公平性和获得感。

应对更广泛民众参与的市场化退出路径建设，重点是引导市场化资源进入城市低效工业用地退出资源，充分利用自由竞争市场对再开发土地的资源优化配置作用，配套必要的宏观管理、微观管理政策，保障市场的有效性。应对福利社会建设的人本化更新路径建设，重点是关注城市低效工业用地退出的社会效益产出，以福利社会的人口、就业发展目标，作为退出路径选择决策的重要约束目标，并在退出路径实施过程中提升社会福利的积极影响。应对景观和环境质量提升的城市生态化更新路径，重点是推动城市低效工业用地退出与城市生态化的同步发展，在土地利用更新规划中，关注景观和环境规划方案设计，以城市景观和环境质量提升形成城市生态化更新路径。

## 第四节　优化城市低效工业用地退出机制的政策设计

### 一　系统构建政策支撑框架体系

城市低效工业用地退出管理呈现出两个方面的显著特征，即用地供需的系统性、用地时间的生命周期性。系统的低效工业用地退出，亟待立足"差异化进入""过程动态管理""更新退出"三个基本模块，构建包含产业调整、用地规划、供应统筹、土地审批、服务配套、批后监管、效益评估、用地退出等全面、动态的政策支撑体系，如图8-2所示。

立足三大基本政策模块，综合考虑国家、区域、县市的宏观、中观、微观层面管理特征，细化制定政策子项目，并完善政策内容。政策体系的构建既要贯彻落实国家相关政策又要考虑到城市实际，既要规划指导全局又要兼顾各城市自身特色。差异化进入应在《土地管理法》等法规范畴内寻求实施创新，保障基本公平，畅通差异化进入渠道；过程动态管理须明确服务、管理双重责任，完善服务配套，加强用地过程监管，开展用地效益评估；更新退出须充分做好转型方向引导，及时把握更新、退出时机。

城市中心区低效工业用地退出土地政策支撑框架体系中，各个环节都

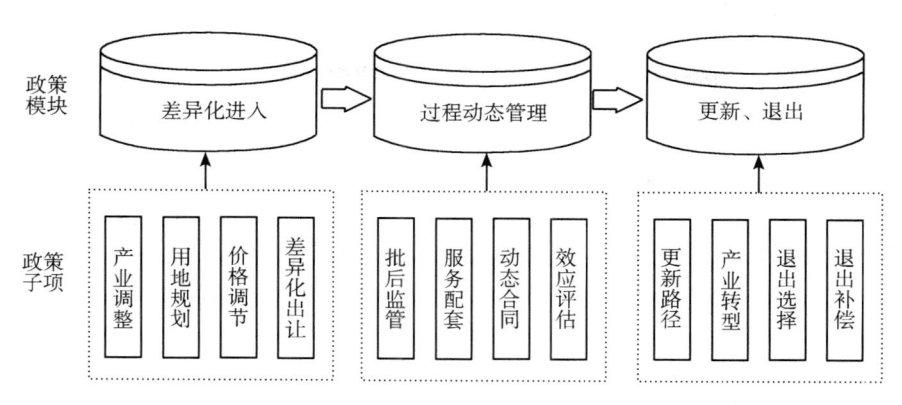

```
政策          ┌─差异化进入─┐ ⇒ ┌─过程动态管理─┐ ⇒ ┌──更新、退出──┐
模块          └──────────┘    └──────────┘    └──────────┘
                   ↑                ↑                ↑
政策     ┌─┬─┬─┬─┐      ┌─┬─┬─┬─┐      ┌─┬─┬─┬─┐
子项    │产│用│价│差│    │批│服│动│效│    │更│产│退│退│
        │业│地│格│异│    │后│务│态│应│    │新│业│出│出│
        │调│规│调│化│    │监│配│合│评│    │路│转│选│补│
        │整│划│节│出│    │管│套│同│估│    │径│型│择│偿│
        │  │  │  │让│    │  │  │  │  │    │  │  │  │  │
        └─┴─┴─┴─┘      └─┴─┴─┴─┘      └─┴─┴─┴─┘
```

图 8-2 城市低效工业用地退出的政策支撑框架体系

是体系系统相对封闭循环的重要环节。产业政策调整作为用地功能转换的起点，起到关键的引领作用，低效工业用地退出的用地规划、价格调节、差异化土地出让必须在处理好新兴产业和传统产业关系基础上，进行统筹安排，合理安排升级产业用地企业有序落子布局，以统筹用地方案提升土地开发集聚效应。土地审批环节严格依法，应对区域条件创新价格调整、差异化出让程序，以差异化出让促进土地资源节约集约利用，以有限的土地供应保障具有战略性作用的新兴产业项目。土地审批通过之后不可"一供了之"，批后监管是检验政策实际执行成效的必要机制，批后监管既可避免屯地、骗地的虚假用地行为，也可为用地信息反馈、用地退出提供基础信息。定期进行效应评估，考核土地利用效率，运用政策手段促进用地升级，实现对低效用地企业的动态淘汰，循环实施退出机制，引进鼓励类企业作为政策工作的联系模块，将使土地利用、政策运行得到高效循环。

## 二 统筹产业调整和用地规划

产业调整依赖于社会经济分析和预测，科学的产业调整始终应作为城市低效工业用地退出土地政策执行的基础，以产业调整引领用地规划，确立有效的土地利用规划方案，统筹产业升级发展与土地可持续利用作为政策制定的目标。与此同时，保证土地利用、城市规划和地区发展规划之间的协调性，将经批准设立的工业园、科技园、开发区等工业用地纳入城市建设管理中，进行合理规划布局、统筹管理。

科学合理的产业布局不仅能够最大程度地激发企业的生产效率，而且对于促进区域经济的可持续协调发展方面大有裨益。我国幅员辽阔，不同城市之间社会、经济发展水平参差不齐，应根据各地资源、环境、经济等方面的特色出台具有针对性的产业升级政策，认真做好国土空间规划、土地利用总体规划、详规与区域发展、产业布局、生态环境建设等相关规划的衔接协调，把握时间节点，细化政策方案，扭住关键，突出重点，统筹推进，协调各城市在低效工业用地退出过程中的项目衔接，统筹工业用地利用效率的整体提升。

### 三　规范实施土地监管

生态环境污染、土地利用低效，是传统工业用地的弊端。低效工业用地不仅占用土地资源而且可能对环境造成污染，土地闲置则是在现如今土地资源稀缺的大环境下对土地资源的严重浪费，两者都是对稀缺土地资源的利用失效。政府应当定期实施动态化跟踪评估、细化考核指标、明晰督办考核标准，对污染大、效益低的企业实施多种方式的更新、退出措施。对于闲置土地要充分利用现代信息技术手段，确保闲置土地及时核算，全面处置覆盖。根据闲置土地的产生原因、规划条件、资金实力和开发意愿等实际情况，分门别类，逐一制定切实可行的处置措施。依法协商收回尚且不能开发的土地，对合法在建项目加强监督，减少闲置。

依据城市低效工业用地退出过程的主体地位、土地功能形式以及实施制度环境综合划分，主要有四种基本模式：回购收储模式、功能转换模式、自主改造模式和市场流转模式。针对低效工业用地退出四种实践模式的关键障碍，在未来政策调整、制度环境建设的过程中应区别对待。回购收储模式制度完善的关键是工业用地出让制度，应明晰回购条款的规范设置，依据工业区产业类型设定工业用地使用年限，以短、中、长期相结合的出让或出租形式丰富用地形式。功能转换模式制度完善的关键是在用地退出、出让过程中应严格依托公开出让制度，有效遏制退出过程中存在的土地寻租行为，促进土地使用权在充分竞争的环境下向高效用地主体流转。自主改造模式制度完善的关键是加强市场参与，提高多主体参与水平，优化土地资源配置及市场价格机制，以市场促进主体参与能力提升。市场流转模式制度完善的关键是加强政府引导，提高土地资源市场的宏观调控能力，主要依赖于城市规划、供地管理、土地利用监管制度、用地过程评估与退出标准，以及更新开发管理等实践政策的完善，使用地行为与城市宏观管理相契合，提高政府引导水平。

为减少土地闲置情况，定期对土地使用权证年检及履约考核，对企业用地情况进行监督。进行供地后的情况监督和评估，建立信用数据库和奖惩机制，及时更新检查企业用地建设是否规范，是否符合供地规划时的土地评价标准。对存在土地闲置情况的新兴产业企业，要进行清理和处置，并加强对闲置土地有关处罚政策执行情况的监督检查，及时纠正闲置土地处置不到位等问题。

## 四 形成多方联动机制

城市低效工业用地退出土地系统政策依赖于差异化进入、过程动态管理、更新和退出三大基本模块的有序运行，在闭合循环管理系统中涉及政策管理指令的发布者、监督机制、反馈机制的执行者等多方主体，在多方主体作用下实现螺旋式升级的用地效益。执行的过程又需综合法律法规、财政政策、货币政策、产业政策、科技政策、技术、市场政策等不同政策工具，涉及不同的主体和客体，形成利益联结的复合主体。

实施多方联动，一是要在政策制定和执行过程中充分考虑各方的需求；二是根据城市中心区低效工业用地退出的不同行业特点和不同发展阶段用地特征，形成多方联动机制，增强各项政策之间的协调性，有效发挥土地、财政、税收、市场等综合调控作用。多方主体的参与既有政府的公共管理，也有原用地企业和新用地企业的积极参与。完整的城市中心区低效工业用地退出土地政策体系应当由五个模块组成：政策规划、统筹供应、土地审批、批后监管、效应评估。在接受政策鼓励类企业进入时应当综合考虑宏观、中观、微观层面再制定政策规划，既要贯彻落实国家相关政策又要考虑城市实情，既要规划指导全局又要兼顾各城市自身特色。土地供应必须统筹安排切忌零散分拨，合理安排用地企业布局延长产业链。土地审批环节应严格把关，杜绝鱼目混珠现象的产生，以节约集约利用土地资源为宗旨，将有限的土地提供给具有发展优势的政策鼓励类企业。土地审批通过之后不可"一供了之"，批后监管是重中之重，监督可减少企业乱象，有助于企业发展，定期进行效应评估，考核土地利用效率运用政策手段使淘汰类企业退出并重新引进鼓励类企业，有效循环利用土地。

## 第五节　保障城市低效工业用地退出的执行政策建议

### 一　成立为工业用地退出服务的部门，形成统筹实施体制

我国城市低效工业用地退出通常牵扯到自然资源部门、规划部门、城市管理部门等多个单位，在实施上难以协调。随着《中共中央关于深化党和国家机构改革的决定》《深化党和国家机构改革方案》在十九届三中全会审议通过，2019年初多地将涉及土地各个方面的多个单位统一整合形成自然资源局，加强了低效工业用地退出的统筹实施。为应对后续政策不断的调整以及在退出过程中面临的各种不确定因素，确保低效工业用地退出的顺利实施，应当配套成立相关服务的部门。如英国成立的废弃土地资助部门用以提供工业用地退出前的污染治理所需资金，虽然废弃土地资助部门功能略显单一，但是此类服务部门的建设在我国尚未找到相关的案例。可借鉴英国资助部门模式，在此基础上由自然资源局成立专门为低效工业用地退出服务并兼顾统筹实施的部门，以整合中央和地方出台的各类相关政策，根据自身情况制定灵活的政策，提供合理的资金支持，使其成为保障性的资金支持工具和系统性的更新政策工具，为城市低效工业用地退出保驾护航。

### 二　鼓励与规范相结合

对有意愿参与低效工业用地退出的主体，在经济上避免其因难以筹集较高的土地获取、整备费用而放弃开发，可以参照美国的"超级基金"政策，由政府财政为开发商提供补助和低息、无息贷款，以及杭州鼓励企业自主更新的运作模式，不管是基金扶持还是允许自主更新都能确保更新主体获取可观的收益，同时为我国其他地区的土地更新起到指导作用，避免上海在转型发展阶段大量闲置工业用地的产生。提升市场主体参与更新的积极性，但要强调土地更新要保障质量的同时对社会创造价值，避免如英国在更新实践过程中，开发商虚报相关治理费用以获得高额扶持资金，并在施工中偷工减料等现象发生。要控制土地退出前期成本，参考深圳

2005 年土地数据调查活动，防止因规划导致的原土地权利人为获取高额土地补偿款而紧急添加地上附着物的行为发生。因此要建立相应的惩罚机制来规范开发与被开发主体的行为，确保国家财政不受损失的同时由全社会共享土地再开发的成果。

### 三 建立政策评估机制

政策评估工作可由低效工业用地退出专项部门承担。我国未来几十年仍处于快速城市化阶段，不同区域、不同阶段的城市更新目标和动力会发生变化，工业用地退出也将经历较长时期逐步完成，其更新实施必将处于动态变化之中，据前文研究，国内外城市低效工业用地退出大多有不断调整的政策来保障土地更新的有效性。因此应通过动态的政策评估，不断发现并解决由政策产生的实际问题，确保相关政策随更新进程不断调整、补充、完善，提高城市工业用地退出效率。

### 四 合理运用利益还原模式

利益还原即通过社会取得土地进行更新，将土地在开发过程中产生的增值收益回流社会。目前上海市城市更新，以原土地权利人按照更新的目标和城市发展的方向不通过招标、挂牌、拍卖的方式对土地自行更新，更新后因用地性质变更，需要补交一部分的地价。同时还需做出基础设施、公共服务设施和公共空间建设等公益贡献。这种利益还原模式在提升社会各个主体参与到低效工业用地退出的积极性同时，保障了更新成果由全社会共享，可以促进土地资源既取之于社会又回报给社会的良性循环，还照顾到了公共利益。利益还原模式值得其他即将开展城市工业用地退出的地区根据自身情况灵活应用。

### 五 公众参与规划细则编制

规划管理是低效工业用地退出和存量工业用地再开发的重要保障，也是影响各方利益的重要政策。在规划制定中要与时俱进，在价值导向上满足城市发展中对土地更新的需求，更新规划的编制过程对于细节的掌控要有所体现，避免无现实意义的理想化规划方案产生，同时不能以牺牲公共利益为代价而追求经济效益。目前我国公众参与规划编制的案例较少，应在规划的编制方面通过建立公共参与的方式倾听公众诉求，满足公共利益发展的需要，共同制定合理的规划方案。在编制规划细则方面，要着重于低效工业用地退出条件的识别，制定正确长远的更新目标，实时掌握更新实施动态，制定的规划跨度不宜过长，对于发现的问题要对规划及时调整，切实保障规划为低效工业用地退出提供现实指导意义。

## 六　保护工业遗产与创意产业

工业遗产是城市工业记忆的载体，是演绎历史最好的途径。虽然俄罗斯和德国已有相关低效工业用地退出中保护工业遗产的案例，但是仅停留在保护遗址和工业记忆层面，没有将工业遗址的潜力深度挖掘。北京、深圳将旧工业遗址改造为艺术区的做法是将工业遗产的保护与文化创意产业的建设相结合。将工业遗产保护与创意园区建设相结合的方式，不但可以开发旧工业用地在经济之外的价值，还能保留城市记忆，可以起到提升城市活力，延续城市文化，见证城市发展的作用。

## 七　尊重生态文明

在城市低效工业用地退出过程中，生态建设是最容易受到忽略的环节，较高建筑容积率、较大建筑密度的城市不但不利于城市居民的身心健康，往往还对其他生物的栖息场所造成破坏，降低生物多样性。南京金陵石化片区工业用地退出案例体现了生态文明的建设，但对比澳大利亚墨尔本在工业用地退出中对生态文明细致的保护和日本横滨港开发区工业用地退出中对建筑物高度的严格控制，我国在城市低效工业用地退出中对于生态文明建设还应更加细致化。应在政策方面对城市更新提出更高要求，做到保护生态文明不光是响应号召，更要落实到细节。在城市低效工业用地退出中不但要保障经济利益和社会利益，更要体现对自然和生态的尊重。

# 参考文献

蔡斌：《美国棕地立法演变对我国旧工业用地再利用中土地污染法律规制的启示》，《兰州学刊》2013年第11期。

蔡军、陈飞、李彻丽格日：《居住与工业用地比例变化及其引发的问题思考》，《现代城市研究》2011年第1期。

曹飞：《城市存量建设用地低效利用问题的解决途径——以工业用地为例》，《城市问题》2017年第11期。

曹康、金涛：《国外"棕地再开发"土地利用策略及对我国的启示》，《中国人口资源与环境》2007年第6期。

陈基伟：《低效工业用地再开发政策研究》，《科学发展》2017年第1期。

陈洁：《西方文献中的中国城市工业用地转型研究》，《国际城市规划》2017年第6期。

陈前虎：《浙江小城镇工业用地形态结构演化研究》，《城市规划汇刊》2000年第6期。

陈伟、彭建超、吴群：《中国省域工业用地利用效率时空差异及影响因素研究》，《资源科学》2014年第10期。

陈昱、陈银蓉、马文博：《基于Bayes判别的工业用地集约利用评价与潜力挖掘分析——以湖北省典型企业为例》，《资源科学》2012年第3期。

楚建群、许超诣、刘云中：《论城市工业用地"低价"出让的动机和收益》，《经济纵横》2014年第5期。

代伟国、张捷、邢忠：《"规划城市建设用地结构"取值思路探索——兼论眉山工业新城的工业用地比重》，《现代城市研究》2014年第10期。

丁红军：《工业用地出让应考虑企业发展周期》，《中国土地》2015年第8期。

丁琳琳、吴群：《环境约束下中国工业用地投入对经济增长的影响——基于"绿色索洛模型"的分析》，《资源科学》2017年第4期。

丁庆、张杨、刘艳芳：《基于RS和GIS的武汉市工业用地生态适宜性评价》，《国土与自然资源研究》2011年第5期。

丁高胜、李杰、张华庚：《工业用地增效对策——以江西省宜春市工业园区为例》，《中国土地》2015年第1期。

段德罡、代冠军、刘文雪：《对当前工业用地分类的思考与探讨》，《现代城市研究》2013年第7期。

范婉莹：《利益还原视角下上海中心城区工业用地更新研究——兼论工业用地更新的规划博弈》，《规划师》2018年第1期。

范郢、古恒宇、沈体雁：《中国工业用地价格空间分布格局研究》，《价格理论与实践》2018年第9期。

费罗成、吴次芳、程久苗、杨树凌：《资源城市转型期工业用地集约利用评价——以枣庄市为例》，《城市问题》2013年第2期。

冯立、唐子来：《产权制度视角下的划拨工业用地更新：以上海市虹口区为例》，《城市规划学刊》2003年第5期。

冯志艳、黄玖立：《工业用地价格是否影响企业进入来自中国城市的微观证据》，《南方经济》2018年第4期。

冯长春、刘思君、李荣威：《我国地级及以上城市工业用地效率评价》，《现代城市研究》2014年第4期。

高辉娜：《工业用地对中国城市工业经济增长的贡献》，《城市发展研究》2015年第3期。

高金龙：《转型与重构——南京老城工业用地再开发研究》，科学出版社2018年版。

高魏、马克星、刘红梅：《中国改革开放以来工业用地节约集约利用政策演化研究》，《中国土地科学》2013年第10期。

高艳梅、田光明、李景刚：《集体建设用地再开发中产权政策焦点困境与对策》，《经济体制改革》2017年第1期。

葛永军、邱晓燕、黄飞虎、范钟铭：《深圳市南山区旧工业区更新改造规划研究方法与实践》,《城市发展研究》2013 年第 8 期。

谷晓坤、刘静、代兵、柴铎:《大都市郊区工业用地减量化适宜性评价方法与实证》,《浙江国土资源》2018 年第 9 期。

顾湘、姜海、王铁、曲福田:《工业用地集约利用评价与产业结构调整——以江苏省为例》,《资源科学》2009 年第 4 期。

郭贯成、温其玉:《环境约束下工业用地生产效率研究——基于中国 33 个典型城市非期望产出的考量》,《中国人口·资源与环境》2014 年第 6 期。

郭贯成、熊强:《城市工业用地效率区域差异及影响因素研究》,《中国土地科学》2014 年第 4 期。

郭贯成、丁晨曦、王雨蓉:《新型城镇化对工业用地利用效率的影响:理论框架与实证检验》,《中国土地科学》2016 年第 8 期。

郭贯成、任宝林、吴群:《基于 ArcGIS 的江苏省金坛市工业用地集约利用评价研究》,《中国土地科学》2009 年第 8 期。

韩晓莉、宋功明、姚润明:《可持续发展的城镇复兴与工业用地转型——英国雷丁 Oracle 项目启示》,《西安建筑科技大学学报（自然科学版）》2018 年第 4 期。

何鹤鸣、张京祥:《产权交易的政策干预:城市存量用地再开发的新制度经济学解析》,《经济地理》2017 年 37 期。

何智锋、华晨、黄杉、张旭峰:《杭州工业用地自主更新模式及规划管理对策》,《规划师》2015 年第 9 期。

洪亚敏、王文:《存量划拨工业用地处置方式研究——基于北京市存在问题的实证分析》,《中国土地科学》2007 年第 5 期。

洪惠坤、廖和平、曾彦、杨伟、谢德体:《集约导向的重庆市低效工业用地退出机制研究》,《西南大学学报（自然科学版）》2015 年第 5 期。

胡睿宪:《对北京市集体土地流转与工业用地模式的思考》,《中国农村经济》2004 年第 2 期。

胡映洁、吕斌:《我国工业用地更新的利益还原机制及其绩效分析》,《城市发展研究》2016 年第 4 期。

胡晓玲、徐建刚、童江华、孙鸿洁:《快速转型期老工业基地工业用地调整研究——以武汉为例》，《城市规划》2007 年第 5 期。

黄金升、陈利根、张耀宇：《基于评价指标性状差异的工业用地集约利用评价研究——以义乌市为例》，《资源科学》2015 年第 4 期。

黄慧明、周敏、吴妮娜：《佛山市顺德区低效工业用地空间绩效评估研究》，《规划师》2017 年第 9 期。

黄大全、洪丽璇、梁进社：《福建省工业用地效率分析与集约利用评价》，《地理学报》2009 年第 4 期。

贾宏俊、黄贤金、于术桐、王广洪、郑泽庆：《中国工业用地集约利用的发展及对策》，《中国土地科学》2010 年第 9 期。

金保彩：《工业用地出让"新政"研究》，《中国土地》2016 年第 12 期。

金太军：《从行政区行政到区域公共管理——政府治理形态嬗变的博弈分析》，《中国社会科学》2007 年第 6 期。

金晓斌、周寅康、常春、杜心栋、徐国鑫：《基于市场化程度的工业用地出让价格评价研究——以江苏省为例》，《资源科学》2011 年第 2 期。

赖文浩：《推进工业用地降成本与增效率的思考——基于华南地区的实地调研》，《中国土地》2017 年第 4 期。

李峰清：《新型城镇化视角下珠三角地区城市更新利益机制与规划策略——以广州、深圳等地区实践为例》，《上海城市规划》2014 年第 5 期。

李健楠：《城市更新中土地再开发的模式及对策研究》，硕士学位论文，西南大学，2017 年。

李阁峰：《工业用地先租后让及弹性年期出让分析》，《中国土地》2016 年第 8 期。

李冬生、陈秉钊：《上海市杨浦老工业区工业用地更新对策》，《城市规划学刊》2005 年第 1 期。

李华、于晓舟、王宏玉：《新时期工业用地集约利用思考》，《中国土地》2018 年第 8 期。

李伟芳、吴迅锋、杨晓平：《宁波市工业用地节约和集约利用问题研究》，《中国土地科学》2008 年第 5 期。

李蕴雄、周沂、任永欢、贺灿飞、杨帆：《城市旧工业区产业升级与空间置换——以广州市白云区良田工业园为例》，《城市发展研究》2015

年第 9 期。

梁皓、黄健元、贺斌：《差别环境响应下的城市工业用地效率——基于长三角城市群的实证分析》，《经济与管理研究》2017 年第 10 期。

刘戒骄：《工业用地出让和利用制度改革分析》，《中共中央党校学报》2015 年第 2 期。

刘新平、严金明、王庆日：《中国城镇低效工业用地再开发的现实困境与理性选择》，《中国土地科学》2015 年第 1 期。

刘向南、单嘉铭、石晓平、汪明进：《发达地区城市工业用地效率评价及影响因素研究——以浙江省绍兴市为例》，《华东经济管理》2016 年第 12 期。

龙开胜、陈利根、占小林：《不同利用类型土地投入产出效率的比较分析——以江苏省耕地和工业用地为例》，《中国人口·资源与环境》2008 年第 5 期。

楼佳俊、赵小凤、王黎明、朱凤武、金平华：《基于企业生命周期的工业用地供应：以江苏省为例》，《现代城市研究》2017 年第 10 期。

卢为民：《生态文明背景下城市工业用地的转型路径探讨》，《环境保护》2015 年第 7 期

卢建新、于路路、陈少衔：《工业用地出让、引资质量底线竞争与环境污染——基于 252 个地级市面板数据的经验分析》，《中国人口·资源与环境》2017 年第 3 期。

卢晓玲、杨钢桥、王玮：《小城镇工业用地扩张机理研究——以湖北通城县、仙桃市为例》，《地域研究与开发》2006 年第 2 期。

陆军：《城市老工业区转型与再开发：理论、经验与实践》，社会科学文献出版社 2011 年版。

罗鹏：《广东省"三旧"改造中旧厂房更新改造研究》，硕士学位论文，华南理工大学，2012 年。

罗能生、彭郁：《中国城市工业用地利用效率时空差异及地方政府竞争影响》，《中国土地科学》2016 年第 5 期。

罗遥、吴群：《城市低效工业用地研究进展——基于供给侧结构性改革的思考》，《资源科学》2018 年第 6 期。

吕萍、徐跃红、沈佳庆：《工业用地空间集散特征及其内在动因研

究——以北京市为例》,《地域研究与开发》2008年第5期。

孟鹏、郝晋珉、周宁、双文元、洪舒蔓:《新型城镇化背景下的工业用地集约利用评价研究——以北京亦庄新城为例》,《中国土地科学》2014年第2期。

钮心毅、李时锦、宋小冬等:《城市工业用地调整的空间决策支持——以广州为例》,《城市规划》2011年第7期。

潘洪义、门明新、许皞、周亚鹏:《基于RS与GIS唐山市工业用地空间扩展模式研究》,《中国土地科学》2007年第1期。

彭搏、石黄磊:《武汉市工业用地生态适宜性评价》,《中国土地科学》2012年第2期。

彭山桂、汪应宏、陈晨、王健、雷刚、吴先华:《山东省工业用地规模合理性及扩张驱动力分析》,《资源科学》2016年第2期。

饶映雪、刘天乔:《城市低效工业用地退出的模式对比与政策选择》,《学习与实践》2017年第9期。

饶映雪、刘天乔:《土地政策对战略性新兴产业的影响——以湖北省为例》,《江汉论坛》2017年第6期。

沈民、范贵麟:《运用价格机制提高工业用地利用效益——以重庆工业用地价格调节方案研究为例》,《经济纵横》2006年第14期。

沈洋、杨新海、彭锐:《乡镇存量工业用地再利用的分析框架:基于苏南W市D镇的实证》,《城市发展研究》2015年第3期。

孙弘:《旧城区传统工业用地再开发》,《中国土地》1998年第8期。

汪勋杰、郭贯成:《产业用地低效退出的理论分析与机制设计》,《财贸研究》2013年第5期。

王贺封、石忆邵:《政策影响下上海市工业用地扩张与效益研究》,《世界地理研究》2014年第2期。

王武科、张凌、胡东海:《宁波市三江片区工业用地时空演变分析》,《城市规划》2011年第7期。

王永仪、魏衡、魏清泉:《转型期东莞市工业用地变化及调整优化研究》,《规划师》2011年第4期。

王宏新、邵俊霖、张文杰:《政策工具视角下的中国闲置土地治理——192篇政策文本(1992—2015)分析》,《中国行政管理》2017年第 3 期。

王宏光、杨永春、刘润、卢红、杨佩：《城市工业用地置换研究进展》，《现代城市研究》2015 年第 3 期。

王彦博、古恒宇、周麟、沈体雁：《2007—2016 年我国工业用地出让的空间格局及其演变》，《地域研究与开发》2018 年第 3 期。

王泽宇、崔正丹、孙才志、韩增林、郭建科：《中国海洋经济转型成效时空格局演变研究》，《地理研究》2015 年第 12 期。

文雯、周丁扬、苏珊、田盈盈：《基于行业分类的工业用地演变研究——以北京市为例》，《中国土地科学》2017 年第 11 期。

吴振华、黎响、王亚蓓：《动态视角下的工业用地集约利用评价研究——基于改进熵权 Topsis 法》，《生态经济》2018 年第 7 期。

谢飞：《产城融合背景下开发区工业用地更新模式研究》，硕士学位论文，苏州科技大学，2016 年。

谢红彬、林明水：《快速转型时期城市工业用地置换时空特征及驱动力分析——以福州市城区为例》，《福建论坛（人文社会科学版）》2012 年第 8 期。

谢花林、王伟、姚冠荣、刘志飞：《中国主要经济区城市工业用地效率的时空差异和收敛性分析》，《地理学报》2015 年第 8 期。

熊鲁霞、骆棕：《上海市工业用地的效率与布局》，《城市规划汇刊》2000 年第 2 期。

熊强、郭贯成：《中国各省区城市工业用地生产效率差异研究》，《资源科学》2013 年第 5 期。

徐青：《城市中心区工业用地退出机制研究——以江苏省江阴市为例》，硕士学位论文，南京农业大学，2014 年。

许明强：《城市工业用地产出率影响因素及区域比较——地级城市面板数据分析》，《中国土地科学》2016 年第 12 期。

严若谷：《旧工业用地再开发的增值收益与分配机制》，《甘肃社会科学》2016 年第 4 期。

严思齐、彭建超、吴群：《中国工业用地利用效率收敛特征》，《资源科学》2018 年第 6 期

颜燕、贺灿飞、刘涛、满燕云：《工业用地价格竞争、集聚经济与企

业区位选择——基于中国地级市企业微观数据的经验研究》,《城市发展研究》2014 年第 3 期。

杨笛韵：《城市存量工业用地再开发的博弈研究》,硕士学位论文,华东师范大学,2015 年。

杨洵：《城市更新中工业遗存再利用研究》,硕士学位论文,重庆大学,2009 年。

杨帆：《大城市地区工业用地存在问题的初步分析及思考——以上海市为例》,《城市发展》2016 年第 4 期。

杨继东、杨其静：《保增长压力、刺激计划与工业用地出让》,《经济研究》2016 年第 1 期。

杨遴杰、饶富杰：《政府在工业用地配置中角色失效原因分析》,《中国土地科学》2012 年第 8 期。

杨其静、卓品、杨继东：《工业用地出让与引资质量底线竞争——基于 2007—2011 年中国地级市面板数据的经验研究》,《管理世界》2014 年第 11 期。

杨忍、陈燕纯、徐茜：《基于政府力和社会力交互作用视角的半城市化地区工业用地演化特征及其机制研究——以佛山市顺德区为例》,《地理科学》2018 年第 4 期。

杨剩富、胡守庚、杨俊、陈莉：《基于宗地尺度工业用地集约利用控制标准优化方法研究》,《资源科学》2013 年第 12 期。

杨兴典、吴群、严长清、金志丰：《基于行业视角的江苏工业用地绿色效益核算研究》,《中国人口·资源与环境》2018 年第 7 期。

姚之浩、曾海鹰：《1950 年代以来美国城市更新政策工具的演化与规律特征》,《国际城市规划》2018 年第 4 期。

叶昌东、赵晓铭：《行业尺度下广州市工业用地空间结构及其形成机制》,《现代城市研究》2015 年第 10 期。

殷晴：《香港地区市区重建策略研究及对广州市旧城更新的启示》,硕士学位论文,华南理工大学,2014 年。

尹贻梅、刘志高、刘卫东、戴俊骋：《城市老工业区创意转型路径研究：以北京石景山为例》,《地理与地理信息科学》2011 年第 6 期。

于洋、张丽梅、陈才：《我国东部地区经济—能源—环境—科技四元系统协调发展格局演变》,《经济地理》2019年第7期。

瞿忠琼、王晨哲、高路:《基于节地原则的城镇低效工业用地宗地评价——以江苏省泰州市海陵区为例》,《中国土地科学》2018年第11期。

张建荣、李孝娟:《直面旧工业区"未合法"工业用地的改造困境——以深圳为例》,《城市规划》2011年第10期。

张京祥、陈浩:《基于空间再生产视角的西方城市空间更新解析》,《人文地理》2012年第2期。

张琳、王亚辉:《微观企业视角下工业用地产出效率的影响因素研究——基于2088家工业企业样本的实证分析》,《华东经济管理》2014年第9期。

张晓平、孙磊:《北京市制造业空间格局演化及影响因子分析》,《地理学报》2012年第10期。

张孝宇、陈华飞:《工业用地弹性出让难在哪儿》,《中国土地》2016年第10期。

张超荣、潘芳、邢琰:《存量规划背景下北京城镇建设用地再开发机制研究——以房山区存量工业用地再开发为例》,《北京规划建设》2015年第5期。

张盼盼、王美飞、何丹:《中心城区工业用地退出路径与机制——以上海为例》,《城市观察》2014年第6期。

张洪、张晓娟、樊玉杰:《云南坝区工业用地集约利用控制指标研究》,《经济地理》2017年第5期。

张立新、朱道林、陈庚、杜挺:《长江三角洲典型城市工业用地价格偏离时空差异及影响因素研究》,《长江流域资源与环境》2018年第1期。

张兰、汪应宏、徐春鹏、王健、彭山桂:《财政分权、地方政府竞争与工业用地利用效率——基于广东省地级市层面的实证研究》,《现代城市研究》2017年第3期。

张赛赛、冯秀丽、马仁锋、徐晖、范园园:《镇域尺度城镇低效用地空间格局分析——以宁波市为例》,《华中师范大学学报(自然科学版)》2017年第4期。

张磊、高旭、边疆、王丽君、陈晓琴、黄秋:《基于层次模糊物元模型的工业用地空间安全评价——以天津市北辰区为例》,《资源科学》

2017 年第 9 期。

赵伟伟、李广志：《快速城市化背景下的西安市工业用地时空演变分析》，《中国人口·资源与环境》2009 年第 1 期。

赵小凤、黄贤金、马文君、张兴榆：《闲置土地的认定思路及处置建议》，《中国土地科学》2011 年第 9 期。

赵爱栋、马贤磊、曲福田、许实：《基于资源价值显化视角的中国工业用地市场发育水平及其影响因素》，《资源科学》2016 年第 2 期。

赵小凤、黄贤金、严长清、李衡、张兴榆：《基于 RAGA-AHP 的工业用地集约利用评价——以江苏省开发区为例》，《长江流域资源与环境》2011 年第 11 期。

赵小凤、楼佳俊、李褲、张云鹏、孙笑古：《工业用地利用转型研究进展》，《现代城市研究》2017 年第 10 期。

郑庆杰：《工业用地弹性出让与租赁问题探析》，《中国土地》2014 年第 10 期。

郑振刚：《供给侧结构性改革下创新存量工业用地管理探析——以上海为例》，《中国土地》2016 年第 8 期。

郑义：《江苏制定低效产业用地再开发六条政策》，《政策瞭望》2016 年第 4 期。

周亮华：《我国城镇低效工业用地再开发的长效机制探索》，《工程经济》2015 年第 10 期。

周敏、匡兵、饶映雪：《极化理论视角下城市建设用地利用效率的时空异质性》，《中国人口·资源与环境》2018 年第 3 期。

周咏馨、李恬、吕玉惠：《基于责任定位法的工业用地集约利用绩效评价——以江苏省盐城市为例》，《中国土地科学》2017 年第 10 期。

周咏馨、吕玉惠、李恬、柳建荣：《工业用地绩效评价网络运行效率的分析与优化》，《城市发展研究》2017 年第 9 期。

周扬、朱喜钢、郭紫雨、冯建喜：《从"三集中"到"有机集中"：对苏南小城镇工业用地集聚集约发展的再思考——以常州市礼嘉镇为例》，《城市发展研究》2018 年第 4 期。

朱孟珏、庄大昌、李涛：《基于环境约束的中国矿业城市工业用地效率评价》，《中国土地科学》2018 年第 10 期。

庄红卫、李红:《湖南省不同区域开发区工业用地利用效率评价研究》,《经济地理》2011年第12期。

Ahmad N, Zhu Y, Ibrahim M, Waqas M, Waheed A, "Development of a Standard Brownfield Definition, Guidelines, and Evaluation Index System for Brownfield Redevelopment in Developing Countries: The Case of Pakistan", *Sustainability*, Vol. 10, No. 12, 2018.

Alhabshi S M, "Urban Renewal of Traditional Settlements in Singapore and Malaysia: The Cases of Geylang Serai and Kampung Bharu", *Asian Survey*, Vol. 50, No. 6, 2010.

Bambra C, Cairns J, Kasim M A, Smith J, Robertson S, Copeland A, Johnson K, "This Divided Land: An Examination of Regional Inequalities in Exposure to Brownfield Land and the Association with Morbidity and Mortality in England", *Health & Place*, No. 34, 2015.

Barrie N, "An Economic Theory for Industrial Land Policy", *Land Use Policy*, No. 33, 2013.

Bryson, J, "Greening Urban Renewal", *Journal of Urban History*, Vol. 39, No. 3, 2012.

Burke H, Hough E, Morgan D J R, Hughes L, Lawrence D J, "Approaches to Inform Redevelopment of Brownfield Sites: An Example from the Leeds Area of the West Yorkshire Coalfield, UK", *Land Use Policy*, No. 47, 2015.

Caputo S, Caserio M, Coles R, Jankovic L, Gaterell M R, "Testing Energy Efficiency in Urban Regeneration", *Proceedings of the Institution of Civil Engineers - Engineering Sustainability*, Vol. 165, No. 1, 2012.

Chen W, Shen Y, Wang Y, Wu Q, "The Effect of Industrial Relocation on Industrial Land Use Efficiency in China: A Spatial Econometrics Approach", *Journal of Cleaner Production*. Vol. 5, No. 10, 2018.

Cheng F, Geertman S, Kuffer M, Zhan Q, "An Integrative Methodology to Improve Brownfield Redevelopment Planning in Chinese Cities: A Case Study of Futian, Shenzhen", *Computers, Environment and Urban Systems*, Vol. 35, No. 5, 2011.

Cahantimur A I, Öztürk R B, Öztürk E C, "Securing Land for Urban Transformation Through Sustainable Brownfield Regeneration—the Case of Eskis Ehir, Turkey", *Environment & Urbanization*, Vol. 22, No. 1, 2015.

De Medici S, Riganti P, Viola S, "Circular Economy and the Role of Universities in Urban Regeneration: The Case of Ortigia, Syracuse", *Sustainability*, Vol. 10, No. 11,. 2018.

Forcada N, Alvarez A P, Love P E D, Edwards D J, "Rework in Urban Renewal Projects in Colombia", *Journal of Infrastructure Systems*, Vol. 23, No. 2, 2017.

Frantál B, Greer-Wootten B, Klusáček P, Krejčí T, Kunc J, Martinát S, "Exploring Spatial Patterns of Urban Brownfields Regeneration: The Case of Brno, Czech Republic", *Cities*, No. 44, 2015.

Gao J, Chen W, Liu Y, "Spatial Restructuring and the Logic of Industrial Land Redevelopment in Urban China: II. A Case Study of the Redevelopment of a Local State-Owned Enterprise in Nanjing", *Land Use Policy*, No. 72, 2018.

Gao J, Chen W, Yuan F, "Spatial Restructuring and the Logic of Industrial Land Redevelopment in Urban China: I. Theoretical Considerations", *Land Use Policy*, No. 68, 2017.

Gao Y, Ma Y, "What is Absent from the Current Monitoring: Idleness of Rural Industrial Land in Suburban Shanghai", *Habitat International*, No. 49, 2015.

Green T L, "Evaluating Predictors for Brownfield Redevelopment", *Land Use Policy*, No. 73.

Guo L, Han L, Hong H, Zhou T, "Research on the Enhancement Effects of Using Ecological Principles in Managing the Lifecycle of Industrial Land", *Sustainability*, Vol. 10, No. 6, 2018.

Han W, Zhang Y, Cai J, Ma E, "Does Urban Industrial Agglomeration Lead to the Improvement of Land Use Efficiency in China? An Empirical Study from a Spatial Perspective", *Sustainability*, Vol. 11, No. 4, 2019.

Hao P, Geertman S, Hooimeijer P, Sliuzas R, "Spatial Analyses of the Urban Village Development Process in Shenzhen, China", *International*

*Journal of Urban and Regional Research*, Vol. 37, No. 6, 2012.

Ho D C W, Yau Y, Poon S W, Liusman E, "Achieving Sustainable Urban Renewal in Hong Kong: Strategy for Dilapidation Assessment of High Rises", *Journal of Urban Planning and Development*, Vol. 138, No. 2, 2012.

Holm A, Kuhn A, "Squatting and Urban Renewal: The Interaction of Squatter Movements and Strategies of Urban Restructuring in Berlin", *International Journal of Urban and Regional Research*, Vol. 35, No. 3, 2010.

Huang Z, Du X, "Strategic Interaction in Local Governments' Industrial Land Supply: Evidence from China", *Urban Studies*, Vol. 54, No. 6, 2016.

Huang Z, He C, Li H, "Local Government Intervention, Firm-Government Connection, and Industrial Land Expansion in China", *Journal of Urban Affairs*, 2017.

Lee T, Jou J, "Urban Spatial Development: A Real Options Approach", *The Journal of Real Estate Finance and Economics*, Vol. 40, No. 2, 2010.

Jiang G, Ma W, Dingyang Z, Qinglei Z, Ruijuan Z, "Agglomeration or Dispersion? Industrial Land-Use Pattern and Its Impacts in Rural Areas from China's Township and Village Enterprises Perspective", *Journal of Cleaner Production*, No. 159, 2017.

Juan Y, Roper K O, Castro L D, Ha K J, "Optimal Decision Making on Urban Renewal Projects", *Management Decision*, Vol. 48, No. 2, 2010.

Jun M J, "The Economic Costs and Transport Benefits of Seoul's Industrial Land Use Controls", *Urban Studies*, Vol. 49, No. 8, 2011.

Kim E J, "Seeking a Balance: A Procedure-Based Evaluation of Localized Approaches for Brownfield Management in the USA", *Journal of Environmental Planning and Management*, Vol. 61, No. 9, 2017.

Kuang W, Liu J, Dong J, Chi W, Zhang C, "The Rapid and Massive Urban and Industrial Land Expansions in China between 1990 and 2010: A CLUD-Based Analysis of Their Trajectories, Patterns, and Drivers", *Landscape and Urban Planning*, No. 145, 2016.

Lai Y, Peng Y, Li B, Lin Y, "Industrial Land Development in Urban Villages in China: A Property Rights Perspective", *Habitat International*, No.

41, 2014.

Laprise M, Lufkin S, Rey E, "An Indicator System for the Assessment of Sustainability Integrated into the Project Dynamics of Regeneration of Disused Urban Areas", *Building and Environment*, No. 86, 2015.

Li C, Gao X, He B J, Wu J, Wu K, "Coupling Coordination Relationships between Urban - Industrial Land Use Efficiency and Accessibility of Highway Networks: Evidence from Beijing - Tianjin - Hebei Urban Agglomeration, China", *Sustainability*, Vol. 11, No. 5, 2019.

Li Y, Long H, Liu Y, "Industrial Development and Land Use/Cover Change and Their Effects on Local Environment: A Case Study of Changshu in Eastern Coastal China", *Frontiers of Environmental Science & Engineering in China*, Vol. 4, No. 4, 2010.

Lin S-W, Ben T-M, "Impactof Government and Industrial Agglomeration on Industrial Land Prices: A Taiwan Case Study", *Habitat International*, Vol. 33, No. 4, 2009.

Liu C, Song W, Zhou C, "Unsuccessful Urban Governance of Brownfield Land Redevelopment: A Lesson from the Toxic Soil Event in Changzhou, China", *Sustainability*, Vol. 9, No. 5, 2017.

Liu X, "Housing Renewal Policies, House Prices and Urban Competitiveness", *Applied Geography*, Vol. 30, No. 2, 2010.

Louw E, van der Krabben E, van Amsterdam H, "The Spatial Productivity of Industrial Land", *Regional Studies*, Vol. 46, No. 1, 2012.

Machowski R, Rzetala M A, Rzetala M, Solarski M, "Geomorphological and Hydrological Effects of Subsidence and Land Use Change in Industrial and Urban Areas", *Land Degradation & Development*, Vol. 27, No. 7, 2016.

Mavrakis A, Papavasileiou C, Salvati L, "Towards (Un) Sustainable Urban Growth? Industrial Development, Land-Use, Soil Depletion and Climate Aridity in a Greek Agro - Forest Area", *Journal of Arid Environments*, No. 121, 2015.

Nagengast A, Hendrickson C, Lange D, "Commuting from U. S. Brownfield and Greenfield Residential Development Neighborhoods", *Journal of*

*Urban Planning and Development*, Vol. 137, No. 3, 2011.

Ouoba Y, "Industrial Mining Land Use and Poverty in Regions of Burkina Faso", *Agricultural Economics*, Vol. 49, No. 4, 2018.

Pan M, Song H, "Transformation and Upgrading of Old Industrial Zones on Collective Land: Empirical Study on Revitalization in Nanshan", *Habitat International*, No. 65.

Patrick F, "Political Explanations for the Difficulties in Congressional Budgeting", *The Social Science Journal*, Vol. 36, No. 1, 1999.

Peng Y, Lai Y, Li X, Zhang X, "An Alternative Model for Measuring the Sustainability of Urban Regeneration: the Way Forward", *Journal of Cleaner Production*, No. 109, 2015.

Qian Y, Gallagher F, Deng Y, Wu M, Feng H, "Risk Assessment and Interpretation of Heavy Metal Contaminated Soils on an Urban Brownfield Site in New York Metropolitan Area", *Environmental Science and Pollution Research*, Vol. 24, No. 30, 2017.

Rius Ulldemolins J, "Culture and Authenticity in Urban Regeneration Processes: Place Branding in Central Barcelona", *Urban Studies*, Vol. 51, No. 14, 2014.

Ruming K J, "Developer Typologies in Urban Renewal in Sydney: Recognising the Role of Informal Associations between Developers and Local Government", *Urban Policy and Research*, Vol. 28, No. 1, 2010.

Sakamoto K, Iida A, Yokohari M, "Spatial Patterns of Population Turnover in a Japanese Regional City for Urban Regeneration Against Population Decline: Is Compact City Policy Effective?", *Cities*, No. 81, 2018.

Shafray E, Kim S, "A Study of Walkable Spaces with Natural Elements for Urban Regeneration: A Focus on Cases in Seoul, South Korea", *Sustainability*, Vol. 9, No. 4, 2017.

Shoup D C, "The Optimal Timing of Urban Land Development", *Papers in Regional Science*, Vol. 25, No. 1, 1970.

Shu H, Xiong P, "Reallocation Planning of Urban Industrial Land for Structure Optimization and Emission Reduction: A Practical Analysis of Urban

Agglomeration in China's Yangtze River Delta", *Land Use Policy*, No. 81, 2019.

Song M, Wang S, Wu K, "Environment-Biased Technological Progress and Industrial Land-Use Efficiency in China's New Normal", *Annals of Operations Research*, Vol. 268 (1-2), 2016.

Soundranayagam J P, Sivasubramanian P, Chandrasekar N, Durairaj K S P, "An Analysis of Land Use Pattern in the Industrial Development City Using High Resolution Satellite Imagery", *Journal of Geographical Sciences*, Vol. 21, No. 1, 2011.

Sun C, Sun C, Yang Z, Zhang J, Deng Y, "Urban Land Development for Industrial and Commercial Use: A Case Study of Beijing", *Sustainability*, Vol. 8, No. 12, 2016.

Titman S, "Urban Land Prices Under uncertainty", *The American Economic Review*, Vol. 75, No. 3, 1985.

Tomasz R, "Industrial Restructuring in Poland and Other European Union States in the Era of Economic Globalization", *Procedia Social and Behavioral Sciences*, No. 19, 2011.

Tu F, Yu X, Ruan J, "Industrial Land Use Efficiency under Government Intervention: Evidence from Hangzhou, China", *Habitat International*, No. 43, 2014.

Turk S S, Korthals Altes W K, "Potential Application of Land Readjustment Method in Urban Renewal: Analysis for Turkey", *Journal of Urban Planning and Development*, Vol. 137, No. 1, 2011.

Turnbull G K, "A Comparative Dynamic Analysis of Zoning in a Growing City", *Journal of Urban Economics*, Vol. 29, No. 2, 1991.

Tyler P, Warnock C, Provins A, Lanz B, "Valuing the Benefits of Urban Regeneration", *Urban Studies*, Vol. 50, No. 1, 2012.

Kefford A, "Disruption, Destruction and the Creation of 'the Inner Cities': the Impact of Urban Renewal on Industry, 1945—1980", *Urban History*, Vol. 44, No. 03, 2016.

Uršič M, Križnik B, "Comparing Urban Renewal in Barcelona and Seoul-

Urban Management in Conditions of Competition Among Global Cities", *Asia Europe Journal*, Vol. 10, No. 1, 2012.

Van den Berg M, "City Children and Genderfied Neighbourhoods: The New Generation as Urban Regeneration Strategy", *International Journal of Urban and Regional Research*, Vol. 37, No. 2, 2012.

Van Meerkerk I, Boonstra B, Edelenbos J, "Self-Organization in Urban Regeneration: A Two – Case Comparative Research", *European Planning Studies*, Vol. 21, No. 10, 2013.

Vandermeer M C, Halleux J M, "Evaluation of the Spatial and Economic Effectiveness of Industrial Land Policies in Northwest Europe", *European Planning Studies*, Vol. 25, No. 8, 2017.

Wachs M, "Turning Cities inside out: Transportation and the Resurgence of Downtowns in North America", *Transportation*, Vol. 40, No. 6, 2013.

Wand J, "Art in Capital: Shaping Distinctiveness in a Culture – Led Urban Regeneration Project in Red Town, Shanghai", *Cities*, Vol. 26, No. 6, 2009.

Wang Y, Fukuda H, "Sustainable Urban Regeneration for Shrinking Cities: A Case from Japan", *Sustainability*, Vol. 11, No. 5, 2019.

Woo A, Lee S, "Illuminating the Impacts of Brownfield Redevelopments on Neighboring Housing Prices: Case of Cuyahoga County, Ohio in the US", *Environment and Planning A*, Vol. 48, No. 6, 2016.

Wu Q, Zhang X, Liu C, Chen Z, "The De-Industrialization, Re-Suburbanization and Health Risks of Brownfield Land Reuse: Case Study of a Toxic Soil Event in Changzhou, China", *Land Use Policy*, No. 74, 2018.

Wu Y, Zhang X, Skitmore M, Song Y, Hui E C M, "Industrial Land Price and Its Impact on Urban Growth: A Chinese Case Study", *Land Use Policy*, No. 36, 2014.

Xiang P, Wang Y, Deng Q, "Inclusive Nature – Based Solutions for Urban Regeneration in a Natural Disaster Vulnerability Context: A Case Study of Chongqing, China", *Sustainability*, No. 9, 2017.

Xie H, Chen Q, Lu F, Wang W, Yao G, Yu J, "Spatial-Temporal

Disparities and Influencing Factors of Total-Factor Green Use Efficiency of Industrial Land in China", *Journal of Cleaner Production*, No. 207, 2019.

Xie H, Chen Q, Lu F, Wu Q, Wang W, "Spatial - Temporal Disparities, Saving Potential and Influential Factors of Industrial Land Use Efficiency: A Case Study in Urban Agglomeration in the Middle Reaches of the Yangtze River", *Land Use Policy*, No. 75, 2018.

Xie H, Wang W, "Spatiotemporal Differences and Convergence of Urban Industrial Land Use Efficiency for China's Major Economic Zones", *Journal of Geographical Sciences*, Vol. 25, No. 10, 2015.

Ye L, Huang X, Yang H, Chen Z, Zhong T, Xie Z, "Effects of Dual Land Ownerships and Different Land Lease Terms on Industrial Land Use Efficiency in Wuxi City, East China", *Habitat International*, No. 78, 2018.

Yung E H K, Conejos S, Chan E H W, "Public Open Spaces Planning for the Elderly: The Case of Dense Urban Renewal Districts in Hong Kong", *Land Use Policy*, No. 59, 2016.

Zhai B, Ng M K, "Urban Regeneration and Social Capital in China: A Case Study of the Drum Tower Muslim District in Xi'an", *Cities*, No. 35, 2013.

Zhang L, Yue W, Liu Y, Fan P, Wei Y D, "Suburban Industrial Land Development in Transitional China: Spatial Restructuring and Determinants", *Cities*, No. 78, 2018.

Zhang X, Lin Y, Wu Y, Skitmore M, "Industrial Land Price between China's Pearl River Delta and Southeast Asian Regions: Competition or Coopetition?", *Land Use Policy*, No. 61, 2017.

Zhang Z, Liu J, Gu X, "Reduction of Industrial Land beyond Urban Development Boundary in Shanghai: Differences in Policy Responses and Impact on Towns and Villages", *Land Use Policy*, No. 82, 2019.

Zhao X, Zhang L, Huang X, Zhao Y, Zhang Y, "Evolution of the Spatiotemporal Pattern of Urban Industrial Land Use Efficiency in China", *Sustainability*, Vol. 10, No. 7, 2018.

Zheng X, Geng B, Wu X, Lv L, Hu Y, "Performance Evaluation of

Industrial Land Policy in China", *Sustainability*, Vol. 6, No. 8, 2014.

Zielke P, Waibel M, "The Urban Governance of Brownfield Restructuring in China: The Case of Guangzhou's T. I. T Creative Industry Zone", *Asia Pacific Viewpoint*, Vol. 57, No. 1, 2016.

# 附录1 政策文本汇总表

| 编号 | 发布日期 | 发布单位 | 政策名称 |
| --- | --- | --- | --- |
| 1 | 1995 | 国家土地管理局 | 《国家土地管理局关于进一步抓好闲置土地清理和各类建设用地检查的通知》 |
| 2 | 1995 | 国家土地管理局 | 《国家土地管理局关于全面清理非农业建设闲置土地的通知》 |
| 3 | 1996 | 国家土地管理局 | 《国家土地管理局关于切实做好非农业建设闲置土地利用工作的通知》 |
| 4 | 1999 | 国土资源局 | 《闲置土地处置办法》 |
| 5 | 2001 | 国土资源部 | 《国土资源部关于整顿和规范土地市场秩序的通知》 |
| 6 | 2003 | 国土资源部 | 《国土资源部关于进一步治理整顿土地市场秩序近期进展情况的通报》 |
| 7 | 2004 | 国土资源部 | 《国土资源部关于贯彻落实国务院紧急通知精神进一步严格土地管理的通知》 |
| 8 | 2005 | 国土资源部 | 《国土资源部关于做好土地利用总体规划修编前期工作中"四查清、四对照"工作有关问题的通知》 |
| 9 | 2008 | 国土资源部、国家发改委、教育部 | 《国土资源部、国家发展和改革委员会、教育部等关于切实做好扩大内需促进经济平稳较快发展的用地保障和管理的通知》 |
| 10 | 2008 | 国土资源部 | 《国土资源部关于发布和实施〈工业项目建设用地控制指标〉的通知（2008修订）》 |
| 11 | 2008 | 中国人民银行、中国银行业监督管理委员会 | 《中国人民银行、中国银行业监督管理委员会关于金融促进节约集约用地的通知》 |
| 12 | 2009 | 国土资源部办公厅 | 《国土资源部办公厅关于印发市县乡级土地利用总体规划编制指导意见的通知》 |
| 13 | 2010 | 国土资源部 | 《国土资源部关于加强房地产用地供应和监管有关问题的通知》 |
| 14 | 2011 | 国家发展改革委 | 《国家发展改革委关于印发沈阳经济区新型工业化综合配套改革试验总体方案的通知》 |
| 15 | 2012 | 工信部、财政部、国土资源部 | 《工业和信息化部、财政部、国土资源部关于进一步做好国家新型工业化产业示范基地创建工作的指导意见》 |

续表

| 编号 | 发布日期 | 发布单位 | 政策名称 |
|---|---|---|---|
| 16 | 2012 | 国土资源部 | 《国土资源部关于大力推进节约集约用地制度建设的意见》 |
| 17 | 2012 | 国土资源部 | 《国土资源部关于推进土地利用计划差别化管理的意见》 |
| 18 | 2012 | 国务院 | 《国务院关于土地管理和矿产资源开发利用及保护工作情况的报告》 |
| 19 | 2012 | 国土资源部 | 《闲置土地处置办法（2012修订）》 |
| 20 | 2013 | 国家发改委 | 《产业结构调整指导目录（2011年本）（2013修正）》 |
| 21 | 2013 | 国土资源部 | 《国土资源部关于印发〈保发展保红线工程2013年行动方案〉的通知》 |
| 22 | 2013 | 国务院 | 《国务院关于化解产能严重过剩矛盾的指导意见》 |
| 23 | 2013 | 国务院 | 《国务院关于加快棚户区改造工作的意见》 |
| 24 | 2013 | 国务院 | 《国务院关于印发循环经济发展战略及近期行动计划的通知》 |
| 25 | 2014 | 国家发改委 | 《国家发展改革委关于做好城区老工业区搬迁改造试点工作的通知》 |
| 26 | 2014 | 国土资源部 | 《国土资源部关于推进土地节约集约利用的指导意见》 |
| 27 | 2014 | 国务院办公厅 | 《国务院办公厅关于促进国家级经济技术开发区转型升级创新发展的若干意见》 |
| 28 | 2014 | 国务院办公厅 | 《国务院办公厅关于进一步加强棚户区改造工作的通知》 |
| 29 | 2014 | 国务院办公厅 | 《国务院办公厅关于推进城区老工业区搬迁改造的指导意见》 |
| 30 | 2014 | 国务院办公厅 | 《国务院关于近期支持东北振兴若干重大政策举措的意见》 |
| 31 | 2014 | 国务院办公厅 | 《国务院关于清理规范税收等优惠政策的通知》 |
| 32 | 2014 | 国土资源部 | 《节约集约利用土地规定》 |
| 33 | 2014 | 国土资源部 | 《中共国土资源部党组关于巡视整改情况的通报》 |
| 34 | 2015 | 全国人民代表大会 | 《第十二届全国人民代表大会第三次会议关于2014年国民经济和社会发展计划执行情况与2015年国民经济和社会发展计划的决议》 |
| 35 | 2015 | 国家发改委 | 《国家发展改革委关于印发〈东北城区老工业区搬迁改造专项实施办法〉的通知》 |
| 36 | 2016 | 国家发改委 | 《国家发展改革委关于加快美丽特色小（城）镇建设的指导意见》 |

续表

| 编号 | 发布日期 | 发布单位 | 政策名称 |
| --- | --- | --- | --- |
| 37 | 2016 | 国土资源部 | 《国土资源部关于进一步做好新型城镇化建设土地服务保障工作的通知》 |
| 38 | 2016 | 国土资源部 | 《国土资源部关于印发〈关于深入推进城镇低效工业用地再开发的指导意见(试行)〉的通知》 |
| 39 | 2016 | 国务院 | 《国务院关于钢铁行业化解过剩产能实现脱困发展的意见》 |
| 40 | 2016 | 国务院 | 《国务院关于全国土地整治规划（2016—2020年）的批复》 |
| 41 | 2016 | 国务院 | 《国务院关于深入推进新型城镇化建设的若干意见》 |
| 42 | 2016 | 国务院 | 《国务院批转国家发展改革委关于2016年深化经济体制改革重点工作意见的通知》 |
| 43 | 2017 | 国土资源部办公厅 | 《国土资源部办公厅关于印发〈节地技术和节地模式推荐目录（第一批）〉的通知》 |
| 44 | 2017 | 国土资源部 | 《国土资源部关于广东省东莞市和佛山市南海区完善建设用地使用权转让、出租、抵押二级市场试点实施方案的批复》 |
| 45 | 2017 | 国土资源部 | 《国土资源部关于吉林省长春市完善建设用地使用权转让、出租、抵押二级市场试点实施方案的批复》 |
| 46 | 2017 | 国土资源部 | 《国土资源部关于宁夏回族自治区石嘴山市完善建设用地使用权转让、出租、抵押二级市场试点实施方案的批复》 |
| 47 | 2017 | 国土资源部 | 《国土资源部关于山东省国土资源节约集约示范省创建工作方案的批复》 |
| 48 | 2017 | 国土资源部 | 《国土资源部关于山东省临沂市完善建设用地使用权转让、出租、抵押二级市场试点实施方案的批复》 |
| 49 | 2017 | 国土资源部 | 《国土资源部关于云南省昆明市完善建设用地使用权转让、出租、抵押二级市场试点实施方案的批复》 |
| 50 | 2017 | 国土资源部 | 《国土资源部关于浙江省宁波市和德清县完善建设用地使用权转让、出租、抵押二级市场试点实施方案的批复》 |
| 51 | 2017 | 国务院 | 《国务院关于促进外资增长若干措施的通知》 |
| 52 | 2017 | 中共中央、国务院 | 《中共中央、国务院关于加强耕地保护和改进占补平衡的意见》 |
| 53 | 2018 | 国家税务总局 | 《国家税务总局关于政协十三届全国委员会第一次会议第3233号（资源环境类158号）提案答复的函》 |
| 54 | 2018 | 自然资源部 | 《自然资源部公告2018年第1号——关于2017年国家土地督察工作情况的公告》 |
| 55 | 2019 | 自然资源部 | 《自然资源部关于2018年度国家级开发区土地集约利用评价情况的通报》 |

续表

| 编号 | 发布日期 | 发布单位 | 政策名称 |
| --- | --- | --- | --- |
| 56 | 2003 | 陕西省人民政府办公厅 | 《陕西省人民政府办公厅转发省国土资源厅关于开展土地市场秩序治理整顿工作实施意见的通知》 |
| 57 | 2010 | 青海省人民政府 | 《青海省土地利用总体规划（2006—2020年）》 |
| 58 | 2011 | 安徽省人民政府 | 《安徽省人民政府关于进一步推进节约集约用地的若干意见》 |
| 59 | 2011 | 福建省国土资源厅 | 《福建省国土资源厅关于进一步提高工业项目节约集约用地水平的若干意见》 |
| 60 | 2011 | 湖南省人民政府 | 《湖南省人民政府关于节约集约用地的若干意见》 |
| 61 | 2012 | 辽宁省人民政府 | 《辽宁省人民政府办公厅关于印发辽宁省促进"一区一带"科学发展土地管理制度改革实施方案的通知》 |
| 62 | 2013 | 福建省人民政府 | 《福建省人民政府关于促进工业项目节约集约用地八条措施的通知》 |
| 63 | 2014 | 湖北省人民政府 | 《湖北省人民政府关于实行最严格节约集约用地制度的通知》 |
| 64 | 2014 | 湖南省国土资源厅 | 《湖南省国土资源厅办公室关于抓紧报送闲置土地清理工作情况的通知》 |
| 65 | 2014 | 浙江省国土资源厅 | 《浙江省国土资源厅关于进一步做好城镇低效工业用地再开发和"三改一拆"土地利用中有关问题的意见》 |
| 66 | 2014 | 浙江省国土资源厅 | 《浙江省国土资源厅关于进一步做好稳增长国土资源服务保障工作的通知》 |
| 67 | 2014 | 浙江省国土资源厅 | 《浙江省国土资源厅关于印发〈浙江省城镇低效工业用地再开发工作考核办法〉的通知》 |
| 68 | 2014 | 浙江省人民政府办公厅 | 《浙江省人民政府办公厅关于在杭州市萧山区等24个县（市、区）推广开展资源要素市场化配置综合配套改革的复函》 |
| 69 | 2014 | 浙江省人民政府 | 《浙江省人民政府关于全面推进城镇低效工业用地再开发工作的意见》 |
| 70 | 2014 | 浙江省人民政府 | 《浙江省人民政府关于实施"空间换地"深化节约集约用地的意见》 |
| 71 | 2016 | 湖南省人民政府 | 湖南省人民政府关于进一步加强节约集约用地的意见 |
| 72 | 2016 | 浙江省人民政府办公厅 | 《浙江省人民政府办公厅关于印发浙江省钢铁行业化解过剩产能实现脱困发展实施方案的通知》 |
| 73 | 2016 | 中共江苏省委、江苏省人民政府 | 《中共江苏省委、江苏省人民政府关于推进供给侧结构性改革的意见》 |
| 74 | 2017 | 四川省国土资源厅 | 《四川省国土资源厅关于深入推进城镇低效工业用地再开发的实施意见》 |
| 75 | 2018 | 青海省人民政府 | 《（青海省）有的放矢"一地一策"全力推进闲置土地处置——全省土地开发利用水平显著提升》 |

续表

| 编号 | 发布日期 | 发布单位 | 政策名称 |
| --- | --- | --- | --- |
| 76 | 2018 | 湖北省人民政府 | 《湖北省人民政府关于加快新旧动能转换的若干意见》 |
| 77 | 2018 | 浙江省国土资源厅 | 《浙江省国土资源厅关于进一步做好城乡低效工业用地再开发有关工作的通知》 |
| 78 | 1997 | 广州市人民政府 | 《广州市闲置土地处理办法》 |
| 79 | 1999 | 广州市人民政府 | 《广州市人民政府转发省人民政府关于加强非农业建设闲置土地管理的通知》 |
| 80 | 1999 | 深圳市人民政府 | 《深圳市人民政府转发国土资源部〈闲置土地处置办法〉的通知》 |
| 81 | 1999 | 长沙市人民政府 | 《长沙市人民政府闲置土地处置办法》 |
| 82 | 2001 | 北京市人民政府 | 《北京市闲置土地处理办法》 |
| 83 | 2001 | 西宁市人民政府 | 《西宁市闲置土地处理办法》 |
| 84 | 2002 | 贵阳市人民政府 | 《贵阳市闲置土地处置办法》 |
| 85 | 2002 | 杭州市人民政府 | 《杭州市闲置土地处置办法》 |
| 86 | 2003 | 广州市人民代表大会常务委员会 | 《广州市人民代表大会常务委员会关于广州市人民政府办理〈关于尽快制定整治"烂尾楼"办法的议案〉实施方案的决议》 |
| 87 | 2003 | 广州市人民政府 | 《广州市闲置土地处理办法（2003）》 |
| 88 | 2003 | 西安市人民政府 | 《西安市闲置土地处理办法》 |
| 89 | 2004 | 福州市人民政府 | 《福州市闲置土地处置办法》 |
| 90 | 2004 | 长春市人民政府 | 《长春市闲置土地处置办法》 |
| 91 | 2005 | 六安市人民政府 | 《六安市人民政府关于印发六安市城市规划区闲置土地处置办法的通知》 |
| 92 | 2006 | 南宁市人民政府 | 《南宁市国有闲置土地处置办法》 |
| 93 | 2006 | 韶关市人民政府 | 《韶关市闲置土地处置办法》 |
| 94 | 2006 | 武汉市人民政府 | 《武汉市人民政府关于印发武汉市闲置土地处置办法的通知》 |
| 95 | 2008 | 亳州市人民政府 | 《亳州市人民政府办公室关于印发亳州市城市规划区内国有闲置土地处置办法的通知》 |
| 96 | 2008 | 常州市人民政府 | 《常州市人民政府关于颁发〈常州市闲置土地处置办法（试行）〉的通知》 |
| 97 | 2008 | 昆明市人民政府 | 《昆明市闲置土地处置办法》 |
| 98 | 2008 | 曲靖市人民政府 | 《曲靖市闲置土地处置办法》 |
| 99 | 2008 | 南宁市人民政府 | 《南宁市国有闲置土地处置办法（2008）》 |
| 100 | 2008 | 信阳市人民政府 | 《信阳市人民政府关于印发信阳市闲置土地处置办法的通知》 |

续表

| 编号 | 发布日期 | 发布单位 | 政策名称 |
|---|---|---|---|
| 101 | 2008 | 银川市人民政府 | 《银川市闲置土地处理办法》 |
| 102 | 2008 | 肇庆市人民政府 | 《肇庆市人民政府关于清理市城区机关事业单位闲置用地的通知》 |
| 103 | 2008 | 郑州市人民政府 | 《郑州市闲置土地处置办法》 |
| 104 | 2009 | 合肥市人民政府 | 《合肥市闲置土地处置办法（试行）》 |
| 105 | 2009 | 吴忠市人民政府 | 《吴忠市人民政府关于印发〈吴忠市闲置土地处置办法〉的通知》 |
| 106 | 2010 | 北京市国土资源局 | 《北京市国土资源局关于加强土地出让合同批后监管的通知》 |
| 107 | 2010 | 广州市人民政府 | 《广州市闲置土地处理办法（2010）》 |
| 108 | 2010 | 淮南市人民政府 | 《淮南市闲置土地处置办法》 |
| 109 | 2010 | 拉萨市人民政府 | 《拉萨市闲置土地处置办法》 |
| 110 | 2010 | 宁波市人民政府 | 《宁波市人民政府关于调整工业用地结构促进土地节约集约利用的意见（试行）》 |
| 111 | 2011 | 滁州市人民政府 | 《滁州市人民政府关于进一步推进节约集约用地的若干意见》 |
| 112 | 2011 | 惠州市人民政府办公室 | 《惠州市人民政府办公室关于进一步促进节约集约用地的实施意见》 |
| 113 | 2011 | 马鞍山市人民政府 | 《马鞍山市人民政府关于进一步加强节约集约用地的实施意见》 |
| 114 | 2011 | 宁波市人民政府办公厅 | 《宁波市人民政府办公厅关于进一步促进节约集约用地的通知》 |
| 115 | 2011 | 长沙市人民政府 | 《长沙市闲置土地处理办法》 |
| 116 | 2011 | 周口市人民政府 | 《周口市人民政府关于印发周口市闲置土地处置办法的通知》 |
| 117 | 2012 | 蚌埠市人民政府 | 《蚌埠市人民政府关于进一步推进节约集约用地的实施意见》 |
| 118 | 2012 | 广州市国土资源局、房管局 | 《广州市国土资源和房屋管理局关于贯彻执行〈闲置土地处置办法〉的通知》 |
| 119 | 2012 | 杭州市人民政府 | 《杭州市人民政府关于修改〈杭州市外商投资企业土地使用费征管暂行规定〉等23件市政府规章部分条款的决定》 |
| 120 | 2012 | 杭州市人民政府 | 《杭州市闲置土地处理办法（2012修改）》 |
| 121 | 2012 | 金华市人民政府 | 《金华市人民政府关于进一步提高市区节约集约用地水平的实施意见》 |
| 122 | 2012 | 六安市人民政府 | 《六安市人民政府关于进一步加强节约集约用地的实施意见》 |

续表

| 编号 | 发布日期 | 发布单位 | 政策名称 |
|---|---|---|---|
| 123 | 2012 | 清远市人民政府 | 《清远市人民政府办公室印发清远市区闲置土地处置办法的通知》 |
| 124 | 2012 | 朔州市人民政府 | 《朔州市人民政府关于加强建设用地管理促进节约集约用地的实施意见》 |
| 125 | 2012 | 天津市国土资源局、房管局 | 《天津市国土资源和房屋管理局关于贯彻落实〈闲置土地处置办法〉的通知》 |
| 126 | 2012 | 烟台市人民政府 | 《烟台市人民政府印发关于强化用地保障推动节约集约用地的意见的通知》 |
| 127 | 2012 | 长春市人民政府 | 《长春市人民政府关于节约集约用地的若干意见》 |
| 128 | 2012 | 镇江市人民政府 | 《镇江市人民政府办公室关于进一步强化节约集约用地的实施意见》 |
| 129 | 2012 | 珠海市人民政府 | 《珠海市闲置土地处置办法》 |
| 130 | 2012 | 株洲市人民政府 | 《株洲市人民政府关于进一步做好节约集约用地工作的实施意见》 |
| 131 | 2013 | 常州市人民政府 | 《常州市政府关于颁发〈常州市闲置土地处置办法〉的通知》 |
| 132 | 2013 | 杭州市国土资源局 | 《杭州市国土资源局关于印发〈关于贯彻实施《闲置土地处置办法》若干问题的意见〉的通知》 |
| 133 | 2013 | 江门市人民政府 | 《江门市人民政府关于进一步提升节约集约用地水平的实施意见》 |
| 134 | 2013 | 丽水市人民政府办公室 | 《丽水市人民政府办公室关于成立丽水市城镇低效工业用地再开发试点工作领导小组的通知》 |
| 135 | 2013 | 钦州市人民政府办公室 | 《钦州市人民政府办公室关于印发〈钦州市节约集约用地管理办法（试行）〉的通知》 |
| 136 | 2013 | 深圳市规划局、国土资源局 | 《深圳市规划和国土资源委员会关于印发〈深圳市贯彻执行《闲置土地处置办法》实施意见（试行）〉的通知》 |
| 137 | 2013 | 湘潭市人民政府办公室 | 《湘潭市人民政府办公室关于印发〈湘潭市国有建设用地批后监管暂行规定〉通知》 |
| 138 | 2013 | 襄阳市人民政府办公室 | 《襄阳市人民政府办公室关于开展城镇低效工业用地再开发试点工作的意见》 |
| 139 | 2014 | 亳州市人民政府 | 《亳州市政府关于全面推进节约集约用地的实施意见》 |
| 140 | 2014 | 杭州市国土资源局办公室 | 《杭州市国土资源局办公室关于印发〈杭州市城镇低效工业用地再开发工作要点〉的通知》 |
| 141 | 2014 | 湖州市人民政府 | 《湖州市人民政府关于推进城镇低效工业用地再开发工作的实施意见》 |
| 142 | 2014 | 宁波市国土资源局、规划局 | 《宁波市国土资源局、宁波市规划局关于落实省政府空间换地政策鼓励开发利用地下空间的通知》 |

续表

| 编号 | 发布日期 | 发布单位 | 政策名称 |
|---|---|---|---|
| 143 | 2014 | 宁波市人民政府办公厅 | 《宁波市人民政府办公厅关于成立宁波市实施"亩产倍增"计划暨推进城镇低效工业用地再开发工作领导小组的通知》 |
| 144 | 2014 | 绍兴市人民政府 | 《绍兴市人民政府关于加快推进城镇低效工业用地再开发工作的实施意见》 |
| 145 | 2014 | 温州市人民政府 | 《温州市人民政府关于推进节约集约用地加快城镇低效工业用地再开发试点工作的实施意见（试行）》 |
| 146 | 2014 | 襄阳市人民政府办公室 | 《襄阳市人民政府办公室关于提高供地率和用地效益进一步加强节约集约用地管理的通知》 |
| 147 | 2014 | 宿州市人民政府 | 《宿州市人民政府关于加强国有建设用地供应监管工作的实施意见》 |
| 148 | 2014 | 许昌市人民政府 | 《许昌市人民政府办公室关于转发许昌市城镇低效工业用地再开发工作方案的通知》 |
| 149 | 2014 | 宜昌市人民政府 | 《宜昌市人民政府关于实行最严格的节约集约用地制度实施意见》 |
| 150 | 2014 | 长沙市人民政府 | 《长沙市人民政府关于印发〈长沙市开发园区低效工业用地再开发管理办法〉的通知》 |
| 151 | 2015 | 广州市人民政府 | 《广州市人民政府关于印发广州市提高工业用地利用效率试行办法的通知》 |
| 152 | 2015 | 杭州市人民政府办公厅 | 《杭州市人民政府办公厅关于印发进一步优化产业用地管理、促进土地要素市场化配置实施办法的通知》 |
| 153 | 2015 | 湖州市人民政府办公室 | 《湖州市人民政府办公室关于印发湖州市区域建设用地集约利用综合评价考核办法和进一步规范宅基地管理切实破解农民建房难实施意见的通知》 |
| 154 | 2015 | 湖州市人民政府办公室 | 《湖州市人民政府办公室转发湖州开发区管委会关于开展资源要素综合改革实施四破专项整治工作方案的通知》 |
| 155 | 2015 | 嘉兴市人民政府 | 《嘉兴市人民政府关于加快推进城镇低效工业用地再开发工作的实施意见》 |
| 156 | 2016 | 南京市人民政府办公厅 | 《南京市人民政府办公厅关于印发南京市城镇低效工业用地再开发工作补充意见的通知》 |
| 157 | 2016 | 沈阳市人民政府办公厅 | 《沈阳市人民政府办公厅转发市规划国土局关于〈沈阳市闲置土地处置办法〉的通知》 |
| 158 | 2016 | 台州市人民政府 | 《台州市人民政府关于优化工业用地配置促进民营经济发展的若干意见》 |
| 159 | 2016 | 泰州市政府办公室 | 《泰州市政府办公室印发关于盘活利用工业企业低效工业用地和闲置土地实施意见的通知》 |
| 160 | 2016 | 温州市人民政府办公室 | 《温州市人民政府办公室关于创新市区工业用地供应方式的实施意见（试行）》 |

续表

| 编号 | 发布日期 | 发布单位 | 政策名称 |
| --- | --- | --- | --- |
| 161 | 2017 | 吉林市人民政府办公厅 | 《吉林市人民政府办公厅关于印发吉林市城镇低效工业用地再开发工作方案的通知》 |
| 162 | 2017 | 汕头市人民政府 | 《汕头市人民政府关于提升"三旧"改造水平促进节约集约用地的实施意见的通知》 |
| 163 | 2017 | 苏州市人民政府 | 《苏州市政府印发关于促进低效建用地再开发提升土地综合利用水平的实施意见的通知》 |
| 164 | 2018 | 银川市人民政府 | 《关于深入推进银川市辖区城镇低效工业用地再开发工作的实施意见（试行）》 |
| 165 | 2018 | 包头市人民政府办公厅 | 《包头市人民政府办公厅关于印发包头市城镇低效工业用地盘活再利用工作实施方案的通知》 |
| 166 | 2018 | 包头市人民政府 | 《包头市人民政府关于进一步加强节约集约用地的实施意见》 |
| 167 | 2018 | 贵阳市人民政府办公厅 | 《贵阳市人民政府办公厅关于印发〈贵阳市棚户区城中村共享改造项目低效工业用地再开发一次性挂牌的指导意见〉的通知》 |
| 168 | 2018 | 湖州市人民政府办公室 | 《湖州市人民政府办公室关于印发湖州市工业项目、休闲旅游项目"用而未尽、建而未投、投而未达标"低效工业用地认定标准和处置办法的通知》 |
| 169 | 2018 | 黄冈市人民政府 | 《黄冈市人民政府关于加快新旧动能转换的实施意见》 |
| 170 | 2018 | 黄石市人民政府办公室 | 《黄石市人民政府办公室关于印发黄石市城镇低效工业用地再开发工作实施方案的通知》 |
| 171 | 2018 | 十堰市人民政府 | 《十堰市人民政府关于印发〈十堰市加快推进新旧动能转换实施方案〉的通知》 |
| 172 | 2018 | 武汉市人民政府 | 《武汉市人民政府关于加快新旧动能转换的意见》 |
| 173 | 2018 | 银川市人民政府办公厅 | 《银川市人民政府办公厅印发关于深入推进银川市辖区城镇低效工业用地再开发工作的实施意见（试行）的通知》 |
| 174 | 2018 | 株洲市人民政府办公室 | 《株洲市人民政府办公室关于印发〈株洲市闲置土地处置、低效工业用地再开发利用实施方案〉的通知》 |
| 175 | 2011 | 广西壮族自治区人民政府 | 《广西壮族自治区人民政府关于印发广西壮族自治区产业园区节约集约用地管理办法的通知》 |
| 176 | 2013 | 新疆国土资源厅 | 《（新疆维吾尔自治区）关于进一步改进建设用地审查报批工作的通知》 |
| 177 | 2014 | 湘西自治州人民政府办公室 | 《湘西自治州人民政府办公室关于进一步加强建设用地批后监管的通知》 |
| 178 | 2015 | 青海省国土资源厅 | 《多措并举盘活存量——西宁经济技术开发区努力提高土地利用效率》 |
| 179 | 2016 | 北京市顺义区人民政府 | 《北京市顺义区人民政府关于印发〈顺义区存量建设用地开发利用指导意见〉的通知》 |

续表

| 编号 | 发布日期 | 发布单位 | 政策名称 |
|---|---|---|---|
| 180 | 2018 | 新疆维吾尔自治区人民政府 | 《新疆维吾尔自治区土地利用总体规划（2006—2020年）调整完善（简版）》 |

# 附录2 政策编码汇总表

| 文件编号 | 政策名称 | 政策编码 | | |
|---|---|---|---|---|
| | | 预防型 | 处置型 | 激励型 |
| 1 | 《国家土地管理局关于进一步抓好闲置土地清理和各类建设用地检查的通知》 | / | 2-3-3<br>2-1-3<br>2-2-1<br>2-1-1 | / |
| 2 | 《国家土地管理局关于全面清理非农业建设闲置土地的通知》 | 1-3-3<br>1-1-1 | 2-1-3<br>2-1-2<br>2-3-1 | / |
| 3 | 《国家土地管理局关于切实做好非农业建设闲置土地利用工作的通知》 | 1-1-2<br>1-1-3<br>1-1-1 | 2-3-3<br>2-1-3<br>2-1-1 | / |
| 4 | 《闲置土地处置办法》 | | 2-1-1<br>2-1-3<br>2-3-2<br>2-3-3<br>2-2-2 | / |
| 5 | 《国土资源部关于整顿和规范土地市场秩序的通知》 | 1-1-2<br>1-3-3<br>1-3-2<br>1-2-2<br>1-1-1 | 2-3-3<br>2 | / |
| 6 | 《国土资源部关于进一步治理整顿土地市场秩序近期进展情况的通报》 | 1-1-2<br>1-1-1<br>1-1-3 | 2-3-3<br>2-1-3 | / |
| 7 | 《国土资源部关于贯彻落实国务院紧急通知精神进一步严格土地管理的通知》 | 1-1-2<br>1-1-1<br>1-1-3<br>1-3-3<br>1-2-2 | 2-3-3<br>2-3-1 | / |

附录2 政策编码汇总表

续表

| 文件编号 | 政策名称 | 政策编码 | | |
|---|---|---|---|---|
| | | 预防型 | 处置型 | 激励型 |
| 8 | 《国土资源部关于做好土地利用总体规划修编前期工作中"四查清、四对照"工作有关问题的通知》 | / | 2-1-3<br>2-1-1<br>2-3-3 | / |
| 9 | 《国土资源部、国家发展和改革委员会、教育部等关于切实做好扩大内需促进经济平稳较快发展的用地保障和管理的通知》 | 1-3-1<br>1-1-3<br>1-1-1<br>1-1-2<br>1-2-1<br>1-3-3 | 2-3-3<br>2-1-2<br>2-1-3 | 3-3-1<br>3-3-2<br>3-4-2<br>3-1-1<br>3-1-2<br>3-1-3 |
| 10 | 《国土资源部关于发布和实施〈工业项目建设用地控制指标〉的通知（2008修订）》 | 1-3-3<br>1-3-1 | 2-3-1<br>2-3-3 | / |
| 11 | 《中国人民银行、中国银行业监督管理委员会关于金融促进节约集约用地的通知》 | 1-1-2<br>1-1-3<br>1-3-3 | / | 3-4-1<br>3-1-3<br>3-2-1 |
| 12 | 《国土资源部办公厅关于印发市县乡级土地利用总体规划编制指导意见的通知》 | / | / | 3-1-3<br>3-3-1 |
| 13 | 《国土资源部关于加强房地产用地供应和监管有关问题的通知》 | 1-1-1<br>1-2-1<br>1-2-2 | 2-3-1<br>2-1-3<br>2-3-2<br>2-3-3<br>2-1-2 | 3-3-2<br>3-1-1<br>3-1-3 |
| 14 | 《国家发展改革委关于印发沈阳经济区新型工业化综合配套改革试验总体方案的通知》 | / | / | 3-3-2<br>3-3-1<br>3-1-2<br>3-1-3 |
| 15 | 《工业和信息化部、财政部、国土资源部关于进一步做好国家新型工业化产业示范基地创建工作的指导意见》 | 1-1-3<br>1-1-1 | 2-3-3<br>2-3-1 | 3-3-1<br>3-1-3<br>3-1-2<br>3-4-2<br>3-4-1<br>3-2-1 |
| 16 | 《国土资源部关于大力推进节约集约用地制度建设的意见》 | 1-3-1<br>1-3-3<br>1-1-1<br>1-2-1<br>1-1-3 | 2-2-1<br>2-2-2<br>2-1-1<br>2-1-3<br>2-1-2 | 3-4-3<br>3-3-2<br>3-4-2 |

续表

| 文件编号 | 政策名称 | 政策编码 | | |
|---|---|---|---|---|
| | | 预防型 | 处置型 | 激励型 |
| 17 | 《国土资源部关于推进土地利用计划差别化管理的意见》 | 1-3-1<br>1-3-3<br>1-1-3 | 2-3-3<br>2-3-1<br>2-1-3<br>2-1-2<br>2-1-1 | 3-3-2<br>3-1-3<br>3-3-1<br>3-1-2 |
| 18 | 《国务院关于土地管理和矿产资源开发利用及保护工作情况的报告》 | 1-1-3<br>1-1-2<br>1-3-1<br>1-1-1<br>3-3-1 | 2-1-3<br>2-3-3 | 3-1-2<br>3-4-2<br>3-4-1 |
| 19 | 《闲置土地处置办法（2012 修订）》 | / | 2-1-1<br>2-1-2<br>2-1-3<br>2-2-1<br>2-2-2<br>2-3-1<br>2-3-2<br>2-3-3 | 3-4-3<br>3-3-2 |
| 20 | 《产业结构调整指导目录（2011年本）（2013 修正）》 | 1-2-1<br>1-3-3 | / | / |
| 21 | 《国土资源部关于印发〈保发展保红线工程 2013 年行动方案〉的通知》 | 1-1-1<br>1-1-2<br>1-1-3<br>1-3-3 | 2-3-3. | 3-2-1<br>3-3-2<br>3-1-3 |
| 22 | 《国务院关于化解产能严重过剩矛盾的指导意见》 | 1-1-3<br>1-1-2<br>1-3-3<br>1-2-1<br>1-1-1 | 2-3-1<br>2-1-3<br>2-3-3 | 3-1-3<br>3-4-2<br>3-4-1 |
| 23 | 《国务院关于加快棚户区改造工作的意见》 | 1-1-1<br>1-1-3<br>1-2-2 | 2-1-1<br>2-1-2<br>2-1-3 | |
| 24 | 《国务院关于印发循环经济发展战略及近期行动计划的通知》 | 1-1-1<br>1-1-3<br>1-2-2 | 2-2-1<br>2-3-2 | 3-3-1<br>3-1-3<br>3-4-2<br>3-4-1<br>3-2-1 |
| 25 | 《国家发展改革委关于做好城区老工业区搬迁改造试点工作的通知》 | 1-1-1<br>1-1-3<br>1-2-2<br>1-1-2<br>1-3-3 | 2-1-1<br>2-1-2<br>2-2-1<br>2-3-1<br>2-3-2 | 3-3-1<br>3-3-2<br>3-4-2<br>3-1-1<br>3-1-2<br>3-1-3 |

续表

| 文件编号 | 政策名称 | 政策编码 | | |
|---|---|---|---|---|
| | | 预防型 | 处置型 | 激励型 |
| 26 | 《国土资源部关于推进土地节约集约利用的指导意见》 | 1-1-1<br>1-2-2 | 2-3-3<br>2-1-2<br>2-3-2 | 3-3-1<br>3-3-2 |
| 27 | 《国务院办公厅关于促进国家级经济技术开发区转型升级创新发展的若干意见》 | 1-2-2<br>1-3-2<br>1-1-2<br>1-3-3 | 2-2-1<br>2-3-2 | 3-1-3<br>3-2-1<br>3-3-1<br>3-3-2 |
| 28 | 《国务院办公厅关于进一步加强棚户区改造工作的通知》 | 1-1-1<br>1-1-3<br>1-1-2<br>1-3-3 | 2-1-1<br>2-1-2<br>2-2-1<br>2-3-1<br>2-3-2 | 3-2-1<br>3-4-1<br>3-3-1<br>3-3-2 |
| 29 | 《国务院办公厅关于推进城区老工业区搬迁改造的指导意见》 | 1-2-2<br>1-3-2<br>1-1-2<br>1-3-3 | 2-3-3<br>2-3-1 | 3-3-1<br>3-3-2 |
| 30 | 《国务院关于近期支持东北振兴若干重大政策举措的意见》 | 1-1-1<br>1-1-3 | 2-3-3<br>2-1-2 | / |
| 31 | 《国务院关于清理规范税收等优惠政策的通知》 | 1-1-2<br>1-3-3 | 2-3-3<br>2-3-1 | 3-3-1<br>3-3-2<br>3-4-2<br>3-1-1<br>3-1-2<br>3-1-3 |
| 32 | 《节约集约利用土地规定》 | 1-2-2<br>1-3-2 | 2-3-3<br>2-1-2 | / |
| 33 | 《中共国土资源部党组关于巡视整改情况的通报》 | 1-1-2<br>1-3-3 | 2-2-1<br>2-3-2<br>2-3-3 | / |
| 34 | 《第十二届全国人民代表大会第三次会议关于2014年国民经济和社会发展计划执行情况与2015年国民经济和社会发展计划的决议》 | 1-1-1<br>1-2-2<br>1-1-2<br>1-3-3 | 2-1-1<br>2-1-2<br>2-2-1<br>2-2-2<br>2-3-1<br>2-3-2<br>2-3-3 | 3-2-1<br>3-4-1<br>3-3-1<br>3-3-2 |
| 35 | 《国家发展改革委关于印发〈东北城区老工业区搬迁改造专项实施办法〉的通知》 | 1-1-1<br>1-1-3 | 2-3-3<br>2-3-1 | 3-3-1<br>3-3-2<br>3-4-2<br>3-1-1<br>3-1-2<br>3-1-3 |

续表

| 文件编号 | 政策名称 | 政策编码 | | |
|---|---|---|---|---|
| | | 预防型 | 处置型 | 激励型 |
| 36 | 《国家发展改革委关于加快美丽特色小（城）镇建设的指导意见》 | / | 2-3-3<br>2-1-2 | / |
| 37 | 《国土资源部关于进一步做好新型城镇化建设土地服务保障工作的通知》 | / | 2-2-1<br>2-3-2<br>2-3-3 | 3-3-1<br>3-4-1<br>3-4-2 |
| 38 | 《国土资源部关于印发〈关于深入推进城镇低效工业用地再开发的指导意见（试行）〉的通知》 | 1-1-1<br>1-1-3 | 2-2-1<br>2-3-2<br>2-3-3 | 3-3-1<br>3-4-1<br>3-1-3 |
| 39 | 《国务院关于钢铁行业化解过剩产能实现脱困发展的意见》 | | 2-1-2<br>2-3-1 | / |
| 40 | 《国务院关于全国土地整治规划（2016—2020年）的批复》 | 1-1-2<br>1-3-3 | 2-3-3<br>2-1-2 | 3-3-1<br>3-4-1<br>3-4-3 |
| 41 | 《国务院关于深入推进新型城镇化建设的若干意见》 | | 2-3-3<br>2-3-1 | / |
| 42 | 《国务院批转国家发展改革委关于2016年深化经济体制改革重点工作意见的通知》 | 1-1-1<br>1-1-3<br>1-1-2<br>1-3-3 | 2-3-3<br>2-3-1 | / |
| 43 | 《国土资源部办公厅关于印发〈节地技术和节地模式推荐目录（第一批）〉的通知》 | 1-1-2<br>1-3-3 | 2-1-1<br>2-1-2<br>2-2-1<br>2-2-2<br>2-3-1<br>2-3-2 | 3-2-1<br>3-4-1<br>3-3-1<br>3-3-2<br>3-1-2 |
| 44 | 《国土资源部关于广东省东莞市和佛山市南海区完善建设用地使用权转让、出租、抵押二级市场试点实施方案的批复》 | / | 2-1-3<br>2-1-2<br>2-3-1 | / |
| 45 | 《国土资源部关于吉林省长春市完善建设用地使用权转让、出租、抵押二级市场试点实施方案的批复》 | / | 2-3-3<br>2-3-1 | 3-3-1<br>3-3-2<br>3-4-1 |
| 46 | 《国土资源部关于宁夏回族自治区石嘴山市完善建设用地使用权转让、出租、抵押二级市场试点实施方案的批复》 | | 2-3-3<br>2-3-1 | / |

附录2 政策编码汇总表

续表

| 文件编号 | 政策名称 | 政策编码 | | |
|---|---|---|---|---|
| | | 预防型 | 处置型 | 激励型 |
| 47 | 《国土资源部关于山东省国土资源节约集约示范省创建工作方案的批复》 | 1-1-1<br>1-1-3<br>1-1-2<br>1-3-3 | 2-1-1<br>2-1-2<br>2-2-1<br>2-3-1<br>2-3-2 | 3-3-1<br>3-1-3<br>3-4-2<br>3-4-1<br>3-2-1 |
| 48 | 《国土资源部关于山东省临沂市完善建设用地使用权转让、出租、抵押二级市场试点实施方案的批复》 | 1-1-2<br>1-3-3 | 2-3-3<br>2-1-3<br>2-2-1<br>2-1-1 | / |
| 49 | 《国土资源部关于云南省昆明市完善建设用地使用权转让、出租、抵押二级市场试点实施方案的批复》 | 1-1-1<br>1-2-2 | 2-1-3<br>2-1-2<br>2-3-1 | 3-3-1<br>3-3-2<br>3-4-3 |
| 50 | 《国土资源部关于浙江省宁波市和德清县完善建设用地使用权转让、出租、抵押二级市场试点实施方案的批复》 | 1-1-1<br>1-1-3<br>1-1-2<br>1-3-3 | 2-2-1<br>2-3-2 | 3-3-1<br>3-3-2<br>3-4-3 |
| 51 | 《国务院关于促进外资增长若干措施的通知》 | 1-1-2<br>1-2-1<br>1-3-1<br>1-3-2 | 2-1-1<br>2-1-2<br>2-2-1<br>2-3-1<br>2-3-2 | 3-3-1<br>3-1-3<br>3-1-2<br>3-4-2<br>3-4-1<br>3-2-1<br>3-4-3 |
| 52 | 《中共中央、国务院关于加强耕地保护和改进占补平衡的意见》 | 1-1-1<br>1-1-3 | 2-2-1<br>2-1-1<br>2-1-2 | / |
| 53 | 《国家税务总局关于政协十三届全国委员会第一次会议第3233号（资源环境类158号）提案答复的函》 | 1-1-2<br>1-2-1<br>1-3-1<br>1-3-2 | 2-2-1<br>2-3-2<br>2-3-3 | / |
| 54 | 《自然资源部公告2018年第1号——关于2017年国家土地督察工作情况的公告》 | 1-1-2<br>1-3-3 | 2-1-1<br>2-1-2<br>2-1-3<br>2-2-1<br>2-2-2<br>2-3-1<br>2-3-2 | / |
| 55 | 《自然资源部关于2018年度国家级开发区土地集约利用评价情况的通报》 | 1-1-2<br>1-2-1<br>1-3-1<br>1-3-2 | 2-2-1<br>2-1-1<br>2-1-3<br>2-1-2 | / |

续表

| 文件编号 | 政策名称 | 政策编码 | | |
|---|---|---|---|---|
| | | 预防型 | 处置型 | 激励型 |
| 56 | 《陕西省人民政府办公厅转发省国土资源厅关于开展土地市场秩序治理整顿工作实施意见的通知》 | 1-1-2<br>1-2-1<br>1-3-1<br>1-3-2 | 2-2-1<br>2-1-1<br>2-1-2<br>2-3-2 | 3-3-1<br>3-1-3<br>3-1-2<br>3-4-2<br>3-4-1<br>3-2-1 |
| 57 | 《青海省土地利用总体规划（2006—2020年）》 | 1-1-1<br>1-1-3 | 2-2-1<br>2-1-1<br>2-1-3<br>2-1-2 | / |
| 58 | 《安徽省人民政府关于进一步推进节约集约用地的若干意见》 | 1-1-2<br>1-2-1<br>1-3-1<br>1-3-2 | 2-3-3<br>2-1-2 | 3-2-1<br>3-4-1<br>3-3-1<br>3-3-2 |
| 59 | 《福建省国土资源厅关于进一步提高工业项目节约集约用地水平的若干意见》 | 1-1-1<br>1-1-3 | / | / |
| 60 | 《湖南省人民政府关于节约集约用地的若干意见》 | 1-1-1<br>1-2-2<br>1-1-2<br>1-3-3 | 2-3-3<br>2-1-2 | 3-3-1<br>3-1-3<br>3-4-2<br>3-4-1<br>3-2-1 |
| 61 | 《辽宁省人民政府办公厅关于印发辽宁省促进"一区一带"科学发展土地管理制度改革实施方案的通知》 | 1-1-2<br>1-3-3 | 2-2-1<br>2-3-2 | / |
| 62 | 《福建省人民政府关于促进工业项目节约集约用地八条措施的通知》 | 1-2-2<br>1-3-2 | 2-2-1<br>2-3-2 | / |
| 63 | 《湖北省人民政府关于实行最严格节约集约用地制度的通知》 | 1-1-1<br>1-1-3<br>1-1-2<br>1-3-3 | 2-1-1<br>2-3-1 | / |
| 64 | 《湖南省国土资源厅办公室关于抓紧报送闲置土地清理工作情况的通知》 | 1-1-2<br>1-2-1<br>1-3-1<br>1-3-2 | 2-2-1<br>2-3-2 | / |
| 65 | 《浙江省国土资源厅关于进一步做好城镇低效工业用地再开发和"三改一拆"土地利用中有关问题的意见》 | 1-1-2<br>1-3-3 | 2-2-1<br>2-3-2<br>2-3-3 | / |

附录2　政策编码汇总表

续表

| 文件编号 | 政策名称 | 政策编码 | | |
|---|---|---|---|---|
| | | 预防型 | 处置型 | 激励型 |
| 66 | 《浙江省国土资源厅关于进一步做好稳增长国土资源服务保障工作的通知》 | 1-1-1<br>1-1-3 | 2-2-1<br>2-3-2 | / |
| 67 | 《浙江省国土资源厅关于印发〈浙江省城镇低效工业用地再开发工作考核办法〉的通知》 | 1-1-2<br>1-3-3 | 2-3-3<br>2-1-2 | 3-3-1<br>3-1-3<br>3-1-2<br>3-4-2<br>3-4-1<br>3-2-1<br>3-4-3 |
| 68 | 《浙江省人民政府办公厅关于在杭州市萧山区等24个县（市、区）推广开展资源要素市场化配置综合配套改革的复函》 | 1-1-2<br>1-2-1<br>1-3-1 1-3-2 | / | / |
| 69 | 《浙江省人民政府关于全面推进城镇低效工业用地再开发工作的意见》 | 1-1-2<br>1-2-1<br>1-3-1<br>1-3-2 | 2-2-1<br>2-1-1<br>2-1-2 | / |
| 70 | 《浙江省人民政府关于实施"空间换地"深化节约集约用地的意见》 | 1-1-1<br>1-1-3 | | / |
| 71 | 湖南省人民政府关于进一步加强节约集约用地的意见 | 1-2-1<br>1-3-1<br>1-1-2 | 2-2-1<br>2-1-1<br>2-1-3<br>2-1-2 | / |
| 72 | 《浙江省人民政府办公厅关于印发浙江省钢铁行业化解过剩产能实现脱困发展实施方案的通知》 | 1-1-1<br>1-1-3<br>1-1-2<br>1-3-3 | | / |
| 73 | 《中共江苏省委、江苏省人民政府关于推进供给侧结构性改革的意见》 | 1-2-1<br>1-3-1<br>1-1-2 | 2-3-3<br>2-1-2<br>2-1-3<br>2-3-2 | / |
| 74 | 《四川省国土资源厅关于深入推进城镇低效工业用地再开发的实施意见》 | 1-1-1<br>1-2-2<br>1-1-2<br>1-3-3 | 2-1-1<br>2-1-2<br>2-2-1<br>2-2-2<br>2-3-1<br>2-3-2 | 3-3-1<br>3-3-2<br>3-4-3 |

续表

| 文件编号 | 政策名称 | 政策编码 | | |
|---|---|---|---|---|
| | | 预防型 | 处置型 | 激励型 |
| 75 | 《（青海省）有的放矢"一地一策"全力推进闲置土地处置——全省土地开发利用水平显著提升》 | 1-1-2<br>1-3-3 | / | / |
| 76 | 《湖北省人民政府关于加快新旧动能转换的若干意见》 | 1-2-1<br>1-3-1<br>1-1-2 | / | / |
| 77 | 《浙江省国土资源厅关于进一步做好城乡低效工业用地再开发有关工作的通知》 | 1-1-2<br>1-2-1<br>1-3-1<br>1-3-2 | 2-2-1<br>2-2-2<br>2-1-1<br>2-1-2 | 3-3-1<br>3-3-2<br>3-4-2<br>3-1-1<br>3-1-3 |
| 78 | 《广州市闲置土地处理办法》 | 1-2-2<br>1-3-2 | 2-3-3<br>2-1-2 | / |
| 79 | 《广州市人民政府转发省人民政府关于加强非农业建设闲置土地管理的通知》 | 1-1-1<br>1-2-2 | / | 3-2-1<br>3-4-1<br>3-4-3 |
| 80 | 《深圳市人民政府转发国土资源部〈闲置土地处置办法〉的通知》 | 1-2-1<br>1-3-1<br>1-1-2 | 2-1-1<br>2-3-1 | / |
| 81 | 《长沙市人民政府闲置土地处置办法》 | 1-1-1<br>1-2-2<br>1-1-2<br>1-3-3 | 2-3-3<br>2-1-2 | 3-3-1<br>3-3-2<br>3-4-2<br>3-1-1<br>3-1-2<br>3-1-3<br>3-2-1 |
| 82 | 《北京市闲置土地处理办法》 | 1-1-2<br>1-3-3 | 2-1-1<br>2-3-1 | 3-3-1<br>3-3-2<br>3-4-2<br>3-1-1<br>3-1-2<br>3-1-3 |
| 83 | 《西宁市闲置土地处理办法》 | / | 2-3-3<br>2-1-2 | / |
| 84 | 《贵阳市闲置土地处置办法》 | 1-1-1<br>1-1-3 | 2-2-1<br>2-2-2<br>2-1-1<br>2-1-2 | 3-3-1<br>3-1-3<br>3-1-2<br>3-4-2<br>3-4-1<br>3-2-1 |

附录2 政策编码汇总表　　229

续表

| 文件编号 | 政策名称 | 政策编码 | | |
|---|---|---|---|---|
| | | 预防型 | 处置型 | 激励型 |
| 85 | 《杭州市闲置土地处理办法》 | 1-2-1<br>1-3-1<br>1-1-2 | 2-1-1<br>2-1-2<br>2-2-1<br>2-3-1<br>2-3-2 | / |
| 86 | 《广州市人民代表大会常务委员会关于广州市人民政府办理〈关于尽快制定整治"烂尾楼"办法的议案〉实施方案的决议》 | 1-1-1<br>1-1-3 | 2-1-1<br>2-1-2<br>2-2-1<br>2-2-2<br>2-3-1<br>2-3-2 | / |
| 87 | 《广州市闲置土地处理办法（2003）》 | 1-1-1<br>1-2-2 | / | / |
| 88 | 《西安市闲置土地处理办法》 | / | 2-2-1<br>2-2-2<br>2-1-1<br>2-1-3<br>2-1-2 | / |
| 89 | 《福州市闲置土地处置办法》 | / | / | 3-3-1<br>3-3-2<br>3-4-3 |
| 90 | 《长春市闲置土地处置办法》 | 1-1-1<br>1-1-3 | 2-3-3<br>2-3-1 | |
| 91 | 《六安市人民政府关于印发六安市城市规划区闲置土地处置办法的通知》 | 1-1-2<br>1-2-1<br>1-3-1<br>1-3-2 | 2-1-1<br>2-1-2<br>2-1-3<br>2-2-1<br>2-3-1<br>2-3-2 | 3-3-1<br>3-3-2<br>3-4-2<br>3-1-1<br>3-1-3 |
| 92 | 《南宁市国有闲置土地处置办法》 | / | 2-1-1<br>2-1-2<br>2-2-1<br>2-2-2<br>2-3-1<br>2-3-2 | |
| 93 | 《韶关市闲置土地处置办法》 | 1-1-2<br>1-3-1 | 2-1-1<br>2-1-2<br>2-2-1<br>2-2-2<br>2-3-1<br>2-3-2 | 3-3-1<br>3-1-3<br>3-4-2<br>3-4-1<br>3-2-1<br>3-4-3 |
| 94 | 《武汉市人民政府关于印发武汉市闲置土地处置办法的通知》 | 1-1-1<br>1-1-3<br>1-1-2<br>1-3-3 | / | / |

续表

| 文件编号 | 政策名称 | 政策编码 | | |
|---|---|---|---|---|
| | | 预防型 | 处置型 | 激励型 |
| 95 | 《亳州市人民政府办公室关于印发亳州市城市规划区内国有闲置土地处置办法的通知》 | 1-1-2<br>1-3-1 | 2-1-1<br>2-1-2<br>2-2-1<br>2-2-2<br>2-3-1<br>2-3-2 | 3-2-1<br>3-4-1<br>3-4-3 |
| 96 | 《常州市人民政府关于颁发〈常州市闲置土地处置办法（试行）〉的通知》 | 1-1-1<br>1-2-2 | 2-1-1<br>2-1-2<br>2-1-3<br>2-2-1<br>2-2-2<br>2-3-1<br>2-3-2 | / |
| 97 | 《昆明市闲置土地处置办法》 | 1-1-1<br>1-1-3 | 2-1-1<br>2-1-2<br>2-2-1<br>2-2-2<br>2-3-1<br>2-3-2<br>2-3-3 | / |
| 98 | 《曲靖市闲置土地处置办法》 | 1-2-2<br>1-3-2 | 2-1-1<br>2-3-1 | / |
| 99 | 《南宁市国有闲置土地处置办法（2008）》 | 1-1-2<br>1-3-1 | 2-1-1<br>2-1-2<br>2-2-1<br>2-2-2<br>2-3-1<br>2-3-2<br>2-3-3 | 3-3-1<br>3-3-2<br>3-4-2<br>3-1-1<br>3-1-2<br>3-1-3 |
| 100 | 《信阳市人民政府关于印发信阳市闲置土地处置办法的通知》 | 1-1-2<br>1-3-1 | 2-1-1<br>2-1-2<br>2-2-1<br>2-2-2<br>2-3-1<br>2-3-2<br>2-3-3 | 3-3-1<br>3-3-2<br>3-4-3 |
| 101 | 《银川市闲置土地处理办法》 | 1-1-2<br>1-2-1<br>1-3-1<br>1-3-2 | 2-1-1<br>2-1-2<br>2-1-3<br>2-2-1<br>2-2-2<br>2-3-1<br>2-3-2 | / |

续表

| 文件编号 | 政策名称 | 政策编码 | | |
|---|---|---|---|---|
| | | 预防型 | 处置型 | 激励型 |
| 102 | 《肇庆市人民政府关于清理市城区机关事业单位闲置用地的通知》 | 1-1-1<br>1-1-3<br>1-1-2 | 2-1-1<br>2-1-2<br>2-2-1<br>2-2-2<br>2-3-1<br>2-3-2<br>2-3-3 | / |
| 103 | 《郑州市闲置土地处置办法》 | 1-1-2<br>1-3-3 | / | 3-3-1<br>3-1-3<br>3-1-2<br>3-4-2<br>3-4-1<br>3-2-1 |
| 104 | 《合肥市闲置土地处置办法（试行）》 | 1-1-2<br>1-3-3 | 2-1-1<br>2-1-2<br>2-2-1<br>2-3-1<br>2-3-2 | 3-3-1<br>3-1-3<br>3-1-2<br>3-4-2<br>3-4-1<br>3-2-1 |
| 105 | 《吴忠市人民政府关于印发〈吴忠市闲置土地处置办法〉的通知》 | 1-1-1<br>1-1-3 | | / |
| 106 | 《北京市国土资源局关于加强土地出让合同批后监管的通知》 | 1-1-2<br>1-3-3 | 2-1-1<br>2-2-1<br>2-2-2<br>2-3-1<br>2-3-2 | / |
| 107 | 《广州市闲置土地处理办法（2010）》 | 1-1-1<br>1-1-3 | 2-1-1<br>2-1-2<br>2-1-3<br>2-2-1<br>2-2-2<br>2-3-1<br>2-3-2 | 3-3-1<br>3-3-2<br>3-4-2<br>3-1-1<br>3-1-2<br>3-1-3 |
| 108 | 《淮南市闲置土地处置办法》 | | 2-1-1<br>2-1-3<br>2-2-1<br>2-2-2<br>2-3-1<br>2-3-2<br>2-3-3 | / |

续表

| 文件编号 | 政策名称 | 政策编码 | | |
|---|---|---|---|---|
| | | 预防型 | 处置型 | 激励型 |
| 109 | 《拉萨市闲置土地处置办法》 | | | / |
| 110 | 《宁波市人民政府关于调整工业用地结构促进土地节约集约利用的意见（试行）》 | 1-1-1<br>1-1-3<br>1-1-2<br>1-3-3 | 2-2-1<br>2-3-2<br>2-3-3 | / |
| 111 | 《滁州市人民政府关于进一步推进节约集约用地的若干意见》 | 1-1-1<br>1-2-2 | 2-1-1<br>2-1-2<br>2-2-1<br>2-2-2<br>2-3-1<br>2-3-2 | 3-3-1<br>3-3-2<br>3-4-3 |
| 112 | 《惠州市人民政府办公室关于进一步促进节约集约用地的实施意见》 | / | | / |
| 113 | 《马鞍山市人民政府关于进一步加强节约集约用地的实施意见》 | 1-1-2<br>1-2-1<br>1-3-1<br>1-3-2 | 2-3-3<br>2-1-2<br>2-1-3<br>2-3-2 | / |
| 114 | 《宁波市人民政府办公厅关于进一步促进节约集约用地的通知》 | 1-1-1<br>1-1-3<br>1-1-2<br>1-3-3 | / | / |
| 115 | 《长沙市闲置土地处理办法》 | 1-2-2<br>1-3-2 | 2-2-1<br>2-2-2<br>2-1-1<br>2-1-3<br>2-1-2 | 3-3-1<br>3-3-2 |
| 116 | 《周口市人民政府关于印发周口市闲置土地处置办法的通知》 | 1-1-1<br>1-2-2 | 2-1-1<br>2-1-2<br>2-1-3<br>2-2-1<br>2-2-2<br>2-3-1<br>2-3-2 | 3-3-1<br>3-3-2 |
| 117 | 《蚌埠市人民政府关于进一步推进节约集约用地的实施意见》 | / | / | / |
| 118 | 《广州市国土资源和房屋管理局关于贯彻执行〈闲置土地处置办法〉的通知》 | 1-1-1<br>1-1-3<br>1-1-2 | 2-2-1<br>2-2-2<br>2-1-1<br>2-1-3<br>2-1-2 | / |

附录2 政策编码汇总表

续表

| 文件编号 | 政策名称 | 政策编码 | | |
|---|---|---|---|---|
| | | 预防型 | 处置型 | 激励型 |
| 119 | 《杭州市人民政府关于修改〈杭州市外商投资企业土地使用费征管暂行规定〉等23件市政府规章部分条款的决定》 | 1-1-1<br>1-1-3<br>1-1-2 | 2-3-3<br>2-1-2 | 3-3-1<br>3-3-2<br>3-4-2<br>3-1-1<br>3-1-3<br>3-4-3 |
| 120 | 《杭州市闲置土地处理办法（2012修改）》 | / | 2-3-3<br>2-1-2 | / |
| 121 | 《金华市人民政府关于进一步提高市区节约集约用地水平的实施意见》 | / | 2-3-3<br>2-1-2 | / |
| 122 | 《六安市人民政府关于进一步加强节约集约用地的实施意见》 | 1-1-1<br>1-1-3<br>1-1-2 | / | / |
| 123 | 《清远市人民政府办公室印发清远市区闲置土地处置办法的通知》 | / | 2-3-3<br>2-1-2 | / |
| 124 | 《朔州市人民政府关于加强建设用地管理促进节约集约用地的实施意见》 | / | / | / |
| 125 | 《天津市国土资源和房屋管理局关于贯彻落实〈闲置土地处置办法〉的通知》 | 1-1-1<br>1-1-3<br>1-1-2<br>1-3-3 | 2-3-3<br>2-1-2 | / |
| 126 | 《烟台市人民政府印发关于强化用地保障推动节约集约用地的意见的通知》 | / | / | / |
| 127 | 《长春市人民政府关于节约集约用地的若干意见》 | / | 2-3-3<br>2-1-2<br>2-1-3 | 3-3-1<br>3-1-3<br>3-1-2<br>3-4-2<br>3-4-1<br>3-2-1 |
| 128 | 《镇江市人民政府办公室关于进一步强化节约集约用地的实施意见》 | 1-1-2<br>1-3-1 | 2-2-1<br>2-2-2<br>2-1-1<br>2-1-3<br>2-1-2 | / |

续表

| 文件编号 | 政策名称 | 政策编码 | | |
|---|---|---|---|---|
| | | 预防型 | 处置型 | 激励型 |
| 129 | 《珠海市闲置土地处置办法》 | 1-2-2<br>1-3-2<br>1-1-2<br>1-3-3 | 2-2-1<br>2-2-2<br>2-1-1<br>2-1-3<br>2-1-2<br>2-3-2 | 3-3-1<br>3-1-3<br>3-1-2<br>3-4-2<br>3-4-1<br>3-2-1<br>3-4-3 |
| 130 | 《株洲市人民政府关于进一步做好节约集约用地工作的实施意见》 | / | 2-1-2<br>2-1-3 | / |
| 131 | 《常州市政府关于颁发〈常州市闲置土地处置办法〉的通知》 | 1-2-2<br>1-3-2 | 2-2-1<br>2-3-2 | / |
| 132 | 《杭州市国土资源局关于印发〈关于贯彻实施《闲置土地处置办法》若干问题的意见〉的通知》 | 1-1-2<br>1-2-1<br>1-3-1<br>1-3-2 | 2-2-1<br>2-1-1 | 3-3-1<br>3-1-3<br>3-1-2<br>3-4-2<br>3-4-1<br>3-2-1<br>3-4-3 |
| 133 | 《江门市人民政府关于进一步提升节约集约用地水平的实施意见》 | 1-1-1<br>1-1-3<br>1-1-2 | 2-3-3<br>2-1-2<br>2-1-1 | 3-3-1<br>3-3-2 |
| 134 | 《丽水市人民政府办公室关于成立丽水市城镇低效工业用地再开发试点工作领导小组的通知》 | / | / | / |
| 135 | 《钦州市人民政府办公室关于印发〈钦州市节约集约用地管理办法（试行）〉的通知》 | / | 2-3-3<br>2-1-2 | / |
| 136 | 《深圳市规划和国土资源委员会关于印发〈深圳市贯彻执行《闲置土地处置办法》的实施意见（试行）〉的通知》 | 1-2-1<br>1-3-1<br>1-1-2 | 2-3-3<br>2-1-2 | / |
| 137 | 《湘潭市人民政府办公室关于印发〈湘潭市国有建设用地批后监管暂行规定〉通知》 | 1-1-1<br>1-1-3<br>1-1-2<br>1-3-3 | | / |
| 138 | 《襄阳市人民政府办公室关于开展城镇低效工业用地再开发试点工作的意见》 | 1-1-1<br>1-1-3<br>1-1-2<br>1-3-3 | 2-2-1<br>2-2-2<br>2-1-1<br>2-1-3<br>2-1-2 | 3-3-1<br>3-3-2<br>3-4-3 |

续表

| 文件编号 | 政策名称 | 政策编码 | | |
|---|---|---|---|---|
| | | 预防型 | 处置型 | 激励型 |
| 139 | 《亳州市政府关于全面推进节约集约用地的实施意见》 | 1-1-2<br>1-3-1 | 2-3-3<br>2-1-2 | 3-3-1<br>3-1-3<br>3-1-2<br>3-4-2<br>3-4-1<br>3-2-1 |
| 140 | 《杭州市国土资源局办公室关于印发〈杭州市城镇低效工业用地再开发工作要点〉的通知》 | 1-1-2<br>1-3-1 | / | / |
| 141 | 《湖州市人民政府关于推进城镇低效工业用地再开发工作的实施意见》 | 1-1-1<br>1-1-3<br>1-1-2<br>1-3-3 | 2-2-1<br>2-2-2<br>2-1-1<br>2-1-3<br>2-1-2 | / |
| 142 | 《宁波市国土资源局、宁波市规划局关于落实省政府空间换地政策鼓励开发利用地下空间的通知》 | 1-1-1<br>1-1-3<br>1-1-2 | 2-3-3<br>2-1-2<br>2-3-2 | 3-3-1<br>3-3-2<br>3-4-2<br>3-1-1<br>3-1-2<br>3-1-3 |
| 143 | 《宁波市人民政府办公厅关于成立宁波市实施"亩产倍增"计划暨推进城镇低效工业用地再开发工作领导小组的通知》 | 1-1-1<br>1-1-3 | / | / |
| 144 | 《绍兴市人民政府关于加快推进城镇低效工业用地再开发工作的实施意见》 | 1-1-1 1-1-3<br>1-1-2 | / | / |
| 145 | 《温州市人民政府关于推进节约集约用地加快城镇低效工业用地再开发试点工作的实施意见（试行）》 | / | 2-3-3<br>2-1-2 | / |
| 146 | 《襄阳市人民政府办公室关于提高供地率和用地效益进一步加强节约集约用地管理的通知》 | / | / | 3-3-1<br>3-3-2<br>3-4-2<br>3-1-1<br>3-1-3 |
| 147 | 《宿州市人民政府关于加强国有建设用地供应监管工作的实施意见》 | 1-1-2<br>1-2-1<br>1-3-1<br>1-3-2 | 2-3-3<br>2-1-2 | / |

续表

| 文件编号 | 政策名称 | 政策编码 | | |
| --- | --- | --- | --- | --- |
| | | 预防型 | 处置型 | 激励型 |
| 148 | 《许昌市人民政府办公室关于转发许昌市城镇低效工业用地再开发工作方案的通知》 | / | / | / |
| 149 | 《宜昌市人民政府关于实行最严格的节约集约用地制度实施意见》 | 1-1-1<br>1-1-3<br>1-1-2<br>1-3-3 | 2-3-3<br>2-1-2 | / |
| 150 | 《长沙市人民政府关于印发〈长沙市开发园区低效工业用地再开发管理办法〉的通知》 | / | 2-2-1<br>2-3-2 | 3-3-1<br>3-3-2<br>3-4-2<br>3-1-2<br>3-1-3<br>3-4-3 |
| 151 | 《广州市人民政府关于印发广州市提高工业用地利用效率试行办法的通知》 | / | 2-3-3<br>2-1-2<br>2-1-3 | / |
| 152 | 《杭州市人民政府办公厅关于印发进一步优化产业用地管理、促进土地要素市场化配置实施办法的通知》 | 1-2-1<br>1-3-1<br>1-1-2 | / | 3-3-1<br>3-3-2 |
| 153 | 《湖州市人民政府办公室关于印发湖州市区域建设用地集约利用综合评价考核办法和进一步规范宅基地管理切实破解农民建房难实施意见的通知》 | 1-1-1<br>1-1-3<br>1-1-2<br>1-3-3 | / | / |
| 154 | 《湖州市人民政府办公室转发湖州开发区管委会关于开展资源要素综合改革实施四破专项整治工作方案的通知》 | 1-1-1<br>1-1-3<br>1-1-2<br>1-3-3 | 2-3-3<br>2-1-2<br>2-3-2 | 3-3-2<br>3-4-3 |
| 155 | 《嘉兴市人民政府关于加快推进城镇低效工业用地再开发工作的实施意见》 | / | / | 3-3-1<br>3-1-3<br>3-4-2<br>3-4-1<br>3-2-1<br>3-3-2 |
| 156 | 《南京市人民政府办公厅关于印发南京市城镇低效工业用地再开发工作补充意见的通知》 | 1-1-1<br>1-1-3 | 2-3-3<br>2-3-1<br>2-3-2 | 3-3-2<br>3-4-3 |
| 157 | 《沈阳市人民政府办公厅转发市规划国土局关于〈沈阳市闲置土地处置办法〉的通知》 | 1-2-1<br>1-1-2 | 1-3-1 | / |

续表

| 文件编号 | 政策名称 | 政策编码 | | |
|---|---|---|---|---|
| | | 预防型 | 处置型 | 激励型 |
| 158 | 《台州市人民政府关于优化工业用地配置促进民营经济发展的若干意见》 | | 2-3-3<br>2-1-2 | / |
| 159 | 《泰州市政府办公室印发关于盘活利用工业企业低效工业用地和闲置土地实施意见的通知》 | 1-1-1<br>1-1-3<br>1-1-2<br>1-3-3 | | 3-3-2<br>3-4-3 |
| 160 | 《温州市人民政府办公室关于创新市区工业用地供应方式的实施意见（试行）》 | / | 2-2-1<br>2-3-2<br>2-3-3 | / |
| 161 | 《吉林市人民政府办公厅关于印发吉林市城镇低效工业用地再开发工作方案的通知》 | 1-1-1<br>1-1-3<br>1-1-2 | 2-3-3<br>2-1-2 | 3-3-1<br>3-1-3<br>3-1-2<br>3-4-2<br>3-4-1<br>3-2-1<br>3-4-3 |
| 162 | 《汕头市人民政府关于提升"三旧"改造水平促进节约集约用地的实施意见的通知》 | 1-2-1<br>1-3-1<br>1-1-2 | / | / |
| 163 | 《苏州市政府印发关于促进低效建设用地再开发提升土地综合利用水平的实施意见的通知》 | / | 2-3-1<br>2-3-2 | 3-3-2<br>3-4-3 |
| 164 | 《关于深入推进银川市辖区城镇低效工业用地再开发工作的实施意见（试行）》 | / | / | 3-1-3<br>3-4-2 |
| 165 | 《包头市人民政府办公厅关于印发包头市城镇低效工业用地盘活再利用工作实施方案的通知》 | 1-1-1<br>1-1-3 | 2-1-1<br>2-1-2<br>2-2-1<br>2-2-2<br>2-3-1<br>2-3-2 | 3-3-1<br>3-3-2<br>3-4-2<br>3-1-1<br>3-1-3 |
| 166 | 《包头市人民政府关于进一步加强节约集约用地的实施意见》 | / | 2-3-3<br>2-3-1<br>2-3-2 | 3-1-3<br>3-4-2<br>3-4-3 |
| 167 | 《贵阳市人民政府办公厅关于印发〈贵阳市棚户区城中村共享改造项目低效工业用地再开发一次性挂牌的指导意见〉的通知》 | / | / | / |

续表

| 文件编号 | 政策名称 | 政策编码 | | |
|---|---|---|---|---|
| | | 预防型 | 处置型 | 激励型 |
| 168 | 《湖州市人民政府办公室关于印发湖州市工业项目、休闲旅游项目"用而未尽、建而未投、投而未达标"低效工业用地认定标准和处置办法的通知》 | 1-1-1<br>1-1-3<br>1-1-2<br>1-3-3 | / | / |
| 169 | 《黄冈市人民政府关于加快新旧动能转换的实施意见》 | 1-1-2<br>1-3-1 | 2-1-2 | 3-3-1<br>3-3-2<br>3-4-2<br>3-1-1<br>3-1-3<br>3-4-3 |
| 170 | 《黄石市人民政府办公室关于印发黄石市城镇低效工业用地再开发工作实施方案的通知》 | 1-2-1<br>1-3-1<br>1-1-2 | / | / |
| 171 | 《十堰市人民政府关于印发〈十堰市加快推进新旧动能转换实施方案〉的通知》 | 1-2-2<br>1-3-2<br>1-1-2<br>1-3-3 | 2-1-1<br>2-1-2<br>2-2-1<br>2-3-1<br>2-3-2 | / |
| 172 | 《武汉市人民政府关于加快新旧动能转换的意见》 | 1-1-2<br>1-3-1 | / | 3-3-2<br>3-4-3<br>3-3-1 |
| 173 | 《银川市人民政府办公厅印发关于深入推进银川市辖区城镇低效工业用地再开发工作的实施意见（试行）的通知》 | | 2-3-3<br>2-3-1 | |
| 174 | 《株洲市人民政府办公室关于印发〈株洲市闲置土地处置、低效工业用地再开发利用实施方案〉的通知》 | / | 2-3-2<br>2-1-3<br>2-2-2<br>2-1-2 | 3-1-3<br>3-3-5<br>3-1-1<br>3-1-1 |
| 175 | 《广西壮族自治区人民政府关于印发广西壮族自治区产业园区节约集约用地管理办法的通知》 | / | / | 3-1-1<br>3-1-2<br>3-3-2 |
| 176 | 《（新疆维吾尔自治区）关于进一步改进建设用地审查报批工作的通知》 | / | 2-2-1<br>2-1-1 | 3-1-3<br>3-1-2<br>3-3-6<br>3-1-1<br>3-3-2 |
| 177 | 《湘西自治州人民政府办公室关于进一步加强建设用地批后监管的通知》 | / | 2-3-2<br>2-3-3<br>2-3-1 | 3-3-6<br>3-2-1<br>3-3-1<br>3-3-5 |

续表

| 文件编号 | 政策名称 | 政策编码 | | |
|---|---|---|---|---|
| | | 预防型 | 处置型 | 激励型 |
| 178 | 《多措并举盘活存量——西宁经济技术开发区努力提高土地利用效率》 | / | 2-3-2<br>2-3-3 | 3-1-3<br>3-3-2<br>3-3-6<br>3-3-5 |
| 179 | 《北京市顺义区人民政府关于印发〈顺义区存量建设用地开发利用指导意见〉的通知》 | 1-3-3<br>1-1-1<br>1-1-2 | 2-3-3<br>2-1-3 | / |
| 180 | 《新疆维吾尔自治区土地利用总体规划（2006—2020年）调整完善（简版）》 | / | / | 3-1-1<br>3-1-2<br>3-3-2 |